T0353953

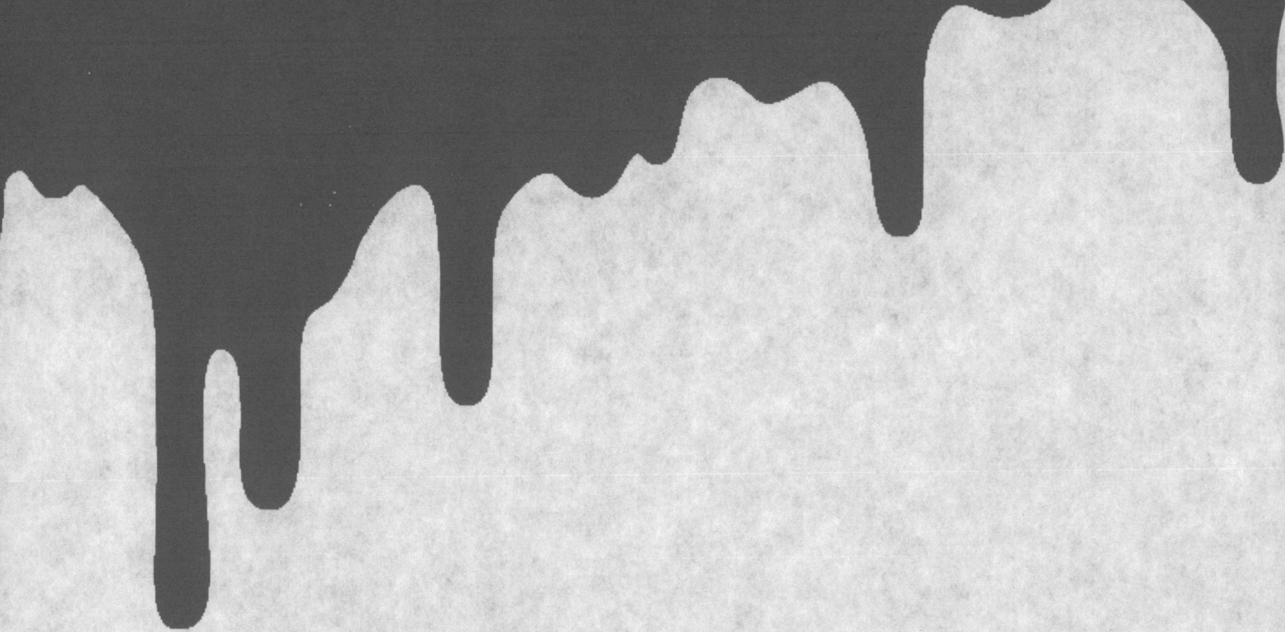

世界の美しい本

解説★監修 海野 弘

# Beautiful Book Designs

contents

目 次

THE WONDERFUL WORLD OF THE

# 美しい本のすばらしき世界

## 本当の本の話

本とはなにか、そして美しい本とはなにか。まず〈本〉ということばについて考えてみよう。書物ともいう。こちらは書かれた物ということだから具体的でわかりやすい。しかし〈本〉とはなにか。辞書によると、〈もと〉のことで末の反対とある。本当、本質などの本である。字としては、木に一を加え、木の根のことという。なぜそれが読む〈本〉になるのか。基本的、根本的なことが書かれた物だから、であるという。つまり〈本〉は、本当のこと、正しいことを書いたものなのである。

英語ではブックという。これは一説によるとビーチ（ぶなの樹皮）からきていて、木の皮に刻まれた文字のことだったという。気になるのはブックには〈本〉という意味の他に、予約する、リザーヴするという意味があることだ。たとえばホテルや切符の予約をブックという。レストランで入口に置かれたノートに名前を記入しておくのがブッキングである。ブックは予約、契約、約束のことだ。書かれたものは、動かせない約束である。ブックは帳簿となる。本当のことが書かれた〈本〉という意味と通じているのである。

究極の本は聖書である。聖書には世界の真理、掟、本当のことが書かれている。欧米では、聖書の上に手を置いて宣誓する。本とは、神と人々との約束を記したものなのである。

書店に並ぶ本の一般的イメージは文字が印刷された四角い紙を綴じたものである。このような本の姿は歴史的につくられたもので、現代における電子本の登場によって危機に直面している。だからこそ私たちは今、四角い紙の本がつくりだしたすばらしい世界をふりかえってみなければならない。

さて、〈本〉は本当のことを書いたものとしてつくられた。では〈美しい本〉とはなにか。〈美しい本〉ということばは、ウィリアム・モリスによって語られた本のコンセプトである。もちろん美しい本は本の歴史とともにあったのであるが、モリスによって意識的に〈美しい本〉をつくる運動が起こされたのである。

「理想の書物」という1893年の講演で、モリスは〈美しい本〉とはなにかを語っている。彼はまず〈本〉とは本質的に美しい物だ、とのべている。「書物というものは、印刷本であれ写本であれ、美しい物となる傾向をもつ」(ウィリアム・モリス『理想の書物』川端康雄訳　ちくま学芸文庫　2006)。

なぜそうなのか。本をつくるプロセスのうちに美が含まれているからである。「さて、最初に私はこう断言する——まったく無装飾の書物であっても、それがいわば建築的に良いものならば、醜くないばかりか、実際に断然美しく見えうるのだと。」(前掲書)

ここで重要なことは、モリスが本(書物)を建築にたとえていることである。建築は見えるものであり、構造的なものである。〈本〉は一種の建築なのだ。扉があり、柱がある。章は部屋なのだ。

〈本〉は建築のように、見えるものとしてそこに建っている。

「それでは次にこの建築的な配列ということで何が要請されるのかを見てみよう。第一に、版面が鮮明で読みやすくなければならない。第二に、そのためにはどうしても活字のデザインをよくする必要がある。そして第三に、余白を狭くとろうが広くとろうが、版面と釣り合いがうまくとれていなければならない。」(前掲書)

まず、読みやすくなければならない。読みやすい、というのは視覚的にわかりやすく、規則的にそろえられていることだ。文字そのものの形がわかりやすいだけでなく、文字が行としてきちんとまとめられ、行が等間隔であけて並べられなければならない。

見やすさは、秩序化(オーダー)である。本の1頁は、きちんと耕され、畝をつけられた畑として見ることができる。なにもない空間に規則正しい線をつけると、見えるものになる。畑を耕作すること、畝を切ることは英語でカルティヴェートという。これはカルチャー（文化）からきたことばである。つまり、畑を耕すこと、空間に規則正しい線を引いて、見えるものとするのが文化なのだ。

〈本〉も、文字をきちんと並べ、見やすく、読みやすくしたものだ。視覚化は規則化であり、〈本〉は文化の基本設計図の役割を果たすのである。

一方、装飾を示す、オーナメントは、オーダー（秩序）からきている。線や形を規則的に配置して、見やすく、そして美しくするのが装飾の役割なのだ。したがってモリスのいうように、〈本〉が読みやすく整えられることは、美しさとつながっている。〈本〉は本質的に美しいものなのだ。すべての〈本〉は美しい本に向かう。

そのような〈本〉という美しい建築の世界に入っていくことにしよう。扉をあけ、内部に入り、部屋から部屋へとめぐっていき、そこで語られる魔法の物語に魅せられることにしよう。

## 本の歴史 —— 写本から印刷本へ

古代からの本の歴史はあまりに広く長いので、ここではヨーロッパを中心とした中世以後の本について触れておくことにしよう。その1つのはじまりは、本が巻物から冊子に変わり、私たちの知っている、四角いシートを綴じたもの（コデックス）という本のイメージがあらわれる。頁がめくれるようになる。はじめは羊皮紙のシートであるが、やがて紙が普及する。コデックス型の本は、2～3世紀ごろからはじまり、その後の本の形をつくった。

コデックス本があらわれてからの本の歴史は、15世紀の近代印刷術の発明（グーテンベルク革命）によって写本時代と印刷本時代に分けられる。印刷本時代は、初期の手動印刷の時代と18世紀末からの産業革命における機械印刷の時代に分けられる。機械による大量生産においては、出版と印刷は分離し、別な会社となる。

19世紀には、読者が大衆化し、多くの本が求められ、機械による大量印刷が盛んになる。機械印刷によって、本の質は悪化した。ウィリアム・モリスはそのような印刷の状況に対して警告をし、〈美しい本〉をとりもどそうとしたのである。

なぜ機械印刷による本は醜いのか。モリスによると、機械印刷では、針金のように細い活字を使い、やわらかい紙に刷る。手刷りでは、太い活字を硬い紙にぐっと、ゆっくりと押しつけて刷るが、機械では、短い時間でいそいで刷るため、細い活字とやわらかい紙を使う。そのため文字は華奢で弱々しい。あまり美しくない。そのためにモリスのケルムスコット・プレスは、太く力強い活字としっかりした、硬い紙を復活させたのである。

19世紀の機械印刷に対して、モリスを中心とするアーツ・アンド・クラフツ運動は、ハンドクラフト(手工芸)の製紙と印刷を呼びもどし、〈美しい本〉をつくろうとしたのである。

グーテンベルク以前の写本時代は、7世紀から15世紀までである。6世紀にローマのカッシオドルスがカラブリアにつくったヴィヴァリウム修道院がキリスト教の写本工房の1つのはじまりであったといわれる。修道士たちが読むための写本をつくる工房が修道院につくられ、写本文化を支えた。

13世紀末には修道院の写本工房はその時代を終える。代わって写本文化を支えたのは王侯貴族と大学である。写本のテーマは世俗化し、文学から科学にいたる学問分野の知識が求められる。1200年から1400年にかけて多くの大学がつくられ、あらゆる分野の本が求められ、それをつくる写本工房、そして書店があらわれる。

また裕福な王侯貴族が各地で勢力を得て、豪華な文化をつくり上げる。そしてぜいたくな彩色本のコレクションをつくる。本は商業的な価値を生み、流通するものとなった。フランスのベリー公ジャンの豪華な時祷書などはその例である。

ルネサンスのイタリアでは豪華な彩色本ブームはピークに達する。パヴィアのヴィスコンティ家、フェラーラのエステ家、マントヴァのゴンザーガ家、フィレンツェのメディチ家などのパトロンによって、豪華本のコレクションがつくられた。

15世紀にはじまった活版印刷本は、写本がつくり上げた〈美しい本〉の伝統をなんとか受け継ごうとした。15世紀中に出された印刷本はインキュナブラ(揺籃期)、初期刊本と呼ばれている。4万点ぐらい出されたという。おそるべき速さで広がったのである。

18世紀末には〈読書革命〉がはじまる。本の読者が一気に増えて、大衆文化となり、大量の通俗的な本が求められたのである。そして機械印刷によっておびただしい本が刷られるとともに、本の質が低下する。

19世紀末、モリスのアーツ・アンド・クラフツ運動は、醜い本の氾濫に対して、〈美しい本〉の制作を掲げた。本とアートの関係が問われた。〈美しい本〉は甦ってきた。

## 装飾と挿絵 ——本の美術史

ウィリアム・モリスはすでにのべたように、美しい本の基本として読みやすさをつくりだす規則的な、建築的空間を挙げた。本の全体の形、頁の活字の明快な配列など、今日のことばでいえば、レイアウト・デザインが、それだけでも本の美しさをつくる。それにさらに花を添えるのは、装飾と挿絵である。モリスは、この2つがなくても、充分、本は美しいが、それが加わると彩りが増すと考えている。

装飾と挿絵は、まったく別の、対立する要素である。モリスは1895年の講演「印刷本の初期の挿絵」(『理想の書物』)で、装飾と挿絵を中世ゴシック芸術に影響を及ぼした2大原理として語っている。

「第一に叙事詩的側面があり、これは出来事への興味を持って物語を語ること。第二に装飾的な面があり、これは美しいものを見分ける感覚——絵とそれが載る作品との釣合いの見方である。」(モリス 前掲書)

叙事詩的側面というのは挿絵のことである。挿絵と装飾は、物語を具体的に見せようとする写実と抽象的なパターンの対立ともいえる。挿絵は物語の内容に関わり、装飾は内容とほとんど無関係である。ゴシック美術においてはこの対立する2つの方向が有機的に統一されていたが、後期になると、挿絵よりも空想的な装飾が支配的になった。

そしてモリスは、装飾と挿絵という2つの方向は、いつの時代の芸術にも見られるのではないか、という。美しい本の歴史をたどっていくのに、この2つの方向を意識するのは重要ではないだろうか。ゴシックのように、両者のバランスがとれている時代もあるが、たいていはどちらかが優勢である。

15世紀に初期印刷本があらわれた時、すぐれた挿絵本がつくられたが、17世紀には挿絵は衰退した。しかし18世紀には挿絵本は人気を盛返した。初期印刷本の挿絵は木版画であったが、18世紀には銅版画がはやった。

19世紀の挿絵本には石版画と木口木版画が使われた。読書の大衆化によって、大量の本が出され、女性や子ども、そして労働者という新しい読者のための絵入り本、絵入り新聞があふれた。

1900年ごろから愛書家のための豪華本の時代がはじまる。19世紀末のモリスによるアーツ・アンド・クラフツ運動、ケルムスコット・プレスの美しい本づくりなどが、アートとしての〈本〉への意識を目覚めさせ、愛書家、本のコレクターのための限定本がつくられるようになった。そしてケルムスコット・プレスにならったプライヴェート・プレスがつくられた。1900年〜1914年は、豪華本・絵本の黄金時代といわれる。このブームは、第一次世界大戦後の1920年代に復活し、いくらかつづいたが戦前ほどではなかった。

19世紀後半から1920年代までに、大人の本から子どもの本までにいたる挿絵画家たちが活躍した。1920年代には古書が投資の対象となり、豪華本、稀覯本が高値で取引される。

1920年代から、〈画家本(アーティスト・ブック)〉が目立ってくる。1914年までの絵本の黄金時代には、挿絵本は専門の挿絵画家によって描かれていた。〈画家本〉は、展覧会のための絵を描いている画家に挿絵を描かせるのである。19世紀にも例はあるが多くはなかった。

20世紀に入るとヴォラールのような画商が、ボナールに『ダフニスとクロエ』の挿絵を描かせる。原画は石版画(リトグラフ)によって複製される。画家は多くの人に絵を売ることができる。買手も油絵作品を買うより安く手に入れることができる。

画家本は、版画集として出されるが、バラして、版画1枚づつ売られたりする。挿絵画家の絵本はあくまで、物語が主なのだが、画家本では絵が中心になる。

1930年代以後、挿絵画家の絵本は下火になってくる。それに代わって画家本が盛んに出されるようになる。画家本は絵本というよりも画集のイメージが強い。

1930年代は、それまで〈美しい本〉の大きな要素であった装飾と挿絵が終わった時代であった。物語、小説の本から装飾と挿絵が消えていった。それらは余分のものとされ、読むための機能的な本が追求され、文庫本、ペーパーバック版などがあらわれる。モリスがもしかしたら、本にとって絶対必要ではないかもしれない、とひそかにおそれた装飾と挿絵は一般書から失われた。それはもう必要ないのだろうか。中世の写本でそれらはイルミネーション(輝かせるもの)と呼ばれた。私が好きなヘルマン・ヘッセの詩に「書物」というのがある。

おまえが長い間
万巻の本の中に求めた知恵は
今どのページからも光っている
それはおまえのものなのだから
(『ヘッセ詩集』高橋健二訳　新潮文庫)

美しい本が放っている光に私は見とれることにしよう。

第1章

# THE HISTORY OF THE BEAUTIFUL BOOKS

# 美しい本の歴史

# 美しい本の歴史と
# 同時代の美術・装飾デザイン様式

## HISTORY OF THE BEAUTIFUL BOOKS
## AND
## THE STYLE OF THE ART AND DESIGN OF THE SAME PERIOD

### 中世写本
p13－75

**7世紀頃→16世紀頃**

**◆ 当時の主流な美術・装飾デザイン様式 ◆**

ケルト（紀元前5世紀～紀元後11世紀頃）
ビザンチン（5～15世紀頃）
ロマネスク（11～13世紀頃）
ゴシック（12～14世紀頃）
ルネサンス（15世紀初頭～16世紀後半頃）

### 初期印刷本
p77－87

**1455年頃→16世紀頃**

**◆ 当時の主流な美術・装飾デザイン様式 ◆**

ルネサンス（15世紀初頭～16世紀後半頃）

### 17-18世紀
p89－105

**1600年→1799年**

**◆ 当時の主流な美術・装飾デザイン様式 ◆**

バロック（17世紀頃）
ロココ（18世紀頃）

### 19世紀
p107－123

**1800年→1899年**

**◆ 当時の主流な美術・装飾デザイン様式 ◆**

ヴィクトリア様式（1819年～1901年頃）

### 19世紀末
p125－153

**1890年代末頃**

**◆ 当時の主流な美術・装飾デザイン様式 ◆**

アーツ・アンド・クラフツ運動（19世紀中頃～19世紀末）
アール・ヌーヴォー（19世紀末～1910年代）

### 20世紀
p155－199

**1900年→1999年**

**◆ 当時の主流な美術・装飾デザイン様式 ◆**

アール・ヌーヴォー（19世紀末～1910年代）
アール・デコ（1910年代後半～1930年代）
モダン（20世紀初頭以降）

※厳密には章の年代に該当していない書籍も一部ありますが、構成上、一番分かりやすい場所に分類しています。
※本文中の欧文の書籍名は英訳タイトルで統一されています。原題は巻末のリストをご参照ください。
※There are partly some books that do not exactly belong to the era of the chapter. For convenience of classification, the books are placed in the closest era in which they were published.
※The titles of the books used in the text are standardized in English. Please refer to the list at the end of the book for the original titles.

# THE MEDIEVAL PERIOD ILLUMINATED MANUSCRIPTS

中世写本

Chapter

◆

I. 中世写本

# 中世装飾写本の夜明け
# ケルトの光の中で

## I. THE MEDIEVAL PERIOD ILLUMINATED MANUSCRIPTS

# The Dawn of the Medieval Illuminated Manuscript: The Celtic Light

In the sixth century, Christianity began to be propagated in northern Europe, England, and Ireland. To people who had never heard of reading and writing, the existence of a book communicating the word of God was astonishing.

---

6世紀に北方ヨーロッパ、英国やアイルランドへのキリスト教の布教がはじまる。そこでは異教的な古代ケルト文化が色濃く残っていた。そこで、まだ文字を読むことを知らなかった人々には、神のことばを伝える〈本〉というのはおどろくべきものであった。〈本〉は原始的な北方の地にもたらされた〈文明〉そのものだったのである。〈本〉はキリスト教のすばらしさを最もよく示す宝となった。アイルランドやスコットランド、イングランドにつくられた僧院において、聖なる〈本〉がつくられた。それはキリスト教のつくり出した〈美しい本〉、中世装飾写本の最初の傑作を生み出した。

650年頃の『ダロウの書』、715年頃の『リンディスファーン福音書』、800年頃の『ケルズの書』が、6世紀から9世紀にいたる中世装飾写本の最初の時代の3つの代表作といわれている。

これらの作品の特徴は、古代ケルト文化の強い影響を受けた様式で描かれていることである。北方ヨーロッパにやってきたキリスト教の僧たちは、地元の文化や装飾に合わせた〈本〉をつくっていった。抽象的、幾何学的なパターン、組紐文様、渦巻文様などのケルト的意匠が強い印象をもたらしている。色彩も強烈である。後期の装飾写本にあらわれる自然で写実的な表現はなく、神秘的で魔術的なパターンが目立っている。

ケルト的装飾写本の最後を飾る『ケルズの書』では巨大なイニシャルの飾り文字は聖なることばの極限を伝えているかのようだ。

北の果ての土地での、厳しい修行のうちにつくられていた神秘的な〈本〉の時代は終わりつつあった。

## 聖なることばの極限を伝える巨大なイニシャルの飾り文字

'Book of Kells'

**『ケルズの書』** 800年頃｜スコットランド

スコットランドの西側のアイオナという小島の修道院で制作されたが、ヴァイキングに襲撃され、僧たちはこの本を持ってアイルランドのケルズ修道院に逃れたという。キリストを示すXPIの文字が圧倒的に迫ってくる。

# ケルトとゲルマンの文様が融合された魔術的な装飾

'Lindisfarne Gospels'

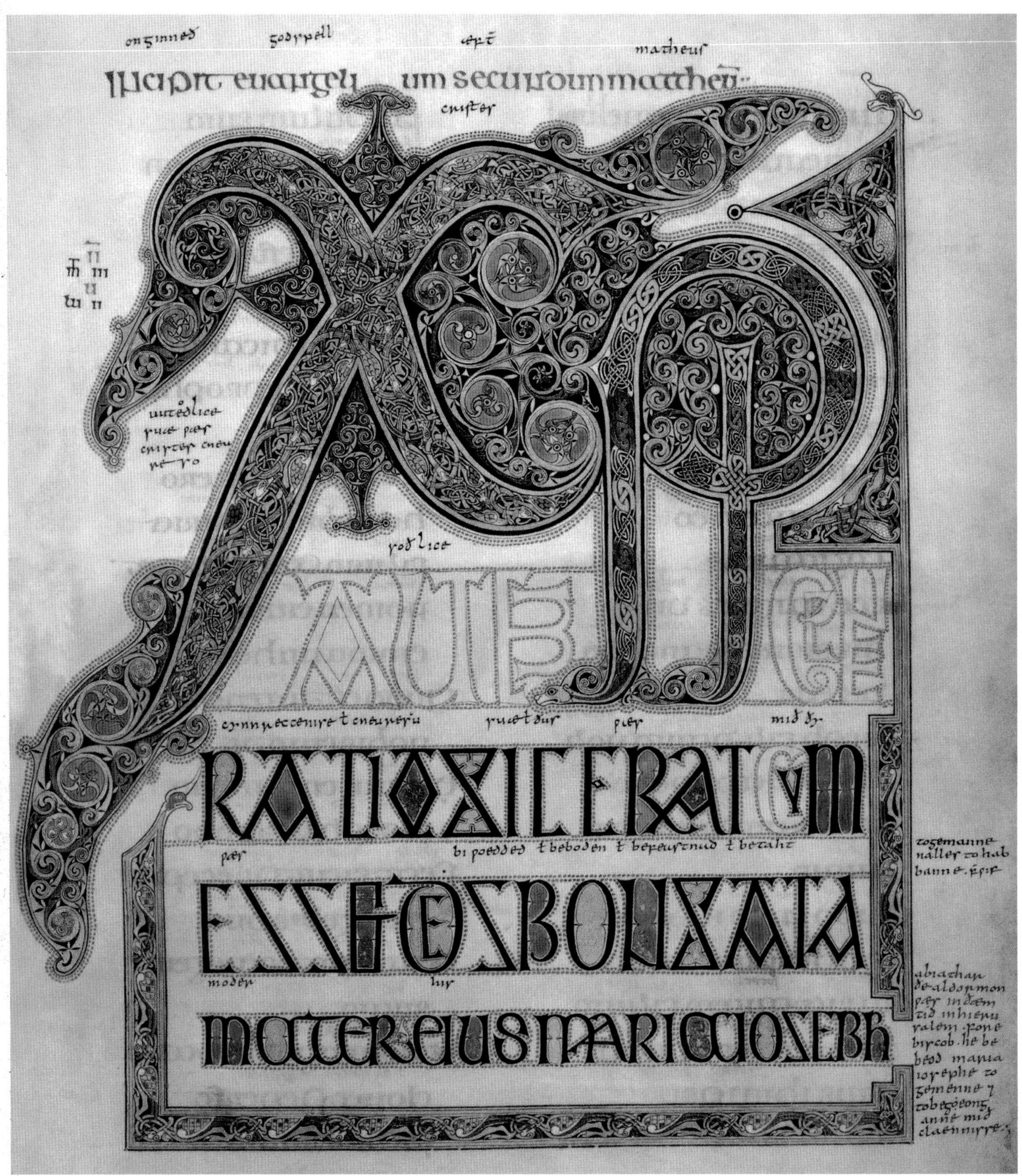

(上・右ページ下)**『リンディスファーン福音書』**715年頃|スコットランド

スコットランドの西の島リンディスファーンでつくられた福音書のカーペット・ページ(全面装飾の頁)には、ケルトにオリエントを思わせる文様が混じっている。上はXPI(キリスト)の巨大なイニシャルが神秘的な装飾をつくりだす、最も有名な頁。

## まだ文字を読むことを知らなかった人々をおどろかせた聖なる書

'Book of Durrow'(above)/'Lindisfarne Gospels'(below)

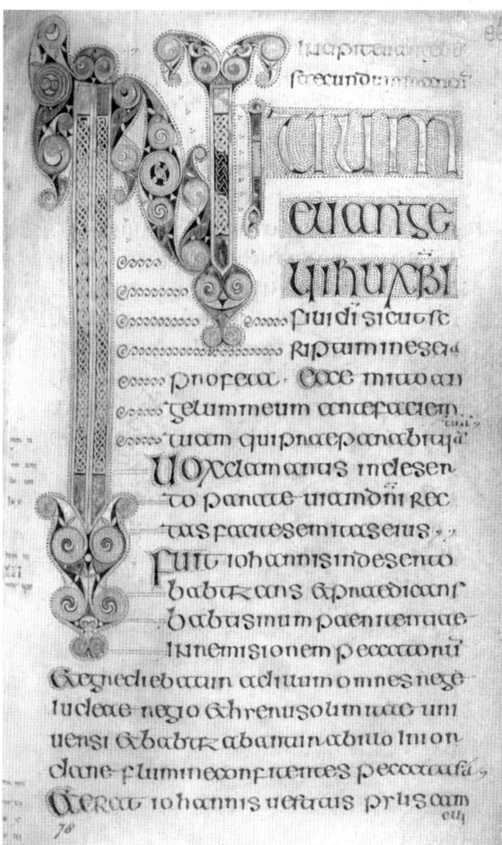

（上）**『ダロウの書』**650年頃｜スコットランド　※下は『リンディスファーン福音書』

『ダロウの書』もやはりスコットランド西の小島でつくられた。小型ではあるが、ケルトの組紐文様と北方ゲルマンの怪獣文様が混ぜられ、青が美しい本となっている。

Chapter

## I. 中世写本

# 装飾写本の黄金時代へ<br>9世紀から12世紀

## I. THE MEDIEVAL PERIOD<br>ILLUMINATED MANUSCRIPTS

# 9th to 12th Century:<br>The Golden Age of the Illuminated Manuscript

Manuscripts had been made while Christianity struggled against other religions. By the ninth century, however, all of Europe had been converted to Christianity. Civilization advanced, and Europe became more prosperous. The many donations monasteries received gave them the resources to create gorgeous manuscripts.

---

9世紀からヨーロッパのキリスト教化、文明化が進み、辺境から王国になってくる。フランク王のシャルルマーニュが800年に神聖ローマ皇帝になったことは、その大きな転換点であった。異教と戦いながら写本をつくっていた時代から、ヨーロッパも豊かになり、修道院も多くの寄附を得て、豪華な写本をつくる余裕がでてきた。

シャルルマーニュは壮麗な宮廷文化を築き、その王朝は、ランスの写本工房で華麗な装飾写本を生み出した。

この時代の写本では、ケルト様式の写本とちがって、人物像がより自然に、やわらかく、いきいきとしてくるのが特徴である。神秘的で硬い、謎めいた表情から、より人間的な親しみやすい図像があらわれるのである。ランスでは、『ユトレヒト詩編』(ユトレヒト大学所蔵なのでこう呼ばれる)などがつくられた。

ライブラリー(図書室)があらわれるのもこのころらしい。それだけたくさんの本がつくられ、所蔵されるようになったことを示している。1200年までに英国だけで、500以上の修道院があり、それぞれに図書室を持っていたから、多くの本が必要だったわけである。本はもう稀少で、例外的なものではなく、また修道院だけのものではなくなったのである。

10世紀から11世紀の写本で注目すべきなのは、当時西ゴートと呼ばれたスペインでつくられたベアトゥス本といわれる写本群である。アストゥリアスの修道士ベアトゥスの『黙示録註解』に挿絵をつけたもので、イスラム文化との接触の影響を受け、ここでヨーロッパのミニアチュール(細密画)とペルシアのミニアチュールが出会っているのだ。東洋と西洋の〈本〉が決して無縁ではなかったことを伝えてくれる。

## 後のシュルレアリストたちやマティスにも影響を与えたスペインの写本群

‘Beatus Manuscripts’

**『ベアトゥス黙示録(ファクンドゥス写本)』**1047年|スペイン

世界の終わりに、怪獣があらわれて破壊をくりひろげるというヨハネの『黙示録』が描かれている。アルキピクトール(大挿絵師)と呼ばれた修道士マギウスと弟子たちによって描かれた〈ベアトゥス本〉の作品群は20世紀に入って再評価された。強烈な色彩、ダイナミックな動きなどがイスラム美術とのつながりを見せている。シュルレアリストが注目し、マティスも切り絵の本『ジャズ』にその影響を見せている。

（上）『**ベアトゥス黙示録（ジローナ写本）**』975年｜スペイン
（下）『**ベアトゥス黙示録（ファクンドゥス写本）**』1047年｜スペイン

『ベアトゥス黙示録(バルカバド写本)』970年|スペイン

Chapter

I. 中世写本

# 中世後期の写本
# 僧院から世俗的世界へ

## I. THE MEDIEVAL PERIOD ILLUMINATED MANUSCRIPTS

# Illustrated Manuscripts in the Late Middle Ages: From the Monastery to the Secular World

The sacred books that were transcribed in the privacy of the monastery gradually came to be sought in the outside world as well. Powerful members of the royalty and nobility, accumulating wealth, began to order books.

修道院でひそかに描かれ、守られていた聖なる書は、しだいに、外の世界でも求められるものとなってゆく。ヨーロッパでも強力な権力者である王侯貴族が富を蓄積し、〈本〉を注文するようになる。〈本〉は権力を示す飾りとして、金銀をちりばめた豪華なものとなり、その一方、小型化して、持ち運びしやすく、気軽にあつかえる一般的なものとなる。

そのような〈本〉の世俗化の傾向は13世紀から一挙に加速してくる。そして、〈本〉のさまざまな機能が分かれてくる。本の本である聖書は、章や内容が分割され、それぞれが1冊にまとめられてくる。たとえば『詩編』が独立し、集会の時にみんなで歌う『讃美歌集』となってゆく。

13世紀から本の売買がはじまっているようである。パリでは本屋があらわれた。つまり、〈本〉は王侯貴族からさらに一般市民へと広がりを見せているのだ。大学の発達により、学生が本を読むようになった。

キリスト教のさまざまな儀式、ミサなどが増えてきた。それぞれの儀式のために使う本が求められるようになった。そして、中世後期における大きな転換は、〈本〉が共同の宗教儀礼のためだけではなく、個人的な信仰のため、つまり人間の内面に関わるものに変わっていったことだ。もちろん今でも、本を朗読し、共同体験することもあるが、読書は自分の世界に入ることが主になっている。

14世紀には本の日常化がさらに進む。人々は物語(ロマンス)の〈本〉を楽しむようになる。〈本〉はしだいに人間の世界を語り、日常生活を写すものとなってくる。1年の移り行きをたどるカレンダー、今日の日の意味を告げ、それに祈りを捧げる時禱書が好まれるようになる。自然への関心も強くなり、薬草の本も出される。ダンテからチョーサーにいたる文学も登場してくる。

『ヘンリー2世のための抜粋集(ペリコープ)』1002-1012年頃｜ドイツ(神聖ローマ帝国時代のライヒェナウ島)

オットー朝の最後の神聖ローマ皇帝ヘンリー2世(1002-1024)は、信心深く、帝国のすべてをキリストに捧げようとした。そしてキリスト教のさまざまな秘儀を描かせた豪華な写本をつくらせた。それは金色の地を背景とした未来の神の国を見せようとする。王と王妃がキリストから直接冠を受けている。神秘的な初期写本の最後を飾る傑作である。

hibet de his. & scripsit haec. Et scimus
quia uerum est. testimonium eius.
IN NAT INNOCENTUM.
SEQUENTIA SCI EVG.
SECDM MATHEUM.
IN ILLO TEMPORE
ANGELUS DNI APPA
RUIT IN SOMNIS IOSEPH
dicens. Surge & accipe
puerum & matrem eius.
& fuge in aegyptum.
& esto ibi usque dum dicam tibi. Futu
rum est enim. ut herodes quaerat pue
rum ad perdendum eum. Qui consurgens.
accepit puerum & matrem eius nocte. &
secessit in aegyptum. & erat ibi usque ad
obitum herodis. Ut adimpleretur quod
est a dno. per prophetam dicentem. Ex
aegypto uocaui filium meum. Tunc he

nistro et sedit. & omnium in synagoga oculi
erant intendentes in eum. Coepit autem dice
re ad illos. quia hodie impleta est haec scriptu
ra in auribus uestris. Et omnes testimonium
illi dabant. & mirabantur in uerbis gratiae.
quae proce ABBATO
EQ SCI EVG SEC LUCAM.
IN ILLO TEMPORE.
ROGAUIT IHM QUIDA
DE PHARISAEIS. UT MANDUCA
ret cum illo. Et ingressus domum
pharisaei discubuit. Et ecce muli
er quae erat in ciuitate peccatrix.
ut cognouit quod accubuit
in domo pharisei. attulit
alabastrum unguen
ti. et stans retro secus pedes eius. lacrimis coe
pit rigare pedes eius. & capillis capitis sui ter
gebat. et osculabatur pedes eius. et unguento

SOLUIMUS ECCE TIBI·REX CENSUM IURE PERENNI·
CLEMENS ESTO TUIS·NOS REDDIMUS ISTA QUOTANNIS·

**『ベルヴィルの聖務日課書』** 1323-1326年頃｜フランス

ミサの祈りのための本。パリのジャン・ピュセルの工房の作。ジャンヌ・ド・ベルヴィルという女性のためにつくられたという。右頁はサウル王とダビデ、カインとアベルなどの聖書のエピソードが描かれている。左頁にはデリラが眠っているサムソンの髪を切る話が描かれている。まわりを囲む草花のアラベスクがやわらかく、自然で楽しい。女性のための〈本〉がつくられはじめている。

## 奇才ジョヴァンニーノによる豪華なイタリア写本の草分け

'The Hours of Gian Galeazzo Visconti'

**『ヴィスコンティ家のための時禱書』**1390-1428年頃｜イタリア

ミラノ公ジャン・ガレアッツォ・ヴィスコンティ(1351-1402)がつくらせたもので、イタリアの豪華な時禱書の草分けといわれる。完成は次男のフィリッポ・マリア・ヴィスコンティの代になってからである。アダムとイヴがエデンの国にいる場面を野生の動物たちのいる熱帯的な野原が囲んでいる。イタリア的な、明るくきらびやかな空間である。

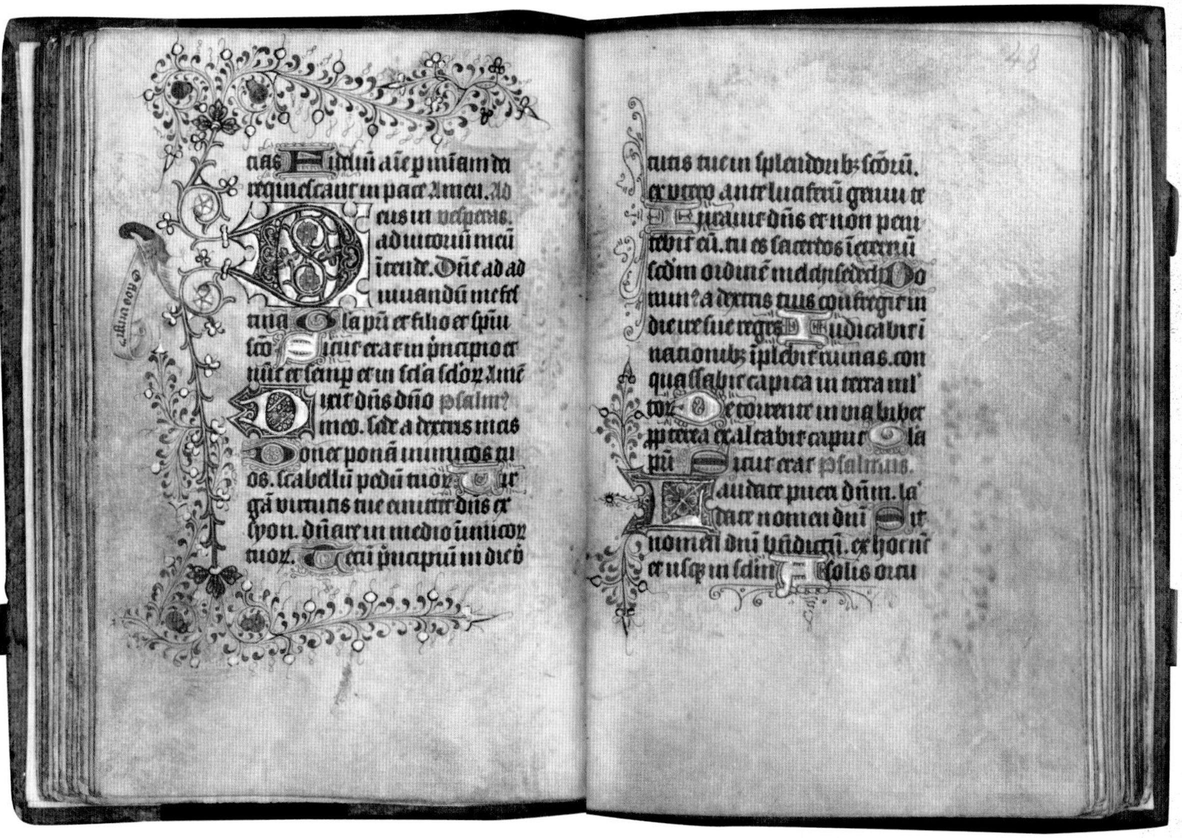

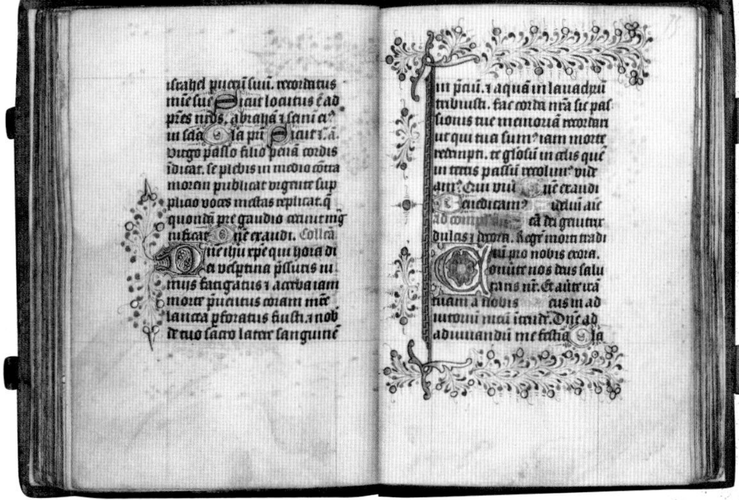

**『時禱書』**14世紀｜オランダ

オランダの装飾写本は15世紀に黄金時代を迎える。この本はその直前の珍しい作品である。オランダはフランスやブルゴーニュの宮廷でつくられた写本に影響を受けた。しかし、大きな宮廷がなかったオランダでは、儀礼的ではない、親しみやすい表現が好まれた。それは花文様などに見られる。そして、個人的な祈りのための、私的な時禱書がたくさんつくられ、若々しい気分を伝えている。

Chapter

♦

I. 中世写本

# ルネサンスの装飾写本〈時の本〉の流行

I. THE MEDIEVAL PERIOD
ILLUMINATED MANUSCRIPTS

## Illustrated Manuscripts in the Renaissance: The Book of Hours

Illustrated manuscripts achieved their final surge of popularity in the fifteenth century, at the transition from the late Middle Ages to the Renaissance. The Book of Hours, a devotional book, was one of the glories of the final period of manuscript books.

---

中世後期からルネサンスへ向かう15世紀に装飾写本は最後の盛り上がりを見せる。この世紀にグーテンベルクの活版印刷が登場し、世紀末に一挙に広がる。それでも写本は16世紀末までつくられていたが、その時代は終わったのである。

写本の最後の時代を飾ったのは〈時の本〉いわゆる時禱書である。クリストファー・ド・ハメルは『装飾写本の歴史』(1986)で、「時禱書がどのくらいあるのか、だれも数えたことがない」といっている。中世に時禱書ほど大量につくられ、流通したものはなかったそうだ。ハメルは時禱書についての章を「すべての人のための本」と題している。あまりにありすぎて、図書館や大学では敬遠されている。時禱書はあくまで、個人が所蔵するものなのだ。

時禱書は1年間の宗教的年中行事をたどっていくカレンダーである。今日は何の日か、どのような祈りをしたらよいのか。それは私の日々と親しい〈本〉である。〈時の本〉は私の日常生活について語っているのだ。

〈時の本〉は教会の公式な礼拝書というわけではない。〈時の本〉では最もよく知られている『ベリー侯のいとも豪華なる時禱書』(P64)なども、教会からすれば異端ともいえるような、占星術や錬金術といった魔術的な表現を含んでいた。時禱書は教会でつくられていた中世写本から大きく逸脱した〈本〉の時代を準備したのである。

時禱書は、教会の公式的な本ではなく、個人的な本であったため、表現は自由で、画家たちは思いきり遊ぶことができた。

修道院で生まれた中世写本は、教会から解放された、だれでも楽しめる〈時の本〉として市場にあふれ、まるでカーニヴァルのような、空想的なイメージを花咲かせ、写本の歴史のフィナーレを飾ったのである。

## 騎士道の華と謳われた著名なフランス軍人の敬虔な信仰心

'Hours of Marshal Boucicaut'

**『ブシコー元帥の時禱書』** 1405-1408年頃 または 1410-1412年頃｜フランス

ブシコー元帥（ジャン・ル・マングル）は十字軍騎士として戦い、騎士道の華といわれた。信心深く、豪華な時禱書をつくらせた。画家の名は伝わらず、〈ブシコーの画家〉と呼ばれている。14世紀末から15世紀はじめに活躍し、おそらくフランドル出身である。「エジプトへの逃避」（右）の背景には遠近法がとり入れられている。「聖女カタリナの前で祈るブシコー元帥」（左下）では注文主のブシコーが描きこまれている。

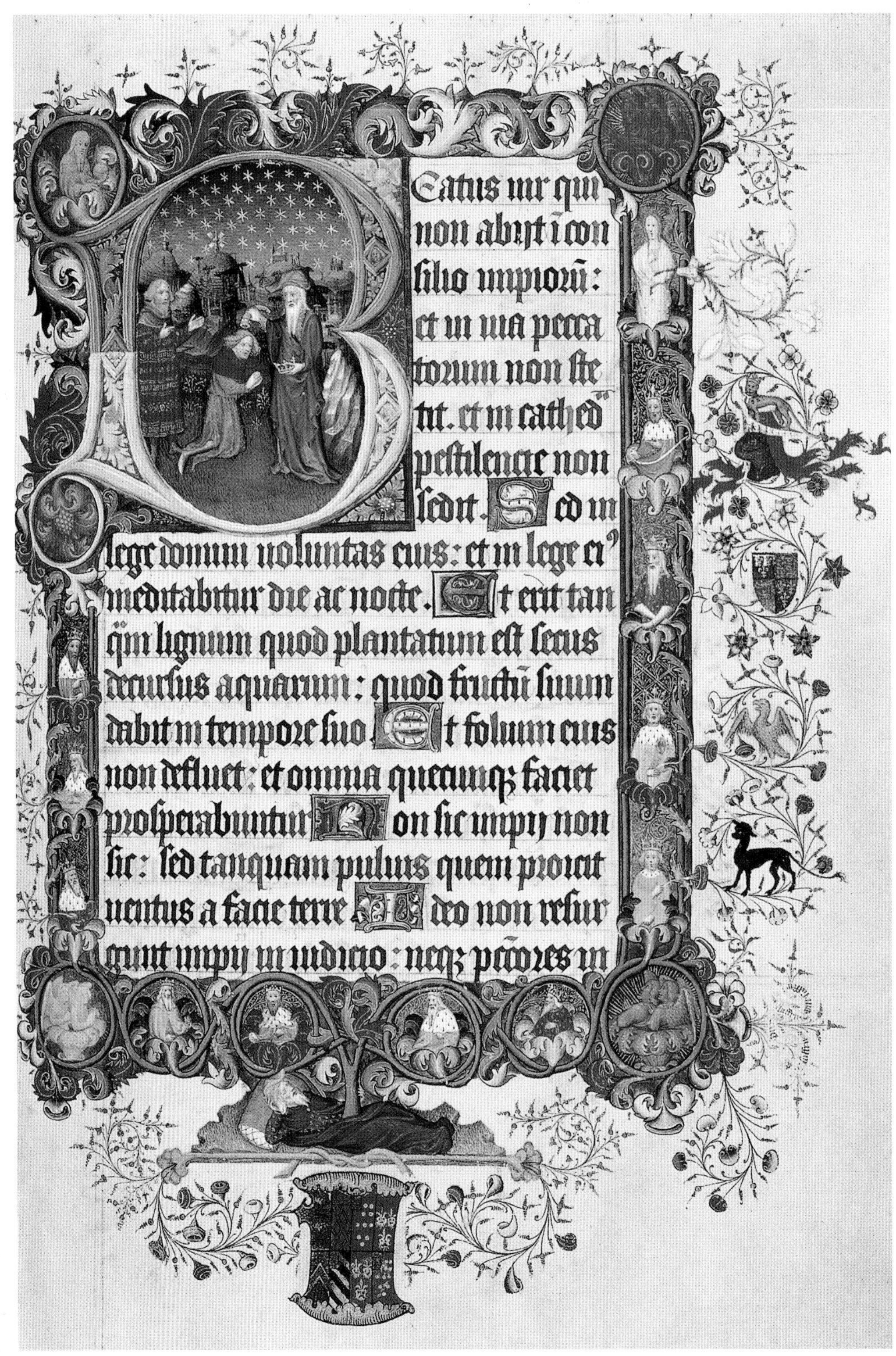

（左）『**ベッドフォード公の時禱書と詩編**』1414-1423年頃｜イギリス／（右）『**ベッドフォード公の時禱書**』1423-1430年頃｜フランス

ベッドフォード公はイギリス王ヘンリー６世の叔父で、フランス摂政となった。彼はイギリスにいる時に、イギリスのヘルマン・シーレに『ベッドフォード公の時禱書と詩編』をつくらせ、パリにきてから『ベッドフォード公の時禱書』など３冊をつくらせている。こちらの画家の名は伝わらず〈ベッドフォードの画家〉と呼ばれている。中心の絵のまわりに多数のコマ絵をはめこむのが特徴である。

cleophe
salome
maria yaque
zebeder
Jen suis contente

『ロアン公の大時禱書』1430-1435年頃｜フランス

ブルターニュの名家ロアン家の紋章が入っているのでこう呼ばれ、画家は〈ロアンの画家〉と呼ばれている。〈ブシコーの画家〉、〈ベッドフォードの画家〉につづき、〈国際ゴシック様式〉の最後の画家の1人である。中世の終末が迫り、死の影が落ちてくるような暗く激しい表現を特徴としている。ボスやグリューネヴァルトなどの表現を予感させる。

Aue gracia plena dominus tecum
Domine labia
mea aperies.
Et os meum a

**『カトリーヌ・ド・クレーヴの時禱書』** 1440年頃｜オランダ

注文主はカトリーヌ・ド・クレーヴであろうといわれる。右頁の聖母子の左に彼女が描かれている。作者は〈カトリーヌ・ド・クレーヴの画家〉といわれている。オランダの写実的で庶民的な表現がうかがえる。右頁のまわりのユーモラスな怪獣、次頁のまわりの野菜や鳥籠などさまざまな装飾のモチーフ、画家が楽しげに遊んでいる様子が伝わってくる。フランスの宮廷文化からオランダの市民文化への転換が見えてくる。

Deus in adiutorium meum i
tende. Domine ad adiuuandu
me festina. Gloria patri et fi
lio et spiritui sancto. Sicut e
rat in principio et nunc et se
per. et in secula seculor Amen.
Dominus regnauit ps.
decorem indutus est:

dimenta donasti. per eos subsi
dia perpetue salutis impendas.
Per xpm dnm nostrum. Ame.
De tribus regibus Antypho.
Tria sunt munera pre
ciosa que obtulerunt
magi domino. et ha
bent in se diuina misteria. In


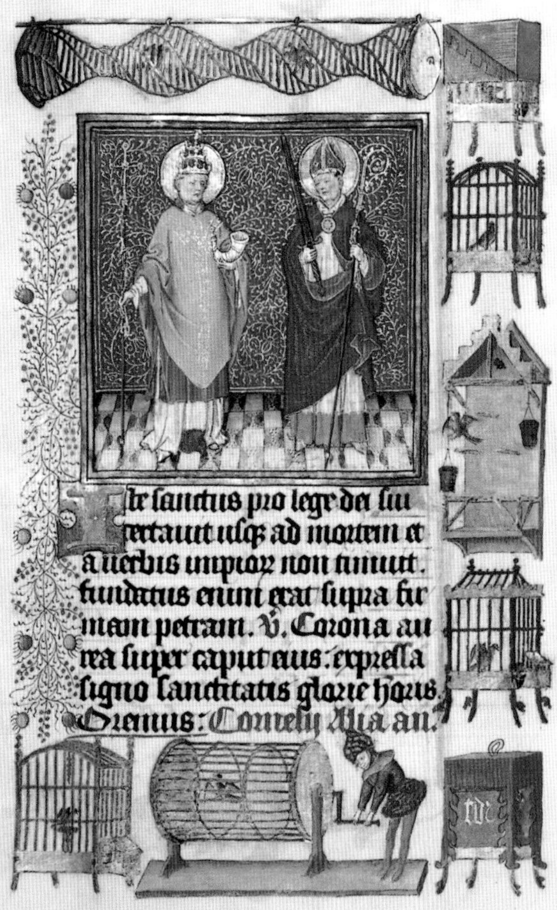

Hic sanctus pro lege dei sui
certauit usque ad mortem et
a verbis impior non timuit.
fundatus enim erat supra fir
mam petram. V. Corona au
rea super caput eius: expressa
signo sanctitatis glorie honoris.
Oremus: Conced Alia an.

ritis adiuuemur. Per xpm do. n.
Ambrosii episcopi et conf a.
Sacerdos et pontifex et
virtutum artifex bonus
pastor in populo sic
placuisti dno. V. Ora pro nob
beate pater ambrosi: ut digni
efficiamur promissione xpi.

Sancti Ambrosij nos Collc.
Quesumus domine iugiter
prosequatur gracia, ut quod pe
ticio nostra non impetrat, ipso
pro nobis interueniente prestet.
P rps. Augustini episcopi An.

Egregie confessor xpisti
et sacerdos sanctissime

Sanctissime bartholomee
dei apostole, qui per de
structionem ydolorū et
multam operationem mira
culorum populum nō moditi
ad fidem domini nostri ihesu
xpisti conuertisti amore. cuius
omnes huius seculi uanitates

ceteras illustrare dignatus es. pre
tende ineffabilem misericordiā
tuam. nobis et largire ita deuo
tum eidem habere famulatū.
ut diuinas gracias suscipiam
quas omnibus ipsā colentib;
promeruit specialiter impetrare.
P do. Agnetis virginis et mris.

Beatus uir qui inuentus
est sine macula et qui
post aurum nō abijt
nec sperauit in thesauris pecu
nie. quis est hic et laudabimus
eum fecit enim mirabilia in
uita sua. V. Justus germina
bit sicut lylium: et florebit in

Chapter

◆

I. 中世写本

# 様式化され進化していく装飾 ハイ・ゴシックからルネサンスへ

## I. THE MEDIEVAL PERIOD ILLUMINATED MANUSCRIPTS

# Stylized Design: From the High Gothic to the Renaissance

In the Middle Ages, manuscript illustration evolved from Celtic knots and monsters to the revival of classical motifs from Greece and Rome and from the High Gothic naturalism to the realism of the Renaissance: a profusion of beautiful styles.

---

中世写本の装飾は、ケルト的な組紐文と怪獣文からシャルルマーニュ大帝以後の、ギリシア・ローマのクラシック文様の復活へと進む。そしてハイ・ゴシックの自然主義からルネサンスの写実主義へと満開の花を咲かせる。

その転換は15世紀前後の『時禱集』の流行に反映されている。宗教書ではあるが、教会を出て、個人的な家庭的な場での私的な、日々の祈りのための本となってくる。それに伴って装飾も、荘厳な、象徴的な図形から庭先の花のような、身のまわりのくつろいだ世界に近づいてくる。

『時禱書』では、1年12ヶ月の行事のカレンダーが入っている。また聖母マリア礼拝のための『時禱書』も目立ってくる。女性的、家庭的な祈りの書が求められ、装飾もまた女性的な感性をあらわすようになる。

ハイ・ゴシックの、自然のいきいきした草花を写したような花文様は、イタリア・ルネサンスの、クラシックな、はっきりと様式化され、ヴォリュームを持った花文様へと変わってくる。ルネサンスでは〈ゴシック〉は少し古めかしく感じられたのである。このようなハイ・ゴシックとルネサンスのちがいはイタリアと北ヨーロッパ(フランドル)のちがいでもあった。

ハイ・ゴシックでは、絵はまだ中世的な硬さを残しているが、まわりの装飾は自然でいきいきしている。ルネサンスでは絵はより写実的で、新しい人間像を示しているが、まわりの装飾はギリシア・ローマの、様式化された、シンメトリックな構造を示している。絵とそれを囲む装飾との、写実化と様式化をめぐる微妙なずれが面白い、写本装飾のイルミネーションが神の光から人間の光へと変わろうとしている。

## ユーモラスなタッチのルネサンスのイタリア写本

'Book of Hours'

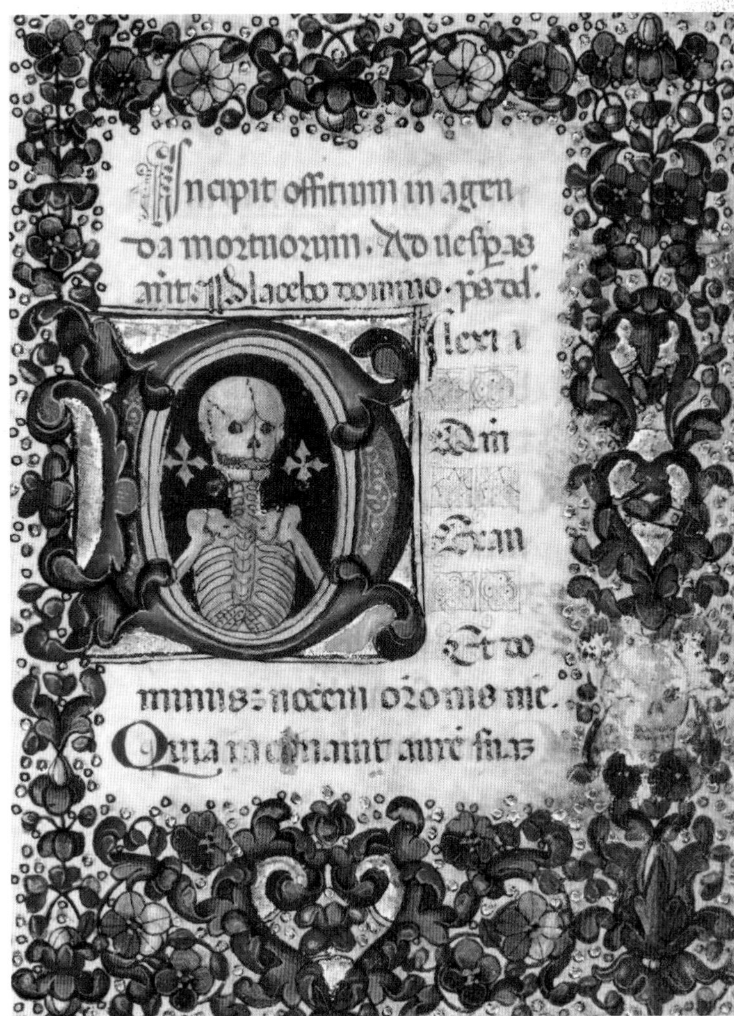

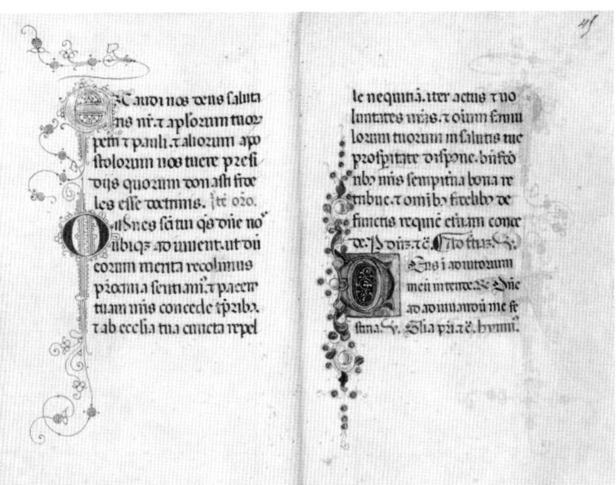

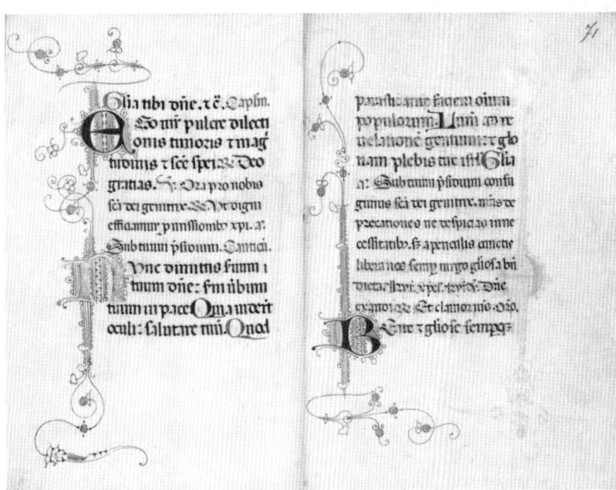

**『時禱書』** 15世紀｜イタリア

イニシャルの中の骸骨はリアルでユーモラスである。まわりの花文様はシンメトリックでより様式化され、クラシックである。イニシャルのDが、まわりの縁飾りに連続していくのもこの時代の特徴だ。見開きのそれぞれの頁の本文の左にのびている線のアラベスクはとてもモダンで今でも使えそうだ。ルネサンス人の明快なセンスが感じられる。

## 色糸で施した刺繍のような可憐なフランドルの時禱書

'Book of Hours'

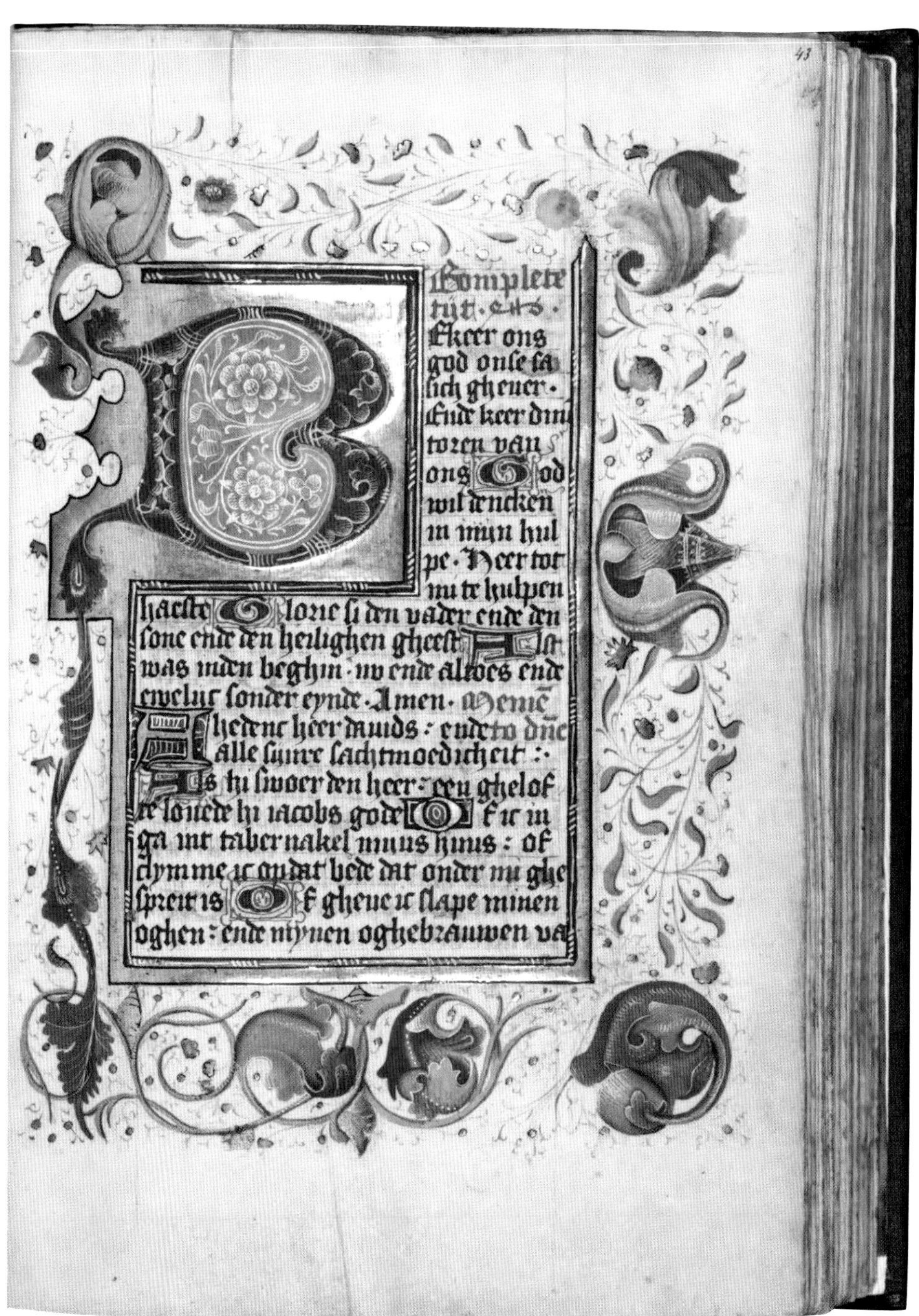
Complete
tijt.
Ekeer ons
god onse sa
lich gheuer.
Ende keer din
toren van
ons. God
wilt dencken
in mijn hul
pe. Heer tot
mi te hulpen
haeste. Glorie si den vader ende den
sone ende den heilighen gheest. Als
was inden beghin. nu ende altoes ende
ewelic sonder eynde. Amen. Aeme
Ghedenc heer dauids : ende to dne
alle sijnre sachtmoedicheit ::
Als hi swoer den heer. een ghelof
te louede hi iacobs gode. O ic in
ga int tabernakel mijns huus : of
clymme ic opdat bede dat onder mi ghe
spreit is. Of gheue ic slape minen
oghen : ende mijnen oghebrauwen va

**『時禱書』**1440年頃｜オランダ

フランドル系の、自然で親しみやすい草花を見ることができる。女性のための本だったろう。花や葉の描き方がういういしい。またテキストの文字もいくつかの色を使い分けて美しい。大きなイニシャルの色のついた地に白ヌキで描かれた花文もしゃれている。全体に、女性が色糸で刺繍した手芸品のようなかわいらしさを感じさせる。この本を手元に置いていたのは、どんなレディだったろうか。

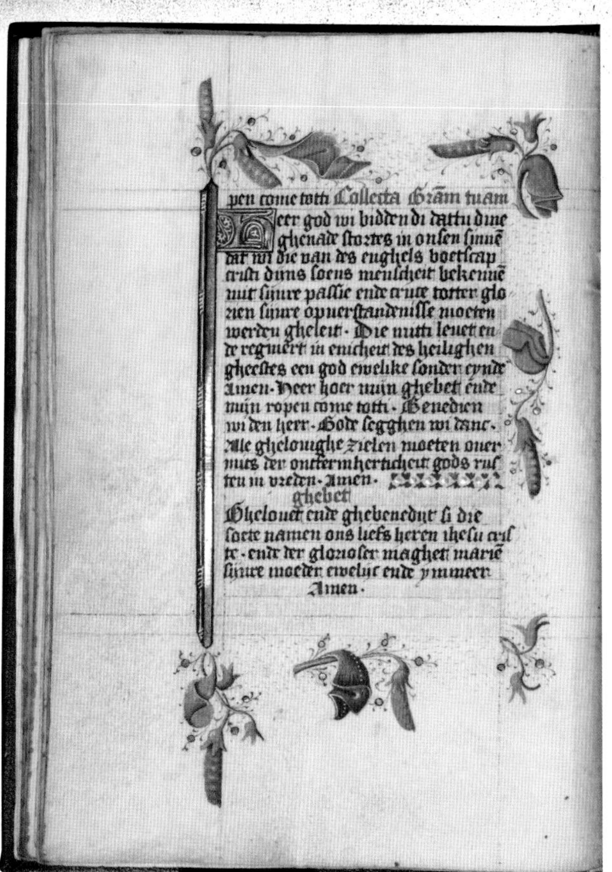
pen come tot di. Collecta. Gratiam tuam
Heer god wi bidden di dattu dine
ghenade stortes in onsen sinne
dat wi die van des enghels boetscap
cristi dins soens menscheit bekenne
uut sinre passie ende cruce totter glo
rien sinre opuerstandenisse moeten
werden ghe leit. Die met di leuet en
de regneert in enicheit des heilighen
gheestes een god ewelike sonder ynde
Amen. Heer hoer mijn ghebet ende
mijn ropen come tot di. Benedien
wi den heer. Gode segghen wi danc.
Alle ghelouighe zielen moeten ouer
mits der ontfermherticheit gods rus
ten in vreden. Amen.
ghebet
Ghelouet ende ghebenedijt si die
soete namen ons liefs heren ihesu cris
te. ende der glorioser maghet marie
sinre moeder ewelic ende ymmeer.
Amen.

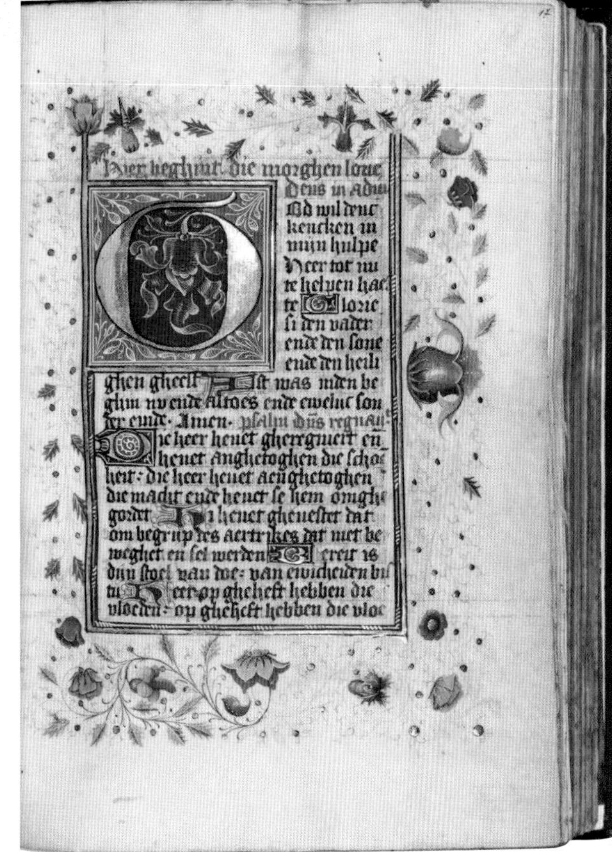
Hier beghint die morghen loue
Deus in adiu
God wil denc
kencken in
mijn hulpe
Heer tot mi
te helpen haes
te. Glorie
si den vader
ende den sone
ende den heili
ghen gheest. Alst was inden be
ghin nu ende altoes ende ewelic son
der eynde. Amen. psalm Dns regnavit
Die heer heuet gheregneert en
heuet anghetoghen die schoo
heit. die heer heuet aenghetoghen
die macht ende heuet se hem omghe
gordt. Hi heuet ghevestet dat
om begrip des aertrikes dat niet be
weghet en sel werden. Bereit is
dijn stoel van doe. van ewicheden bis
tu. Heer op gheheft hebben die
vloeden. op gheheft hebben die vloe

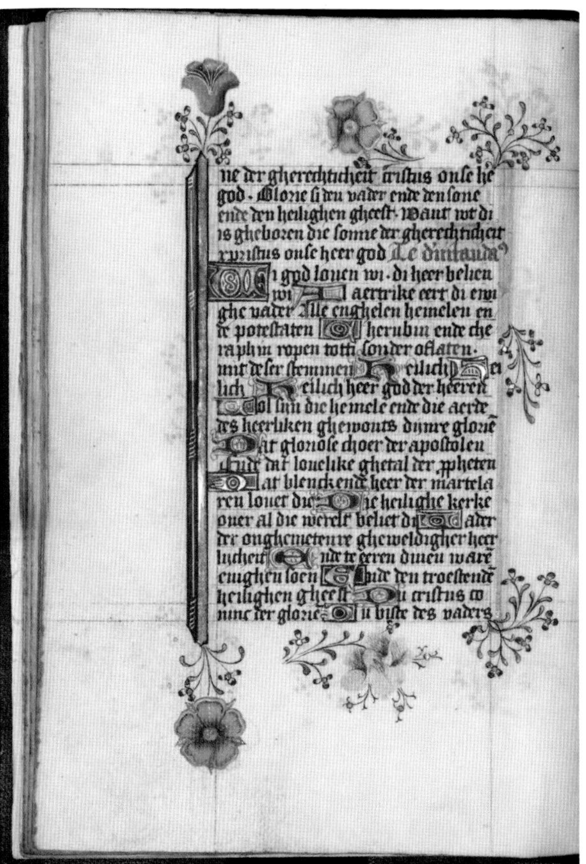
ne der gherechticheit cristus onse he
god. Glorie si den vader ende den sone
ende den heilighen gheest. Want wt di
is gheboren die sonne der gherechticheit
cristus onse heer god. Te deum laudamus
Di god louen wi. di heer belien
wi. Di aertrike eert di ewi
ghe vader. Alle enghelen hemelen en
de potestaten. Cherubin ende che
raphin ropen totti sonder oflaten.
mit deser stemmen. Heilich. Hei
lich. Heilich heer god der heeren
Vol sijn die hemele ende die aerde
des heerliken ghewonts dijnre glorie
Dat gloriose choer der apostolen
Ende dat louelike ghetal der prophe ten
Dat blenckende heer der martela
ren louet di. Di heilighe kerke
ouer al die werelt beliet di. Den vader
der ongemetenre gheweldigher heer
licheit. Ende te eeren dinen ware
enghen soen. Ende den troestende
heilighen gheest. Du cristus co
ninc der glorie. Du biste des vaders

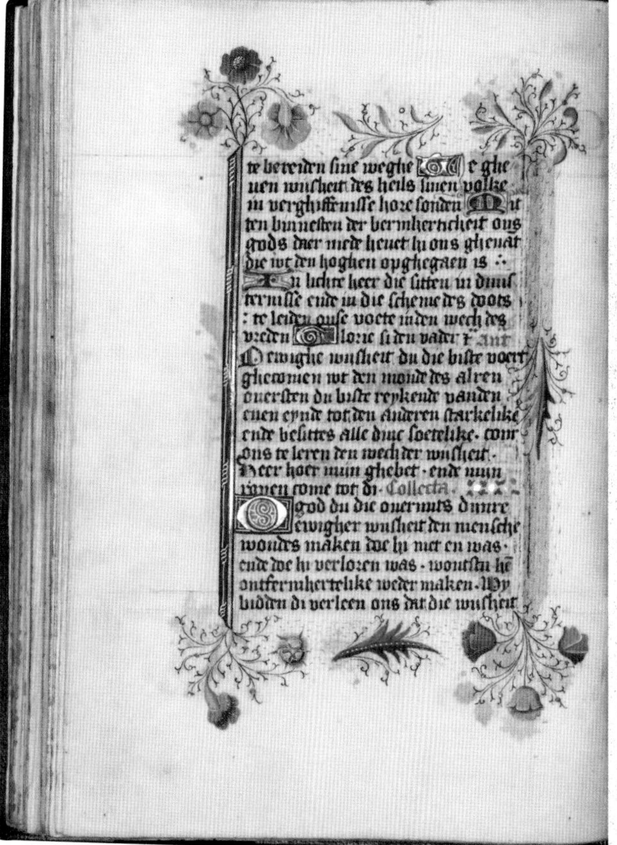
te bereiden sine weghe. Te ghe
uen wijsheit des heils sinen volke
in verghiffenisse hoer sonden. Mit
ten binnesten der bermherticheit ons
gods daer mede heuet hi ons ghenaet
die wt den hoghen opghegaen is.
Te lichte heer die sitten in dinc
ternisse ende in die scheme des doots.
te leiden onse voete inden wech des
vreden. Glorie si den vader. Aunt.
O ewighe wijsheit du die biste voert
ghecomen wt den monde des alren
ouersten du biste reykende vanden
enen eynde tot den anderen starkelike
ende besittes alle dinc soetelike. com
ons te leren den wech der wijsheit.
Heer hoer mijn ghebet. ende mijn
ropen come tot di. Collecta.
O god du die ouermits dijnre
ewigher wijsheit den mensche
wonders maken doe hi niet en was.
ende doe hi verloren was. wonstu he
ontfermhertelike weder maken. Wy
bidden di verleen ons dat die wijsheit

**『時禱書』** 1465年頃｜オランダ

フランドル系のいきいきした自然を形どった装飾を見ることができる。頁の面はフレームの意識が強くなり、きちんと分割され、構造化されてくる。イニシャルはより大きく、シンプルになり、絵のための窓となってきている。鳥や花の描写はリアルだが、装飾面はぎっしり埋めるように、平面的に配置され、地と図という層分けで全体がくっきり見えるよう工夫されている。

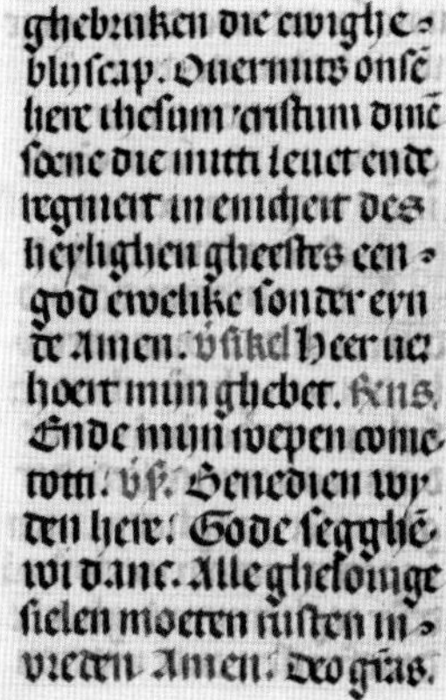

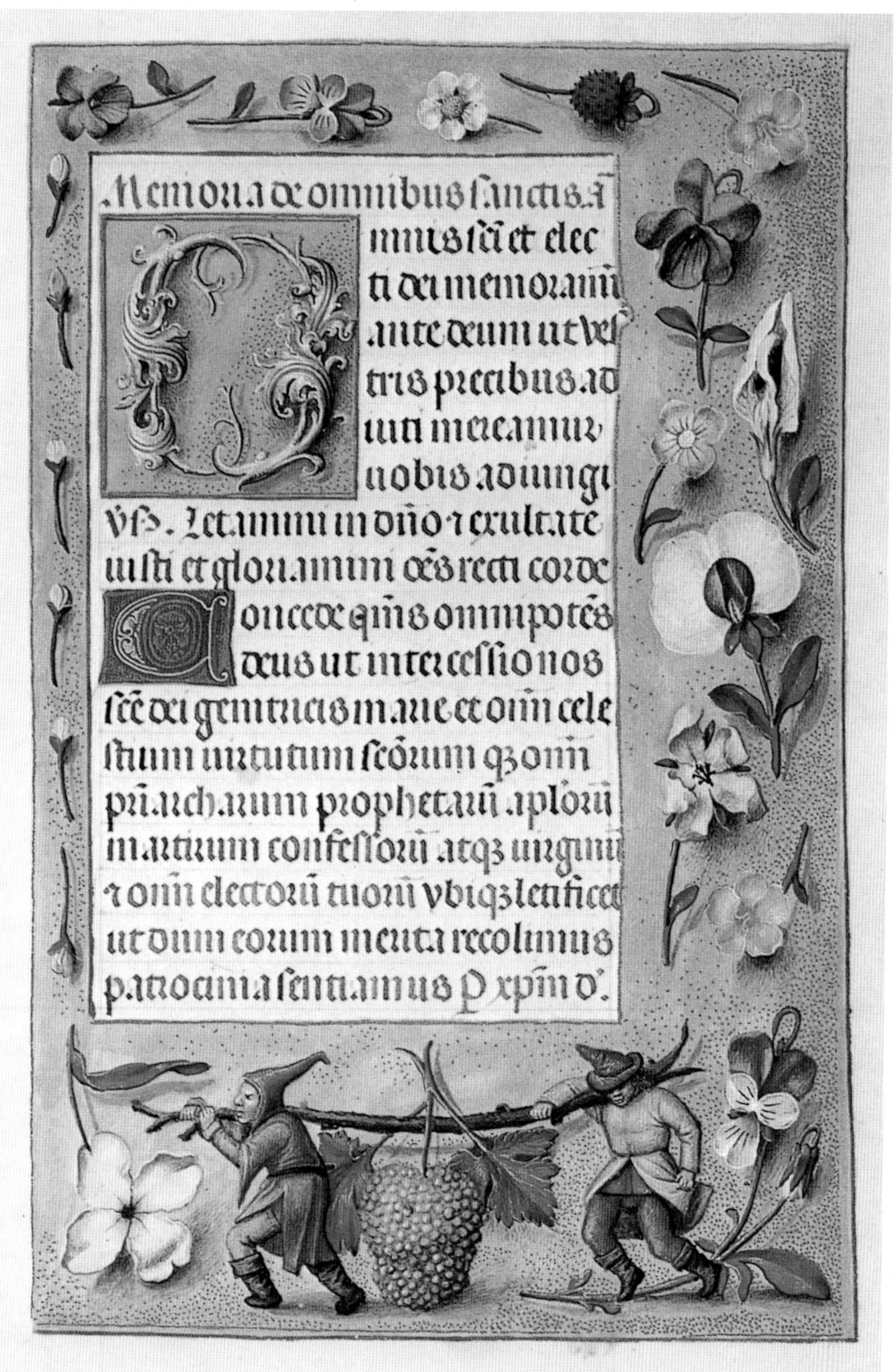

**『ロスチャイルド祈禱書』** 1510-1520年｜ベルギー

ガンまたはブリュージュでつくられた。注文主はわかっていない。19世紀にはロスチャイルド家の所蔵となり、この名で呼ばれている。ナチに没収されたが、その後、もどされ、2014年にクリスティーズのオークションで、写本として最高の14億円で売られ話題になった。オランダの写実的な絵の影響があらわれている。黄色い地に、花などを1つずつ離して配置しているのが特徴である。

Chapter

◆

## I. 中世写本

# 多様なテーマへの展開<br>写本と紋章

## I. THE MEDIEVAL PERIOD<br>ILLUMINATED MANUSCRIPTS

# Towards Diversity in Themes: The Manuscript and the Crest

While illustrated manuscripts began in the Middle Ages as sacred texts, they gradually development into books on a variety of secular themes. A conspicuously important example was the book singing the praises of a family's lineage and history.

---

聖書として出発した中世写本は、しだいにキリスト教だけでなく、世俗的、さらには異教的なテーマなど多様な本へと開かれていく。15世紀の時禱書の流行は、教会の本から家庭の本への広がりを示している。15世紀には印刷術の発明がある。写本はその後も、印刷本と併行してつくられるが、大衆的な印刷本に影響されて、写本もさまざまなテーマをとりあげていった。クリストファー・ド・ハメルの『装飾写本の歴史』(1986)で、15-16世紀の写本を「コレクターのための本」といっている。ルネサンスにおける古典復興の動きによって、富裕な人文主義者たちのための、ギリシア・ローマの古典を復刻する豪華本がつくられ、神話や歴史の本が出された。

その中で目立つのは、家や一族の家系、歴史などをほめ讃える本である。先祖や家の紋章、功績などへの関心が高まり、その記念として、豪華な写本を注文したのである。

装飾もそれに伴って、世俗的になり、多様化し、紋章的になってゆく。そして豪華な写本のコレクションもルネサンスに盛んになってゆく。古いもの、歴史的なものの価値が発見され、〈蒐集〉という人間の不思議な情熱が目覚めてくるのである。このような蒐集趣味がはじまったために、印刷本があらわれても、写本はずっと後までつくりつづけられたのである。

写本が紋章学の舞台となったことも注目される。十字軍の活動の中で発達した騎士の紋章は13世紀から記号体系としてまとまり、14世紀には市民、農民にも広まり、15世紀には楯と冑(よろい)を組み合わせたデザインが完成する。装飾写本の鮮やかな色彩は紋章学の華やかなカタログとして使われた。画家たちも遠くからも、くっきりとよく見える紋章的な彩色や形を意識していた。

**『金羊毛騎士団の大馬上槍試合紋章図鑑』** 1430-1461年｜フランス

「金羊毛騎士団」は1430年、ブルゴーニュ公（善良公）フィリップがつくった騎士団である。彼は十字軍や騎士団にあこがれていた。そして1454年、リールで大宴会を開き、フランス中の騎士を招待して馬上槍試合を開いた。アドルフ・ド・クレーヴが白鳥の騎士に扮した。この催しにちなんでつくられた図鑑で、紋章をちりばめた騎士たちの描き方が実に大胆だ。

DE NEUF-CHASTEL

A Dijon 1433

brabant

flandres

NORMANDIE

DOMINA·VRSVLA·AB·HARROCH·DOMINI·IOANIS·IACOBI·FVGGERI·OPERIS·HVIVS·FVNDATORIS·LEGITIMA·CONIVX·CVM·BIGEMINO·PROGENITORV·SVOR·STEMMATE
Alles Got
Ergeben

**『フッガー家繁栄史』**1545-1799年頃｜ドイツ

フッガー家は織物業から出発し、ヤコブ・フッガーがアウグスブルクで銀と銅をあつかい、一挙に富を獲得し、ヨーロッパ最大の富豪となった。ローマ法王やハプスブルク家の銀行家といわれた。ヨハン・ヤコブ・フッガーは1545年、フッガー家の家系の歴史をつくることにした。家族の肖像、紋章などが入っていた。それは子孫によって描きつづけられた。人と紋章の長いギャラリーである。

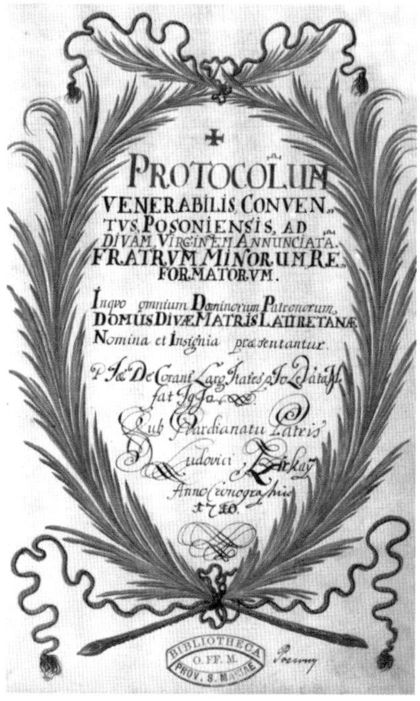

## 『ブラティスラヴァ修道院のプロトコル』1710-1763年頃｜スロヴァキア

ブラティスラヴァはスロヴァキアの首都である。16世紀にはハンガリーの首都でもあった。1710年に、ここのフランシスコ派修道院の後援者たちの紋章入り名簿がつくられはじめた。18世紀にまだつくられていた写本の珍しい例である。写本画家は紋章画家として描きつづけていたのかもしれない。

41.
Illustrissimus, ac Reverendissimus Dnus Domin⁹
LADISLAUS PYBER
Electus Episcopus Almisiensis, Præpositus Sancti Thomæ
de Monte Strigoniensi, Venerabilis Capituli Ecclesiæ Metro=
=politanæ Strigoniensis Canonic⁹, Liberæ, Regiæquè Civitatis
Tyrnaviensis Plebanus, nec non Eminentissimi, ac Serenissimi
Principis Christiani Augusti de Saxonia Archi-Episcopi
Strigoniensis in spiritualib⁹ Vicari⁹, & Causarum Sacræ Se=
=dis Auditor Generalis. Dedit fl. 18.

69.
Perillustris, ac Generosa Domina Domina
EVA ELISABETHA de DRISCHBerger
nata de Wenthiers, prænominati Perillu=
stris Domini bellici Supremi Commissarij Con=
=thoralis. Dedit fl. 25.

Perillustris ac Generosus Dominus
MICHAEL PIROLT,
Liberæ Regiæque Civitatis Schemniciensis
Juratus Notarius & ad Dietam Regni
Hungariæ Posony Celebratæ Ablegatus
Dedit fl. 8.

Spectabilis ac Magnific⁹ Dnus Dnus
CASPARUS SANDOR
de Szlavnicza, Liber Baro in Lakacsi, Sacræ Cæsa=
=reæ Regiæque Majestatis Consiliarius, cum Charissi=
=ma Conthorali Sua Magnifica Domina ELISABE=
=THA THOKOLI de Kis March.
Dedit fl. 12.

Chapter

♦

### I. 中世写本

# いとも豪華な装飾
# 権力のページェント

## I. THE MEDIEVAL PERIOD
## ILLUMINATED MANUSCRIPTS

# Decoration Lavish in Every Detail: The Pageant of Power

The late fourteenth and the fifteen century saw the rise of wealthy, powerful princes. Proud of their wealth and power, they demanded beauty that would be a worthy embellishment.

---

14世紀末から15世紀にかけて、強大な権力と富を持つプリンス（大公、大貴族）たちが登場してくる。彼らは力と富を誇るためにそれを飾る美を求めた。そして芸術・文化のパトロンとなった。それは〈プリンスリー・パトロネージュ〉（プリンスたちの芸術後援）といわれる。

イタリアのウルビーノの小君主であったフェデリーコ・ダ・モンテフェルトロは、日本の信長のような戦国武将であった。ウルビーノを乗っ取り、金で雇われて戦ったが、その一方で大知識人であり、彼の寄木細工を張りつめた書斎は見事なものであった。ラテン語を学び、古典の写本を蒐集し、自ら制作させた。すでに印刷本はつくられていたが、それを嫌っていて、ひたすら写本を集め、1000冊以上の文庫を持っていた。40人もの写字生を雇っていたという。

イタリアに群雄割拠していた都市国家の中でも強力だったのはフィレンツェであり、その権力を握ったのはルネサンスのプリンスの代表ともいえるロレンツォ・デ・メディチであった。彼はイル・マニフィコ（偉大なる者）と呼ばれ、厖大に蓄積されたメディチ家の富を使って、イタリア・ルネサンスの花を咲かせた。

彼は使者を各地に送って、貴重な本を集めさせ、メディチ家の図書館をつくり、公開して、貴重本を写すことを許した。また印刷による本の可能性を評価し、さらにイタリア語で詩をつくり、古典だけでなく、新しい文化にも開かれていた。

プリンスたちの芸術のパトロンの先駆けとなったのはジャン・ド・ベリー侯である。中世後期の最大のパトロンであった彼は写本芸術の黄金時代をもたらし、ルネサンスのプリンスたちの華麗な芸術世界を開幕させた。〈中世の秋〉の輝ける幻影を投げかけてくれる。

# 殺人者であり教養人であったウルビーノ公の圧倒的な装飾写本

'Bible of Federico da Montefeltro'

## 『フェデリーコ・ダ・モンテフェルトロの聖書』1476-1478年｜イタリア

異母兄を殺してウルビーノ公になったといわれ、勇猛な傭兵隊長であった。一方では教養人であり、文化保護者で、画家ピエロ・デラ・フランチェスカのパトロンであった。寄木細工の彼の書斎は有名で、当時の大学の図書館よりもすばらしい写本のライブラリーを持っていた。彼のつくらせた聖書の絢爛たる装飾は圧倒的である。

## 10年がかりでつくらせた大胆な装飾のミサ典書

'The Salzburg Missal'

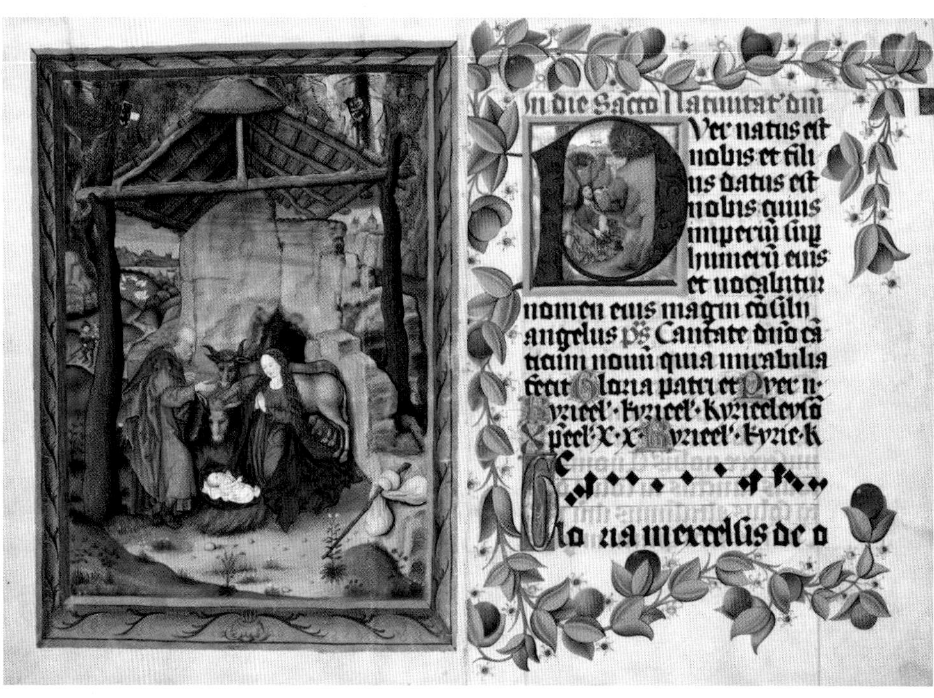

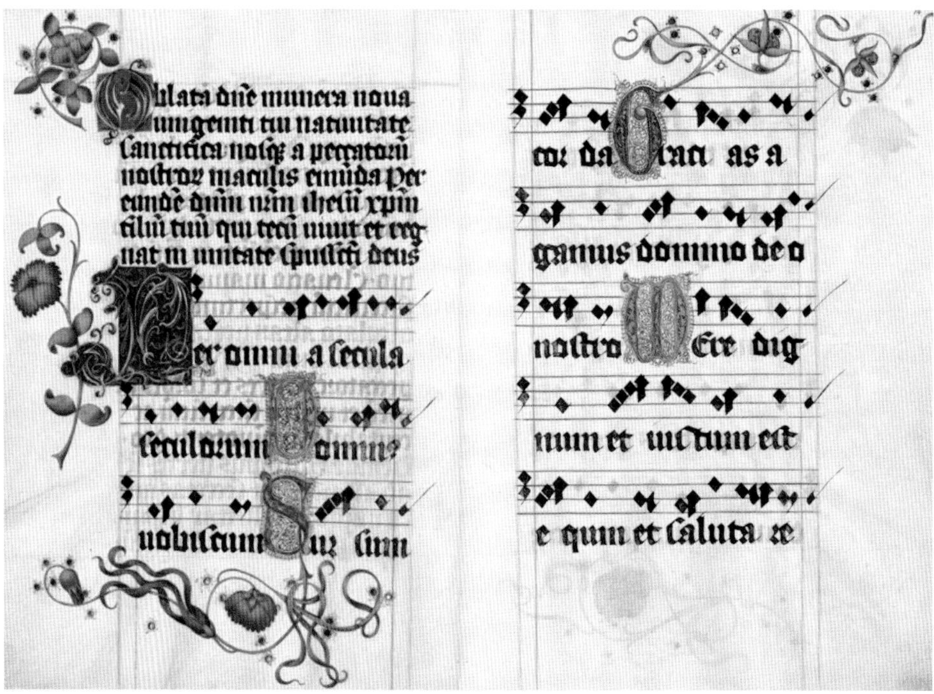

**『ザルツブルク大司教のミサ典書』**1478-1489年頃｜オーストリア

アルプスのふもとの町ザルツブルクは、ザルツ（塩）の産出の中心として栄えた。大司教が領主であった。このミサ典書は、15世紀後半の3人の大司教がつくらせたもので10年かかっている。画家のベルトルト・フルトマイヤーは渦巻きのような木の枝で画面を分割し、大胆な装飾をちりばめている。また深い青や緑の色もすばらしい。木の枝は生と死の木をあらわしている。

# メディチ家の栄誉を表す華麗なる装飾

'Hours of Lorenzo de Medici'

## 『ロレンツォ・デ・メディチの時禱書』1485年｜イタリア

ロレンツォが娘のルクレツィアとヤコポ・サルヴィアティの結婚の祝いに送った本である。画家はフランチェスコ・ロッチェリ。マリアの生涯を描いた絵の青がすばらしい。まわりの、裸の子どもが花や果物の間で戯れる装飾が楽しげで、結婚の祝いにふさわしい、わくわくするような気分をかもしている。つづれ織のように織られた装飾平面が魅力的だ。

AVE · MA A · GRATIA PLENA DOTECUM

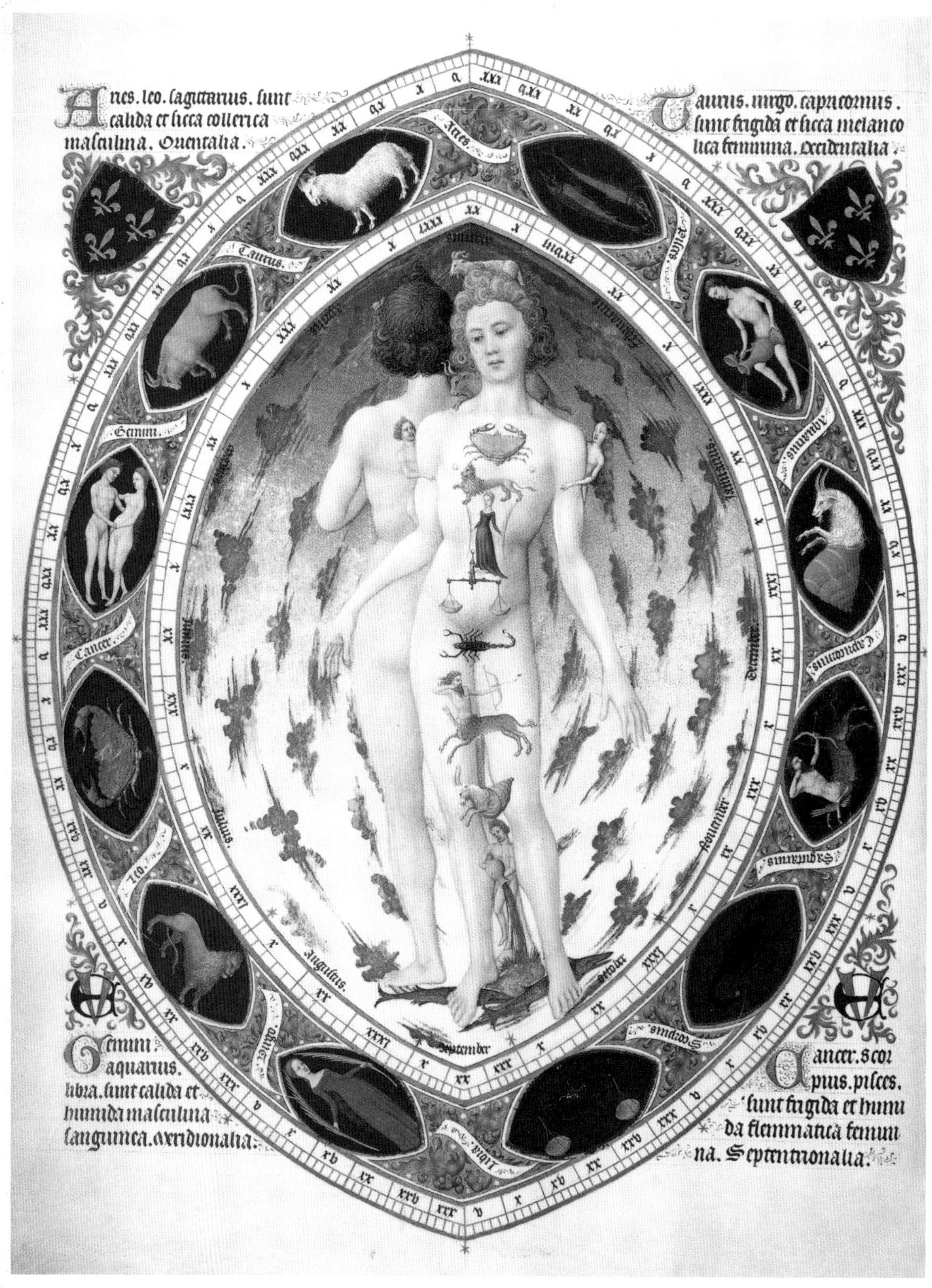

『ベリー公のいとも豪華なる時禱書』1410-1416年、1485-1489年｜フランス

中世装飾写本の最高峰といわれるこの本は、しかし未完なのである。オランダのランブール兄弟によって描かれるが、1416年の大疫病で、ランブールもベリー公ジャンも亡くなってしまう。1485年になってジャン・コロンブが描きついでいる。多くの時禱書の中でこの本はまったくちがっている。これほど大きく、豪華で、それまでにない異色のイメージで描かれている。

Chapter

I. 中世写本

# さまざまなデザインの遊び

## I. THE MEDIEVAL PERIOD ILLUMINATED MANUSCRIPTS

# Playing with Design

In the late Middle Ages, from the end of the fourteenth century on, illustrated manuscripts were freed from using only classic icons and motifs; a great variety of free, even capricious, designs emerged.

---

中世後期、14世紀末ぐらいから、装飾写本は、古い図像、古い文様などから解放され、自由で、きまぐれともいえるさまざまなデザインをくりひろげるようになる。ランブール兄弟による『ベリー公のいとも豪華なる時禱書』(P64)はそのきっかけであったろう。占星術・錬金術などの魔術的なイメージや宇宙図が描き込まれている。キリスト教の教義を逸脱するような異端の図像をおそれなくなっているのである。大きな絵よりも本の挿絵はより私的で、それだけに自由な空想を楽しむことができた。画家たちはさまざまな実験を試みるようになった。

ランブール兄弟は『いとも豪華なる時禱書』で星空を描くのにグリザイユという方法を使い、金箔やガラスを色絵の具に混ぜて特別の効果を出した。そのような試みは15世紀に入ってさらに多様化する。おそらく印刷本というライヴァルの出現に刺激されて、写本はよりユニークな表現となった。印刷本の普及につれて、写本はコレクター向けの趣味的なものになったといえるだろう。

印刷本の方は、はじめはできるだけ写本に似たものをつくろうとした。しかしやがて、新しい本の形へ向かうようになった。

写本において試みられた多様なデザインをふりかえって注目すべきなのは、そこで東西のさまざまな文化が出会っているということだ。初期の写本にはケルト、ゲルマンそしてラテンなどの装飾が不思議な結びつきを見せていた。そして中世ゴシックの写本には東方的なイスラムの文様、さらに中国の文様が影を落としていたのである。本という小さな世界には、原始古代からの歴史的様式、東西文化の様式が集約されているのだ。写本の縁を飾っている小さなつる草でさえ、遠い異国からはるかにやってきたのである。

## 黒く染めた羊皮紙に描かれた風変わりな時禱書

'The Black Hours'

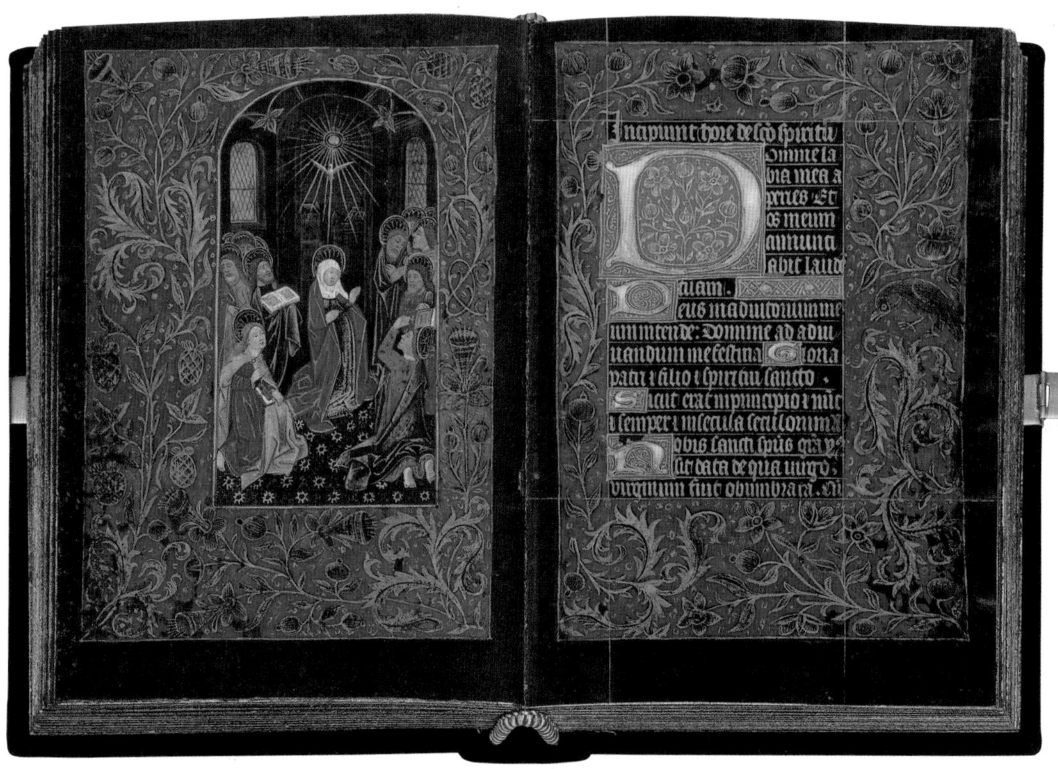

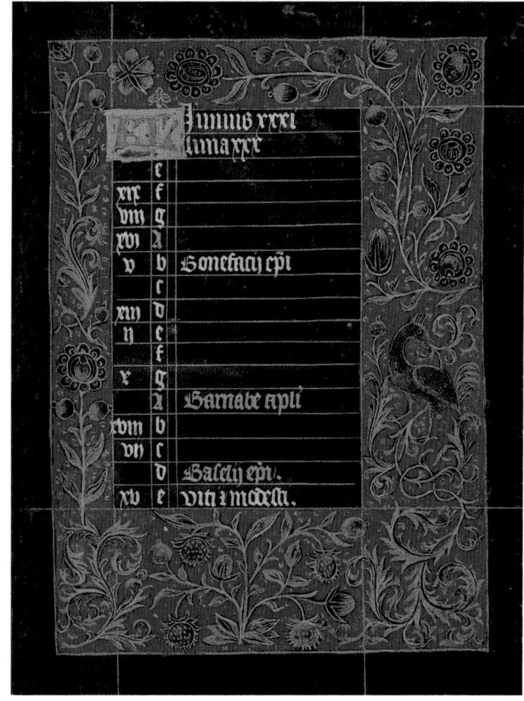

**『黒い時禱書』**1475年頃｜ベルギー

黒い地に金のアラベスクが浮かび上がる。黒く染めた羊皮紙に彩色をほどこしたユニークな時禱書である。フランドル（ベルギー）でつくられた。黒地に十字架上のキリストの白い身体が浮かんでいる。その悲劇がより暗く迫ってくる。まわりの装飾は青に金色の唐草である。ブルゴーニュの貴族たちは黒と金のとり合わせを好んだという。緑の地に描かれた金のイニシャルも美しい。

## 使用色を制限した金とブルーグレイの時禱書

'Book of Hours of Jean de Lannoy'

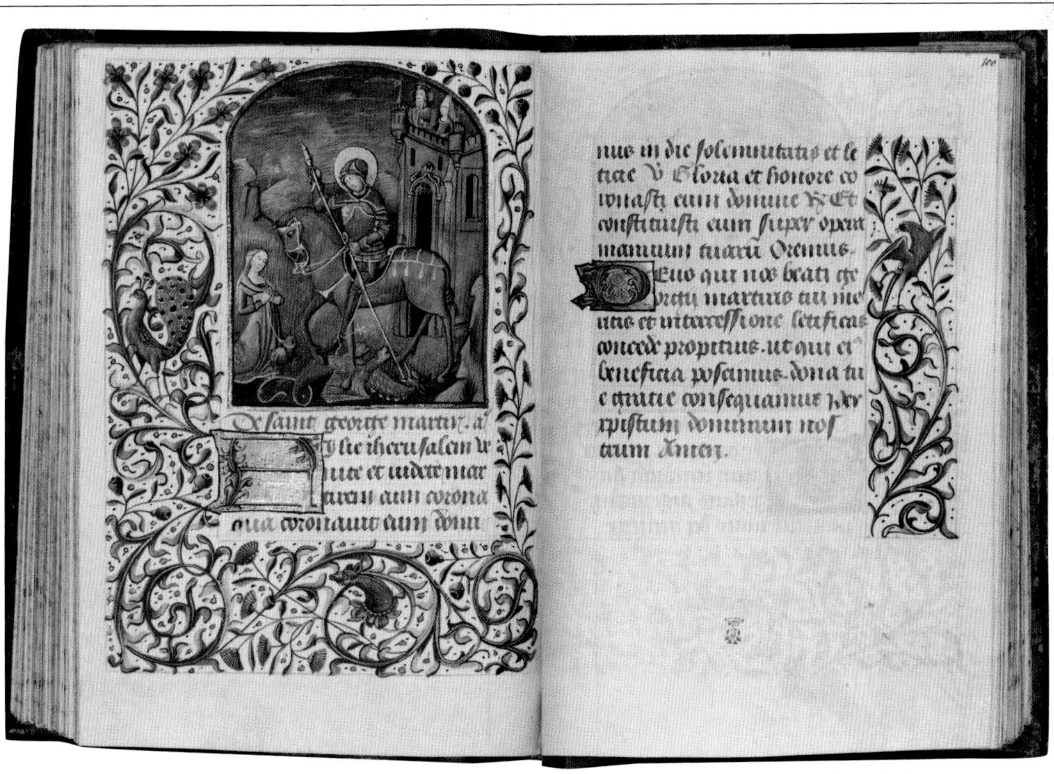

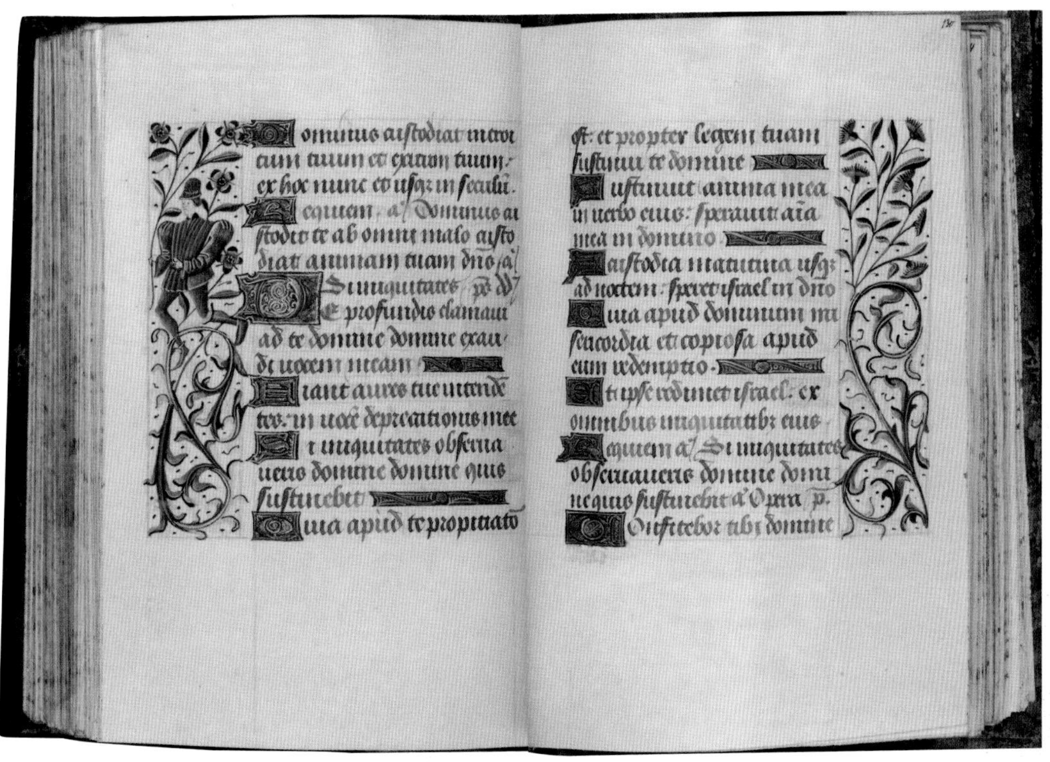

**『ジャン・ド・ラノワの時禱書』** 15世紀｜ベルギー

淡いベージュの地に描かれていて、あたたかい感じがする。これもベルギーでつくられている。金とブルーグレイの２色で描かれ、強い原色が使われていない。そのためソフトな親しみやすい印象が伝わってくる。本文のテクストには赤がアクセントに使われている。唐草から騎士、王女、鳥などが生えている。

# 洗練されたイラストと装飾のパリ人の時禱書

'Book of Hours for Use in Paris'

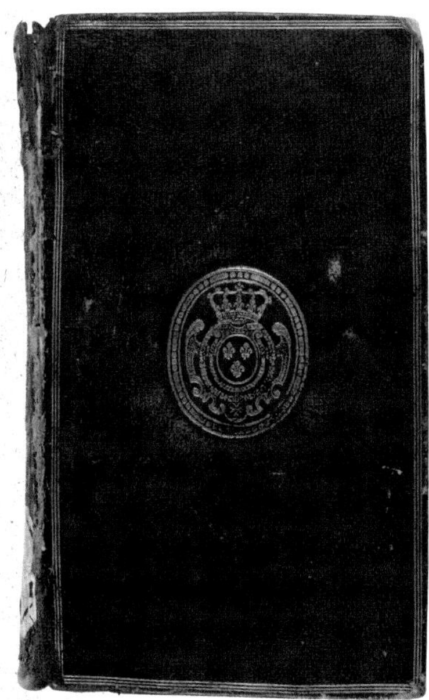

## 『パリ人の時禱書』1475-1500年｜フランス

つつましく質素ともいえるような小さな本である。挿絵が、壁に掛けられた布の絵のように見える〈だまし絵（トロンプルイユ）〉風に描かれているのが面白い。キリストとマリアが茶色の地に白で、光って浮き出るように描かれている。両方とも、きわめて人間的で親しみやすい表情をしている。パリ人の時禱書といわれるが、フランス王シャルル8世の時禱書だったともいう。

mei. Et hanc orationem
supplicem suscipias et
exaudias. et vitam eter
nam michi tribuas.
Audi et exaudi me dul
cissima virgo maria
mater dei et misericor
die amen. Oraison a
nostre dame.
Intemerata
et ineternũ
benedicta
singularis
atqȝ incomparabilis
virgo dei genitrix ma
ria gratissimum dei

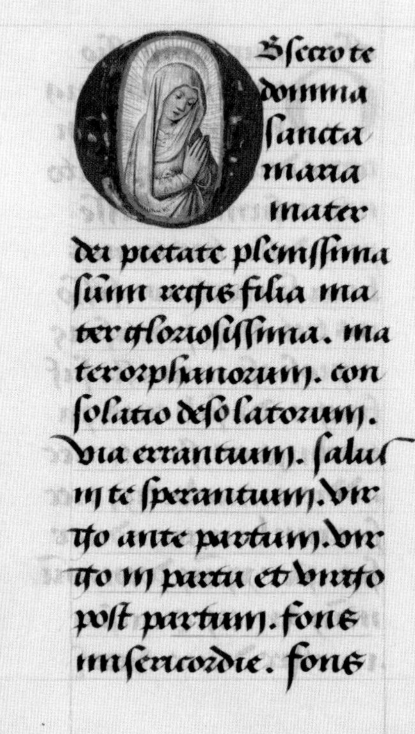
Bsecro te
domina
sancta
maria
mater
dei pietate plenissima
summi regis filia ma
ter gloriosissima. ma
ter orphanorum. con
solatio desolatorum.
via errantium. salus
in te sperantium. vir
go ante partum. vir
go in partu et virgo
post partum. fons
misericordie. fons

DOMINICA RESVR
RECTIONIS DOMINI

Lectio Epistole Beati Pauli
Apostoli ad Corinthios.

FRATRES:
Expurgate uetus
fermentum: vt sitis
noua consperlio: si
cut estis azimi.
Etenim pasca nostrum immolatus
est Christus. Itaq. epulemur: non in
fermento ueteri: neque in fermento

## 『福音書を書く聖ヨハネ』1520年｜イタリア

ヨハネ福音書のシーンが描かれているが、それよりも目立つのは絵を囲む装飾の異様さである。スフィンクスやライオンなどの怪獣文、グロテスク文など、怪奇でエキゾティックな文様が乱舞している。聖書物語よりも、ゴシック的な装飾幻想をくりひろげたかったようだ。それに対して文字はシンプルな活字体に近づいている。カルトゥーシュといわれる曲線的なフレームも変わっている。ローマ法王レオ10世のものだったといわれる。

IN NATIVITATE DOMI
NI IN TERTIA MISSA

Lectio Epistole Beati Pauli Aposto
li ad Hebreos.

FRATRES:
Multifariam mul
tisq. modis olim
Deus loquens patri
bus in prophetis: no
uissime diebus istis locutus est no
bis in filio: quem constituit heredē
uniuersorum: per quem fecit & secula

IN NATALI BEATISSIMI
AVGVSTINI EPISCOPI
ET CONFESSORIS PATRIS
NOSTRI.

Lectio Libri Sapientie.

ECCE SACERDOS
magnus qui in ui
ta sua suffulsit do
mum: & in diebus
suis corroborauit
Templum. Templi etiam altitudo ab
ipso fundata est. Duplex edificatio

IN NATIVITATE SAN
CTI IOANNIS BAPTISTE

Lectio Esaie Prophete.

HEC DICIT DO
minus deus. Audi
te insule & attendi
te populi de longe.
Dominus ab utero
uocauit me: de uentre matris mee re
cordatus est nominis mei. Et posuit
os meum quasi gladium acutum. In
umbra manus sue protexit me: & po

IN NATIVITATE DO
MINI IN TERTIA MISSA

Initium Sancti Euangelii
Secundum Ioannem.

IN PRINCIPIO
erat uerbum: & uer
bum erat apud de
um: & deus erat
uerbum. Hoc erat
in principio apud deum. Omnia
per ipsum facta sunt: & sine ipso
factum est nihil. Quod factum

Topics
# 1

## 図書館・本屋・書斎 本がいる場所

## LIBRARIES, BOOKSTORES AND STUDIES THE BOOK PLACE

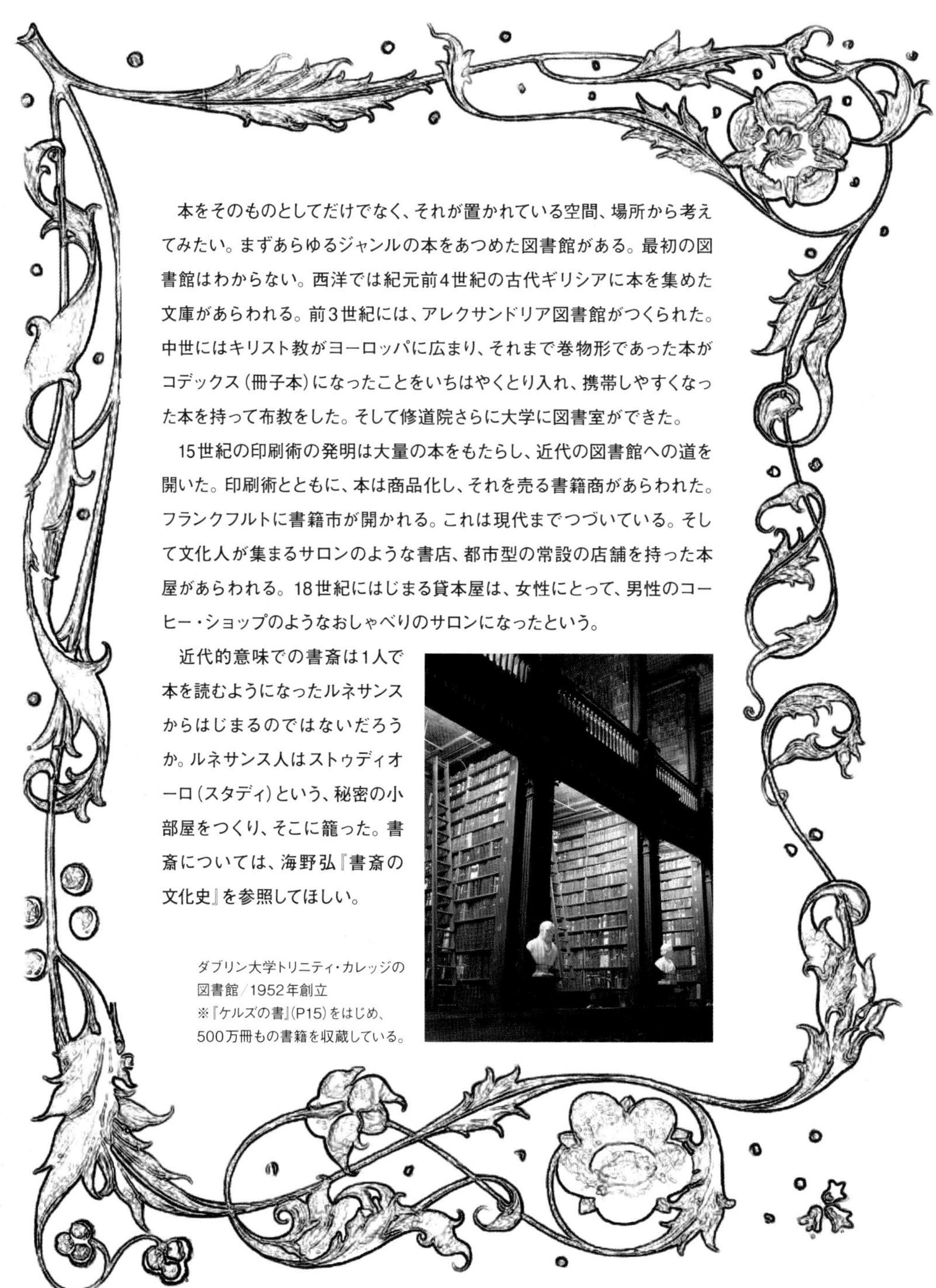

本をそのものとしてだけでなく、それが置かれている空間、場所から考えてみたい。まずあらゆるジャンルの本をあつめた図書館がある。最初の図書館はわからない。西洋では紀元前4世紀の古代ギリシアに本を集めた文庫があらわれる。前3世紀には、アレクサンドリア図書館がつくられた。中世にはキリスト教がヨーロッパに広まり、それまで巻物形であった本がコデックス(冊子本)になったことをいちはやくとり入れ、携帯しやすくなった本を持って布教をした。そして修道院さらに大学に図書室ができた。

15世紀の印刷術の発明は大量の本をもたらし、近代の図書館への道を開いた。印刷術とともに、本は商品化し、それを売る書籍商があらわれた。フランクフルトに書籍市が開かれる。これは現代までつづいている。そして文化人が集まるサロンのような書店、都市型の常設の店舗を持った本屋があらわれる。18世紀にはじまる貸本屋は、女性にとって、男性のコーヒー・ショップのようなおしゃべりのサロンになったという。

近代的意味での書斎は1人で本を読むようになったルネサンスからはじまるのではないだろうか。ルネサンス人はストゥディオーロ(スタディ)という、秘密の小部屋をつくり、そこに籠った。書斎については、海野弘『書斎の文化史』を参照してほしい。

ダブリン大学トリニティ・カレッジの図書館/1952年創立
※『ケルズの書』(P15)をはじめ、500万冊もの書籍を収蔵している。

# THE DAWN OF THE PRINTED BOOK

## 初期印刷本

Chapter

◆

Ⅱ. 初期印刷本

# より多くの人の元へ 印刷の発明

Ⅱ. THE DAWN OF THE PRINTED BOOK

# Into More Hands: The Invention of Printing

In the fifteenth century, Johannes Gutenberg and his colleagues invented printing with moveable type. That revolutionary achievement made it possible for more people to read books.

15世紀にグーテンベルクたちによって、可動活字による印刷術が発明された。それによって多くの人が〈本〉を読むことができるようになった。というより、多くの人が〈本〉を求めるようになったから、印刷術が発明されたのだ、といった方がいいかもしれない。

すでに印刷本を迎える環境はととのっていた。グーテンベルクの発明後、20年ぐらいの間に、ヨーロッパの一千の都市に印刷機が据えられたというのも、そのことを示している。1500年以前に出された初期印刷本(インキュナブラ)は、あくまで写本の代わりであることを意識し、精一杯、写本の美しさをまねているが、しだいに印刷本独自の〈美しい本〉へ向かおうとする若々しい意欲を漂わせている。

初期の出版者の特徴は、国際的なヴァガボンド(放浪者)であったことだ。その代表がイタリアのアルド・マヌツィオ(アルドゥス・マヌティウス)である。ヨーロッパ諸国をまわり、見聞を広めて、1488年ごろヴェネツィアで印刷所を開く。グーテンベルクの技術を受け継ぎながら、アラビアの技術をとり入れ、版元・装丁を発達させる。印刷本をあとで装丁するのではなく、版元で装丁までやって、完成した〈本〉として出版するのである。そして1501年に今日の文庫本のはじまりといわれる小型本を発行する。インキュナブラ(揺籃期)の本から近代の新しい本へと踏み出しているのである。

15世紀のインキュナブラは技術者としての印刷者によってつくられた。16世紀には、自ら著述家であり、思想家であるユマニスト(人文主義者)が自分の印刷所を開くようになり、また書籍商になる。つまり、自分で書いて、印刷・出版し、売るのである。ユマニスト印刷業者、フィロゾーフ(哲学者)書籍商などといわれた。アルド・マヌツィオはその先駆者であった。

# 世界初の「印刷」による聖書

'Gutenberg 42-line Bible'

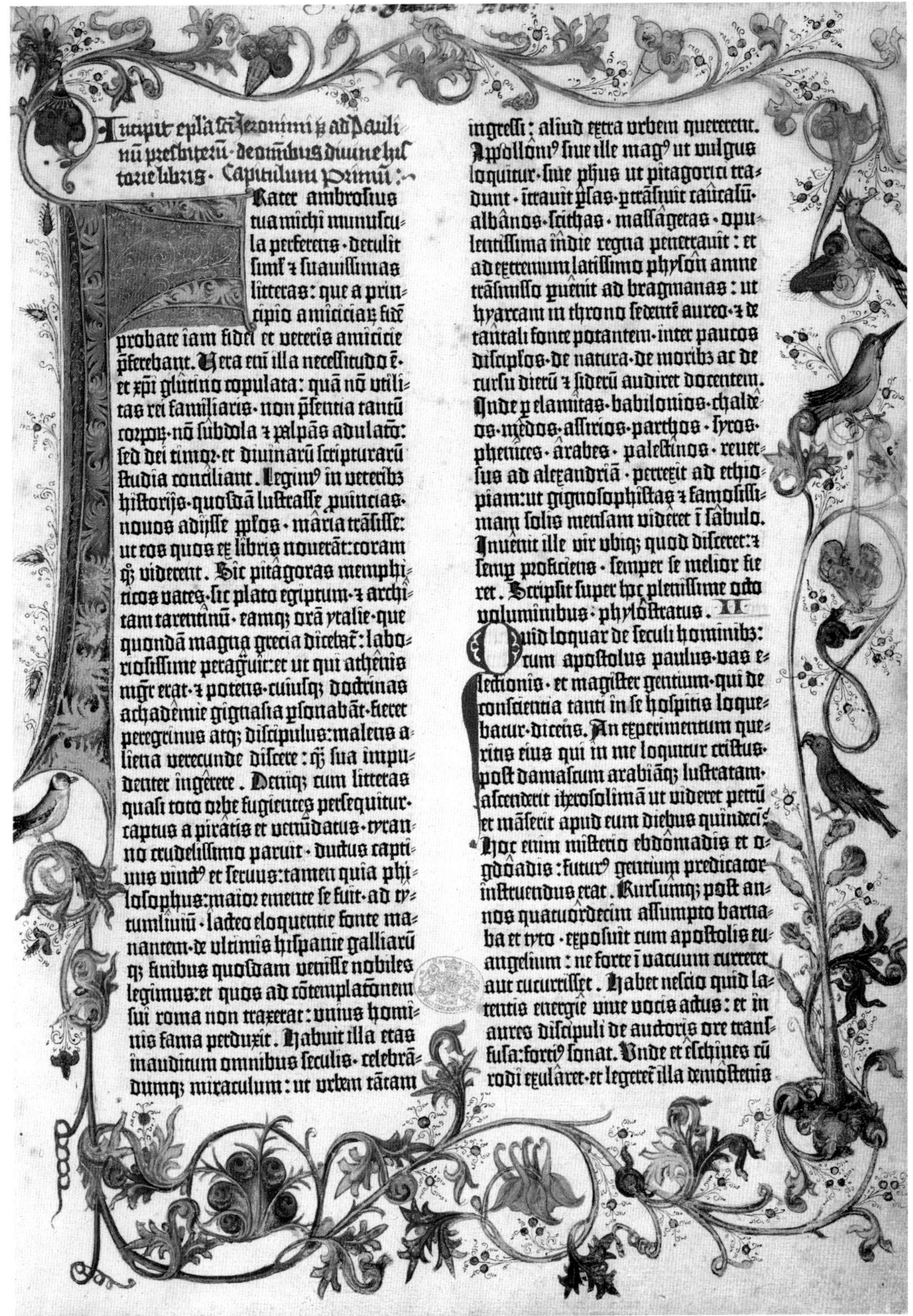

Incipit epistola sancti ieronimi ad paulinum presbiterum de omnibus divine historie libris. Capitulum primum.

Frater ambrosius tua michi munuscula perferens detulit simul et suavissimas litteras: que a principio amiciciarum fidem probate iam fidei et veteris amicicie preferebant. Vera enim illa necessitudo est et xpi glutino copulata: quam non utilitas rei familiaris non presentia tantum corporum non subdola et palpans adulatio: sed dei timor et divinarum scripturarum studia conciliant. Legimus in veteribus historiis quosdam lustrasse provincias novos adisse populos maria transisse: ut eos quos ex libris noverant: coram quoque viderent. Sic pitagoras memphiticos vates: sic plato egiptum et architam tarentinum eamque oram ytalie que quondam magna grecia dicebatur: laboriosissime peragravit: et ut qui athenis magister erat et potens cuiusque doctrinas achademie gignasia personabant fieret peregrinus atque discipulus: malens aliena verecunde discere: quam sua impudenter ingerere. Denique cum litteras quasi toto orbe fugientes persequitur: captus a piratis et venundatus tyranno crudelissimo paruit. ductus captivus vinctus et servus: tamen quia philosophus: maior emente se fuit. ad tytum livium lacteo eloquentie fonte manantem de ultimis hispanie galliarum que finibus quosdam venisse nobiles legimus: et quos ad contemplationem sui roma non traxerat: unius hominis fama perduxit. Habuit illa etas inauditum omnibus seculis celebrandumque miraculum: ut urbem tantam ingressi: aliud extra urbem quererent. Apollonius sive ille magus ut vulgus loquitur: sive philosophus ut pitagorici tradunt: intravit persas: pertransivit caucasum albanos scithas massagetas opulentissima indie regna penetravit: et ad extremum latissimo phison amne transmisso pervenit ad bragmanas: ut hyarcam in throno sedentem aureo et de tantali fonte potantem inter paucos discipulos de natura de moribus ac de cursu dierum et siderum audiret docentem. Inde per elamitas babilonios chaldeos medos assirios parthos syros phenices arabes palestinos reversus ad alexandriam: perrexit ad ethiopiam: ut gignosophistas et famosissimam solis mensam videret in sabulo. Invenit ille vir ubique quod disceret: et semper proficiens semper se melior fieret. Scripsit super hoc plenissime octo voluminibus phylostratus.

II

Quid loquar de seculi hominibus: cum apostolus paulus vas electionis et magister gentium qui de consciencia tanti in se hospitis loquebatur dicens. An experimentum queritis eius qui in me loquitur cristus. post damascum arabiamque lustratam: ascenderit iherosolimam ut videret petrum et manserit apud eum diebus quindecim. Hoc enim misterio ebdomadis et ogdoadis: futurus gentium predicator instruendus erat. Rursumque post annos quatuordecim assumpto barnaba et tyto: exposuit cum apostolis euangelium: ne forte in vacuum curreret aut cucurrisset. Habet nescio quid latentis energie vive vocis actus: et in aures discipuli de auctoris ore transfusa: fortius sonat. Unde et eschines cum rodi exularet et legeret illa demostenis

**『グーテンベルク42行聖書』** 1455年頃｜ドイツ

印刷文化の輝かしい出発点である。160部から180部ぐらいつくられた。4分の1ぐらいは羊皮紙、のこりは紙に印刷された。合わせて45部が現存している。中世写本の美しさをできるだけ再現しつつ、できるだけ多くの人に、安く本を提供したいというグーテンベルク印刷術の夢が実現したのである。この聖書は写本の聖書の半分から3分の1の値で売られたという。

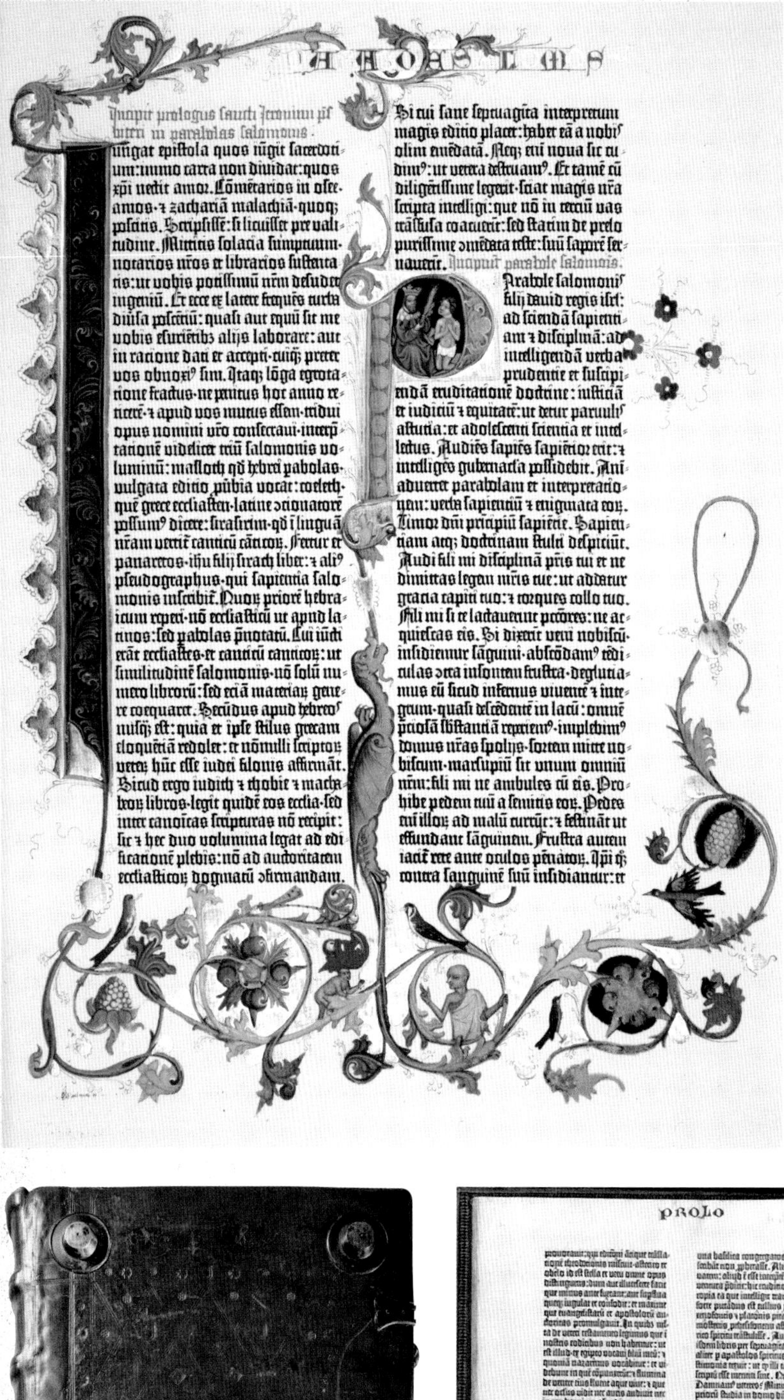

Incipit prologus sancti Ieronimi p̄sbitri in parabolas salomonis.

Iungat epistola quos iungit sacerdocium: immo carta non dividat: quos xp̄i nectit amor. Cōmentarios in osee. amos. ⁊ zachariā malachiā quoq; poscitis. Scripsissē: si licuisset per valitudine. Mittitis solacia sumptuum. notarios nr̄os et librarios sustentatis: ut vobis potissimū nr̄m desudet ingeniū. Et ecce ex latere frequēs turba diversa poscentiū: quasi aut equū sit me vobis esurientib; aliis laborare: aut in racione dati et accepti: cuiq; preter vos obnoxi⁹ sim. Itaq; lōga egrotacione fractus: ne penitus hoc anno reticerē ⁊ apud vos mutus essem: tridui opus nomini vr̄o consecravi: interp̄tacionē videlicet triū salomonis voluminū: masloth qd̄ hebrei parabolas. vulgata editio pūbia vocat: coeleth. quē grece ecclesiasten. latine cōcionatorē possum⁹ dicere: sirasirim. qd̄ in linguā nr̄am vertit canticū canticoꝝ. Fertur et panaretos. ihū filii syrach liber: ⁊ ali⁹ pseudographus. qui sapientia salomonis inscribit. Quoꝝ priorē hebraicum reperi. nō ecclasiasticū ut apud latinos: sed parabolas p̄notatū. Cui iūcti erāt ecclesiastes. et canticū canticoꝝ: ut similitudinē salomonis. nō solū numero librorū: sed etiā materiaꝝ genere coequaret. Secūdus apud hebreos nusq; est: quia et ipse stilus grecam eloquētiā redolet: et nōnulli scriptoꝝ veteꝝ hūc esse iudei filonis affirmāt. Sicut ergo iudith ⁊ thobie ⁊ machabeoꝝ libros. legit quidē eos ecclia: sed inter canonicas scripturas nō recipit: sic ⁊ hec duo volumina legat ad edificacionē plebis: nō ad auctoritatem ecclesiasticoꝝ dogmatū cōfirmandam.

Si cui sane septuaginta interpretum magis editio placet: habet eā a nobis olim emēdatā. Neq; eni noua sic cudim⁹: ut vetera destruam⁹. Et tamē cū diligentissime legerit. sciat magis nr̄a scripta intelligi: que nō in tercium vas transfusa coacuerit: sed statim de prelo purissime cōmendata teste: suū saporē servauerit. Incipit parabole salomonis.

Parabole salomonis filii david regis isrl̄: ad sciendā sapientiam ⁊ disciplinā: ad intelligendā verba prudentie et suscipiendā eruditacionē doctrine: iusticiā et iudiciū ⁊ equitatē: ut detur parvulis astucia: et adolescenti sciencia et intellectus. Audiēs sapiēs sapiētior erit: ⁊ intelligēs gubernacula possidebit. Animadvertet parabolam et interpretacionem: verba sapientū ⁊ enigmata eoꝝ. Timor dn̄i principiū sapiētie. Sapientiam atq; doctrinam stulti despiciūt. Audi fili mi disciplinā pr̄is tui et ne dimittas legem m̄ris tue: ut addatur gracia capiti tuo: ⁊ torques collo tuo. Fili mi si te lactaverint peccatores: ne acquiescas eis. Si dixerit veni nobiscū: insidiemur sanguini. abscōdam⁹ tendiculas contra insontem frustra. deglutimus eū sicud infernus viventē ⁊ integrum. quasi descēdentē in lacū: omnē preciosā substanciā reperiem⁹. implebim⁹ domus nr̄as spoliis. sortem mitte nobiscum. marsupiū sit unum omniū nr̄m: fili mi ne ambules cū eis. Prohibe pedem tuū a semitis eoꝝ. Pedes eni illoꝝ ad malū currūt: ⁊ festinant ut effundant sanguinem. Frustra autem iacit rete ante oculos pennatoꝝ. Ipi q; contra sanguinē suū insidiantur: et

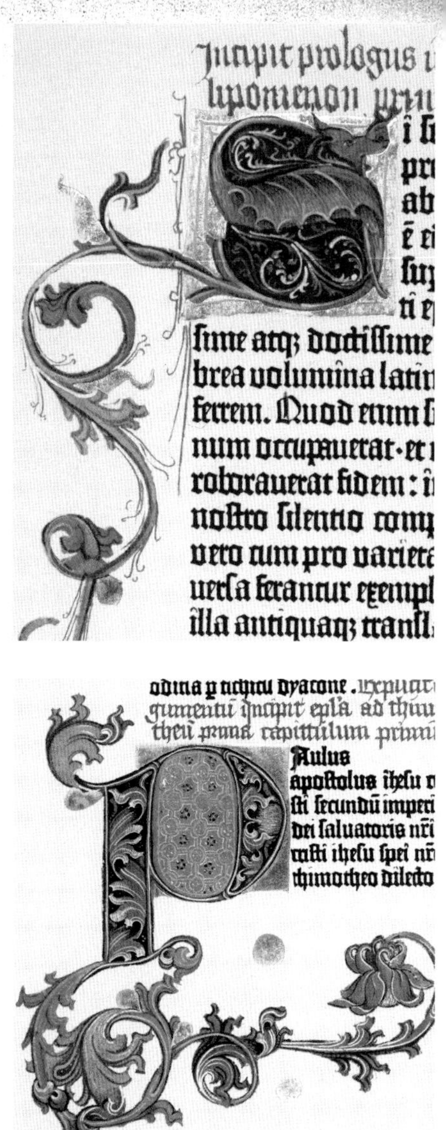
Incipit prologus in libro paralipomenon primo.

...sime atq; doctissime
...brea volumina latin...
...ferrem. Quod enim b...
...num occupauerat. et r...
...roborauerat fidem: i...
...nostro silentio comp...
...vero cum pro varieta...
...uersa ferantur exempl...
...illa antiquaq; transl...

...Incipit epistola ad thimotheum prima. capitulum primum.

Paulus apostolus ihesu ... secundū imperi... dei salvatoris nr̄i ... xp̄i ihesu spei nr̄... thimotheo dilecto ...

PROLO GENESIS

## グーテンベルクの印刷所

グーテンベルクは1444-1445年頃、ふるさとのマインツにもどり、印刷所をつくった。はじめ自分の家に小さな印刷所を持ったが、やがてマインツの実業家ヨハン・フストに出資してもらって、本格的な印刷所を開いた。1450年頃という。ここで『グーテンベルク聖書』といわれる『42行聖書』がつくられたのである。

しかしこの2つの印刷所は失われ、どんなものだったかわからない。1883年のヴィ・ド・サヴァンの銅版画があるが、これは想像で描いたものである。

グーテンベルクの印刷機は、ヨーロッパ中に広まった。イタリアのアルドゥス・マヌティウスはギリシア・ローマの古典を数多く出版した。グーテンベルク博物館（マインツ）に復元された印刷所ではアルドゥスの版木が置かれ、ワインしぼり機を改良した印刷機、活字ケースなどが見える。

グーテンベルク博物館に復元された
グーテンベルクの印刷所

グーテンベルクの印刷所を描いた
ヴィ・ド・サヴァンの銅版画／1883年

## グーテンベルクの技術を学び「ローマン体」活字の基本をつくったフランス人印刷者

'Elegant Latin Language'

Ad tempus Capitulum cclxxxxiii
Appeto Capitulum cccv
Aduenio cccviii
Adoro cccvix
Aſſurgo cccx
Aeſtimo cccxviii
Adigo cccxxvi
Audio cccxxvii
Amare. Adamare. cccxxxv
Amicus. Amica. Amator cccxxxv
Agere gratias cccxxxix
Alere cccxliiii
Adſum cccxlix
Apparare ccclxii
Aſſentari. Adulari ccclxiiii
Ad uotum habere ccclxviii
Aſſectari ccclxxv
Aduerſari. Auerſari ccclxxviii
Alleuo ccclxxix
Aſciſcere ccclxxxiiii
Aſſeuerare ccclxxxv
Admoueo. Amoueo ccclxxxviii
Aduerto. Auerto ccclxxxviii
Aduerſus. Auerſus ccclxxxviii
Abhorreo ccclxxxxix
Actum eſſe cũ aliquo cccc
Abdicare ccccii
Ad me ſpectat cccciii
Ad mortem ſpectat cccciii
Alũnus. armiger. auſpiciũ ccccxvii
Auſpicari. Auſpex ccccxvii,
Accipere ccccxxiii
Accuſare ccccxxix
Arcere.. Abigere. Abigei ccccxxxii
Abigratus. Abactores ccccxxxii
Aduerbia ĩ im deſinẽtia ccccxxxvi
Ager cccclvii
Adulterium ccccIxi
Agi ccccIxvii
Apud te ccccIxx

.B.

BImus a ũ. Capitulũ v
Bimulus la lum v
Baculus. Bacillum v
Beneficiarius viii
Beneficus. Benedico xii
Betaceus xiii
Bene lxxxx
Baccæ ccviiii
Bucca. Buccæ ccxxiii
Bellum ccxliii
Brachtea cclv
Bonum. Bonitas cclxxxi
Beatus cclxxxxv
Blandiri ccclxiiii
Bene agi cum aliquo cccc
Barba ccccxxx

.C.

CEruus ua Capitulum i
Concubinus na i
Cubatio. Cubitio ii
Crepatio. Crepitio ii
Colurnus na um iiii
Corpuſculũ. Cuniculus v
Cuculus. Cicercula v
Cœnaculũ. Crepuſculũ v
Crepitaculũ. Curriculum v
Cubiculum v
Conuenticulũ. Cedicula v
Cicercula. Cultellus. Capella. vi.
Catulaſter vii
Calamariũ. Calcariũ. Cibaria viii
Carnariũ Caprarius Cãparius viii
Claſſiarius. Cõmoditarius viiii
Calcaria. Cẽſor. Cẽſorius viii
Coctilis. Cuneus x
Cauſidicus xii
Cretaceus. Craticius xiii

### 『優雅なラテン語』ニコラ・ジェンソン印刷 | 1471年 | イタリア

フランス生まれで国王シャルル7世の命で、グーテンベルクの発明した印刷術を学ぶためマインツに派遣された。シャルル7世が亡くなったのでフランスにはもどらず、1467年に印刷の中心地となったヴェネツィアに行き印刷所を開いて大成功した。彼が改良したローマン体は多くの印刷者に使われることになる。

# LAVRENTII VALLENSIS PATRICII ROMANI COMMENTARIORVM GRAMMATICORVM SECVNDVM ELEGANTIAM LINGVAE LATINAE LIBER PRIMVS DE NOMINE VERBOQVE. ET EX HIS DVOBVS COMPOSITO PARTICIPIO INCIPIT PROOEMIVM.

CVM SAEPE MECVM NOSTROrum maiorum res gestas aliorūq; uel regum uel populoꝝ considero: uident' mihi nō modo ditionis nostri homines: uerum etiā līguæ ꝓpagatione cæteris omnibus antecelluisse. Nam ꝑsas quidē: medos: assyrios: græcos: aliosque permultos longe lateq; rerum potitos esse: quosdā etiā ut aliq̄to inferius q̄ romanoꝝ fuit: ita multo diuturnius imperium tenuisse constat: nullos tamen ita linguam suam ampliasse ut nostri fecerunt. Qui ut oram illam italiæ quæ magna olim græcia dicebatur: ut Siciliam quæ græca etiam fuit: ut omnem italiam taceam: per totum pene occidētem: per septētrionis: per africæ nō exiguam partem breui spacio linguam romanā (quæ eadē latina a latio ubi roma est dicit') celebrem & quasi reginā effecerūt: & quod ad ipsas ꝓuīcias attinet: uelut optimā quandā frugē mortalibus ad faciendū sementē præbuerūt. Opus nimirū multo præclarius: multoq; speciosius q̄ ipsum imperium propagasse. Qui enī imꝑium augent magno illi quidem honore affici solēt: atq; īꝑatores nominant': qui autem beneficia aliqua in hoīes cōtulerunt: ii non humana sed diuina potius laude celebrātur. Quippe cum non suæ tantum urbis amplitudini ac gloriæ cōsulant: sed publicæ quoq; hominum utilitati ac saluti. Itaq; nostri maiores rebus bellicis: pluribusq; laudibus: cæteros quoque homines superauerūt: linguæ uero suæ ampliatione se ipsis suꝑiores fuerunt: tanq̄ relicto in terris imperio consortium deorum in cælo consecuti. An uero Ceres quod frumēti: Liber quod uini: Minerua quod oleæ putatur inuentrix: multique alii ob aliquam huiusmodi beneficentiam in deos repositi sunt: linguam latinam nationibus distribuisse minus erit: optimam frugem & uere diuinam: nec corporis: sed animi cibum? Hæc enim gentes illas populosq; oībus artibus quæ

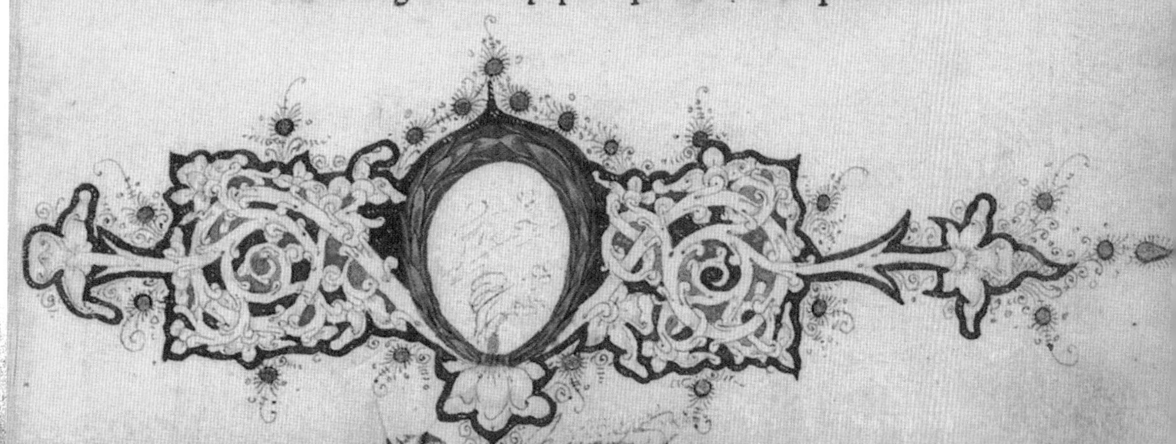

Chapter

♦

Ⅱ. 初期印刷本

# プロデューサーとしての出版者たち

## Ⅱ. THE DAWN OF THE PRINTED BOOK

# Publishers as Producers

After the invention of printing with moveable type, many publishers emerged who were focused not only on the technical aspects of printing but the full process of book production, from planning a book to marketing it.

グーテンベルクはヨハン・フストに出資してもらうが、『42行聖書』を印刷した後、印刷所を奪われてしまう。印刷技術者であったグーテンベルクには〈出版〉という新しい仕事の経営は無理であった。

〈出版〉は印刷術だけでなく、本の企画から販売までの仕事を含んでいた。そのために、プロデューサーとしての出版者があらわれなければならなかった。1450年頃に発明されたといわれるグーテンベルクの印刷術はその後、20年間にヨーロッパ中に一挙に広がった。そして新しい出版者が続々と登場したのである。

イギリスではウィリアム・キャクストンがあらわれた。彼は1476年、ウェストミンスターに印刷所を開いた。1491年に没するまで、100点ほどの本を出版した。それまで聖書などキリスト教関係の本の出版が中心であったが、キャクストンは文学や歴史など世俗的な本を出し、ラテン語ではなく英語を使った。

キャクストンを継いだのはウィンクン・デ・ウォルデでロンドンの出版界を盛んにした。ドイツではニュルンベルクのアントン・コーベルガーが商業出版を成功させた。イタリアではアルドゥス・マヌティウスが新しいタイポグラフィをつくり、古典の印刷本を出版し、イタリア・ルネサンスの出版者として知られた。さらにバーゼルのヨハン・フローベン、パリのロベール・エティエンヌなどが活躍する。16世紀に入ると、パリからアントウェルペンにやってきたクリストフ・プランタンが大出版社をつくり上げ、ヨーロッパ中のマーケットに2000点もの本を送り出した。

出版文化は国境を越えてヨーロッパ全体にわたり、世界を相手にする出版者たちが国際的な本をつくり出していたのである。

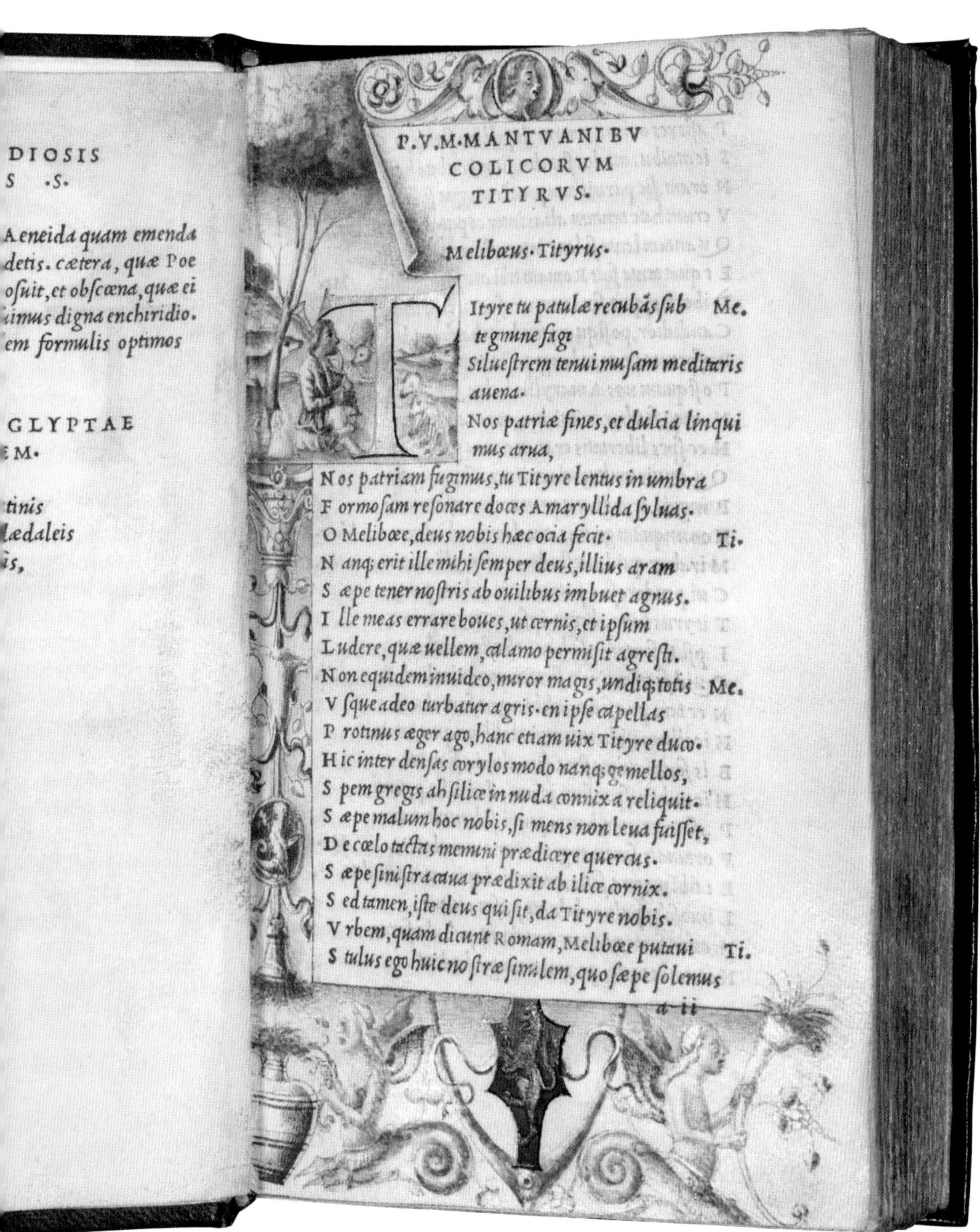

DIOSIS
S ·S·

Aeneida quam emenda
detis. cætera, quæ Poe
osuit, et obscœna, quæ ei
imus digna enchiridio.
em formulis optimos

GLYPTAE
M·

tinis
lædaleis
is,

P.V.M.MANTVANI BV
COLICORVM
TITYRVS.

Melibœus. Tityrus.

Tityre tu patulæ recubās sub tegmine fagi Me.
Siluestrem tenui musam meditaris auena.
Nos patriæ fines, et dulcia linquimus arua,
Nos patriam fugimus, tu Tityre lentus in umbra
Formosam resonare doces Amaryllida syluas.
O Melibœe, deus nobis hæc ocia fecit. Ti.
Nanq; erit ille mihi semper deus, illius aram
Sæpe tener nostris ab ouilibus imbuet agnus.
Ille meas errare boues, ut cernis, et ipsum
Ludere, quæ uellem, calamo permisit agresti.
Non equidem inuideo, miror magis, undiq; totis Me.
Vsque adeo turbatur agris. en ipse capellas
Protinus æger ago, hanc etiam uix Tityre duco.
Hic inter densas corylos modo nanq; gemellos,
Spem gregis ah silice in nuda connixa reliquit.
Sæpe malum hoc nobis, si mens non leua fuisset,
De cœlo tactas memini prædicere quercus.
Sæpe sinistra caua prædixit ab ilice cornix.
Sed tamen, iste deus qui sit, da Tityre nobis.
Vrbem, quam dicunt Romam, Melibœe putaui Ti.
Stultus ego huic nostræ similem, quo sæpe solemus

a ii

**『ウェルギリウス』**アルドゥス・マヌティウス制作｜1501年｜イタリア

イタリア・ルネサンスはギリシア・ローマの文化を復活させたが、出版においてもギリシア・ローマの古典が印刷され、読めるようになった。ユマニスト（文化人）であるアルドゥスは古典文学を理解し、その豊かな意味を伝える本をつくった。グロテスク文といわれる植物、動物、人間が混じりあった装飾が本文を楽しげに囲んでいる。

# イタリア・ルネサンスの本と印刷

ドイツで誕生した活字印刷は、ルネサンスの文化が開いていたイタリアで華やかにその花を咲かせた。ルネサンス・アートと出版が結びついた。キリスト教関係の本から人間中心の生活を語る本へと大きく転換した。イタリアの出版の中心はヴェネツィアであった。ヴェネツィアは商業都市であったから、本の流通にも便利で、書籍商を発達させた。

イタリアでは挿絵本が発達した。挿絵には木版が使われた。金属活字と木版が併用されたのである。はじめに木版画を刷り、それに本文を刷るという順序であった。

イタリアの挿絵本は1490年ごろから発達しはじめる。木版画による挿絵はまずドイツにはじまる。アルブレヒト・デューラーの『ヨハネ黙示録』がよく知られている。ハンス・バルドゥング・グリーン、クラナッハ父子、ハンス・ホルバインなどの大画家の版画による本が出された。

イタリアではアルドゥスがユマニストの文学による挿絵本をつくった。『ポリフィルス狂恋夢』(1499)がそのはしりである。抱きあう男女といったエロティックな図柄が登場する。さらに1501年の小型本『ウェルギリウス』(P85)は画期的な本であった。馬の鞍袋に入れて携帯できる本があらわれたのである。アルドゥスによって、リラックスした軽快な、斜字体イタリック活字がはやった。

『ポリフィルス狂恋夢』
アルドゥス・マヌティウス制作／1499年

『変身譚』オウィディウス著／1559年

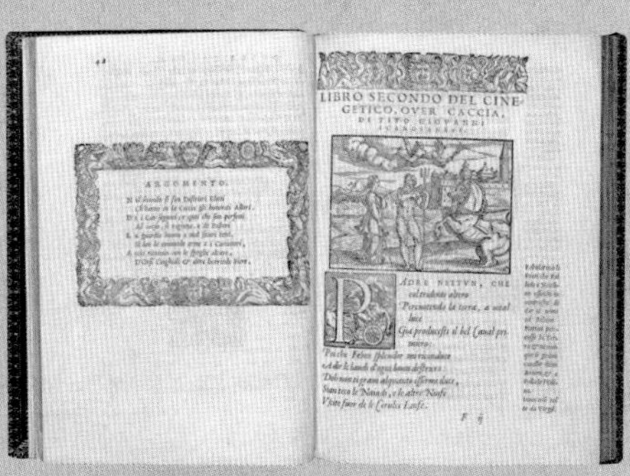


『変身譚』オウィディウス著／1559年

『ヨハネ黙示録』アルブレヒト・デューラー画／1498年

アルドゥスにつづいてヴェネツィアではガブリエル・ジオリートが1539-1578年に活動した。彼はオウィディウスの『変身譚』のようなギリシア・ローマの古典をたくさん出版している。その中にはエロティックなものもあった。

しかし1560年ごろから反動宗教改革がはじまり、異端が厳しく弾圧されるようになると、宗教道徳に反するものの出版は禁じられるようになる。陽気でエロティクな、たとえばボッカッチョの『デカメロン』などは出版しにくくなり、発禁本のリストがつくられてゆく。16世紀前半の自由な出版の時代は終わってしまう。ジオリートも統制を受け、1560年以後は、歴史書を出し、ロマンスは控えるようになる。楽しい挿絵本の時代は去り、挿絵より装飾が多くなる。

16世紀後半には、ヨーロッパ各地の出版者がヴェネツィアから活字を買うようになり、各自が活字をつくっていた時代から、共通の活字を使う時代へと代わってゆく。その統一化によって、個性的な魅力が失われる。16世紀末、イタリア印刷のよき時代が終わる。

Topics
2

# 古書ミステリー

**BIBLIO MYSTERIES**

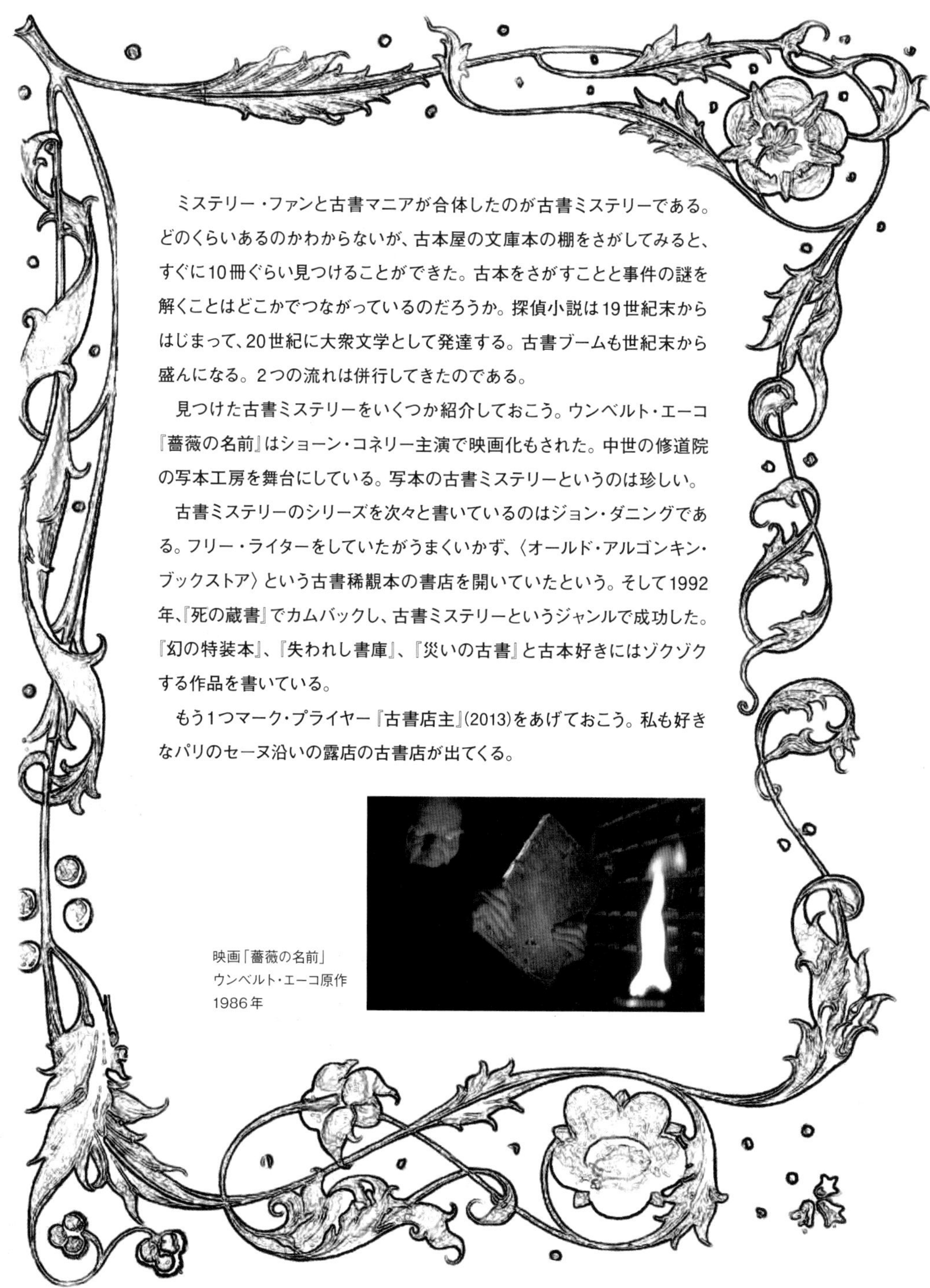

ミステリー・ファンと古書マニアが合体したのが古書ミステリーである。どのくらいあるのかわからないが、古本屋の文庫本の棚をさがしてみると、すぐに10冊ぐらい見つけることができた。古本をさがすことと事件の謎を解くことはどこかでつながっているのだろうか。探偵小説は19世紀末からはじまって、20世紀に大衆文学として発達する。古書ブームも世紀末から盛んになる。2つの流れは併行してきたのである。

見つけた古書ミステリーをいくつか紹介しておこう。ウンベルト・エーコ『薔薇の名前』はショーン・コネリー主演で映画化もされた。中世の修道院の写本工房を舞台にしている。写本の古書ミステリーというのは珍しい。

古書ミステリーのシリーズを次々と書いているのはジョン・ダニングである。フリー・ライターをしていたがうまくいかず、〈オールド・アルゴンキン・ブックストア〉という古書稀覯本の書店を開いていたという。そして1992年、『死の蔵書』でカムバックし、古書ミステリーというジャンルで成功した。『幻の特装本』、『失われし書庫』、『災いの古書』と古本好きにはゾクゾクする作品を書いている。

もう1つマーク・プライヤー『古書店主』(2013)をあげておこう。私も好きなパリのセーヌ沿いの露店の古書店が出てくる。

映画「薔薇の名前」
ウンベルト・エーコ原作
1986年

# THE 17TH AND 18TH CENTURIES

## 17-18世紀

Chapter

◆

## Ⅲ. 17-18世紀

# 17-18世紀の挿絵本の世界

## Ⅲ. THE 17TH AND 18TH CENTURIES

# The Illustrated Book in the 17th and 18th Centuries

Until this period, publishing had focused on religious texts. Now, however, books designed for reading for pleasure—literature, books of poetry and chapbooks, which focused on light literature—emerged. These developments paved the way for a new age in the art of the book.

17世紀はバロック時代といわれる。壮麗でダイナミックなバロック建築と宮廷の祝祭劇、バロック演劇がくりひろげられた時代である。挿絵でも派手で劇的なスペクタクル・シーンが好まれた。宮廷の大宴会、華麗な儀式、おびただしい人々の戦い、また壮大で美しい庭園シーンなどが好まれた。その一方、ちょっと不思議なのは、あれほど大作家が登場していたにもかかわらず、文学書は少なかった。たとえば、シェイクスピア、ミルトン、コルネイユ、ラシーヌ、モリエール、ラ・フォンテーヌ、セルヴァンテスなどが活躍していた。しかし劇作が多かったこともあって、彼らの作品を伝える〈美しい本〉はあまり出版されなかった。文学書が出されるのは次の18世紀なのである。

17世紀のフランスではジャック・カロが即興喜劇やカーニヴァルなどのシーンを描いた。1640年にはルーヴルに王立出版所ができ、ニコラ・プッサンなどが挿絵を描いている。

18世紀はロココ時代である。儀礼的な大広間が好きなバロックに代わって、こじんまりとした部屋での女性の風俗が好まれるようになる。エロティックな女性のいちゃつきなどがフランソワ・ブーシェなどによって描かれる。

18世紀は、それまで宗教書が多かった本の世界に、文学書、歌の本、チャップ・ブックなどエンターテインメント本をどっとあふれさせる。重厚な装飾に代わって、軽快で見やすい装飾があらわれる。

そして英国では独自の挿絵本が発達してくる。ウィリアム・ホガースの『蕩児の行進』の諷刺画からウィリアム・ブレイクの『無垢と経験の歌』の幻想画までがあらわれて、本のアートの可能性を示し、新しい時代を準備したのである。

**『無垢と経験の歌』**ウィリアム・ブレイク著｜1794年｜イギリス

ブレイクは銅版画師であった。そして幻想的な詩人でもあった。彼は中世の彩色写本に魅せられ、独力で手描きの絵本をつくった。『無垢と経験の歌』では、汚れを知らない無邪気な子どもの世界と、社会の悪と罪に悩む大人の世界を対比させた。その曲線的な装飾の美しさは、19世紀末のアール・ヌーヴォーの源泉の1つとされている。

# The SICK ROSE

O Rose thou art sick.
The invisible worm,
That flies in the night
In the howling storm:

Has found out thy bed
Of crimson joy:
And his dark secret love
Does thy life destroy.

# The Ecchoing Green

The Sun does arise,
And make happy the skies.
The merry bells ring,
To welcome the Spring.
The sky-lark and thrush,
The birds of the bush,
Sing louder around,
To the bells chearful sound.
While our sports shall be seen
On the Ecchoing Green.

Old John with white hair
Does laugh away care,
Sitting under the oak,
Among the old folk,

They

26

# Laughing Song,

When the green woods laugh with the voice of joy
And the dimpling stream runs laughing by,
When the air does laugh with our merry wit,
And the green hill laughs with the noise of it.

When the meadows laugh with lively green
And the graſshopper laughs in the merry scene,
When Mary and Susan and Emily,
With their sweet round mouths sing Ha, Ha, He.

When the painted birds laugh in the shade
Where our table with cherries and nuts is spread
Come live & be merry and join with me,
To sing the sweet chorus of Ha, Ha, He.

# EARTH's Answer.

Earth rais'd up her head,
From the darkneſs dread & drear.
Her light fled:
Stony dread!
And her locks cover'd with grey despair.

Prison'd on watry shore
Starry Jealousy does keep my den
Cold and hoar
Weeping o'er
I hear the father of the ancient men

Selfish father of men
Cruel jealous selfish fear
Can delight
Chain'd in night
The virgins of youth and morning bear.

Does spring hide its joy
When buds and bloſsoms grow?
Does the sower?
Sow by night?
Or the plowman in darkneſs plow?

Break this heavy chain.
That does freeze my bones around
Selfish! vain!
Eternal bane!
That free Love with bondage bound.

Infant Joy
I have no name
I am but two days old. —
What shall I call thee?
I happy am
Joy is my name, —
Sweet joy befall thee!
Pretty joy!
Sweet joy but two days old,
Sweet joy I call thee:
Thou dost smile.
I sing the while
Sweet joy befall thee.

The Divine Image.
To Mercy Pity Peace and Love,
All pray in their distress:
And to these virtues of delight
Return their thankfulness.
For Mercy Pity Peace and Love,
Is God our father dear:
And Mercy Pity Peace and Love,
Is Man his child and care.
For Mercy has a human heart
Pity, a human face:
And Love, the human form divine,
And Peace, the human dress.
Then every man of every clime,
That prays in his distress,
Prays to the human form divine
Love Mercy Pity Peace.
And all must love the human form,
In heathen, turk or jew.
Where Mercy, Love & Pity dwell
There God is dwelling too.

They laugh at our play,
And soon they all say.
Such such were the joys.
When we all girls & boys,
In our youth-time were seen,
On the Ecchoing Green.
Till the little ones weary
No more can be merry
The sun does descend,
And our sports have an end:
Round the laps of their mothers,
Many sisters and brothers,
Like birds in their nest,
Are ready for rest;
And sport no more seen,
On the darkening Green.

Introduction.
Hear the voice of the Bard!
Who Present, Past, & Future sees
Whose ears have heard,
The Holy Word,
That walk'd among the ancient trees.
Calling the lapsed Soul
And weeping in the evening dew;
That might controll,
The starry pole;
And fallen fallen light renew!
O Earth O Earth return!
Arise from out the dewy grass;
Night is worn,
And the morn
Rises from the slumberous mass.
Turn away no more:
Why wilt thou turn away
The starry floor
The watry shore
Is giv'n thee till the break of day.

Chapter

◆

## Ⅲ. 17-18世紀

# エンサイクロペディアとしての本<br>17-18世紀の博物・植物図鑑

## Ⅲ. THE 17TH AND 18TH CENTURIES

# The Book as Encyclopedia

Herbals, books describing plants with medical purposes, appeared in the sixteenth and seventeenth centuries. In the eighteenth century, the aristocracy almost unanimously produced botanical paintings, promoting the study of botany. That led to the creation of illustrated botanical books.

---

1543年、コペルニクスが太陽中心説(地動説)を発表した年は〈科学革命〉のはじまりといわれている。この年は「科学出版の偉大な年」ともいわれている。コペルニクスの『天体の回転について』が出された。そしてA・ヴェサリウスの『人体の構造』も出た。そしてガリレオの『天文対話』は1632年に出された。1660年ぐらいから、〈科学革命〉は第二期に入る。それは〈ニュートンの時代〉である。この時代の特徴は〈組織化〉だ。すべてを集め、分類する。そして18世紀の〈エンサイクロペディア〉(百科全書)へとまとめられる。

集めたものは視覚的エンサイクロペディアともいえる図鑑として出版された。はじめは珍しいもの、奇妙なものが集められた。やがて体系的に分類的に、すべてを網羅するように集められる。はじめは分類せず、いろんなものがひっくるめられて博物学といわれたが、やがて鉱物学、植物学、動物学などに分けられ、それぞれの豪華で美しい図鑑が出版されるようになった。

特に植物図鑑が早くから発達した。ガスパール・ポアン『植物図譜』(1623)では6000種がとりあげられている。植物に対して動物はややおくれている。鳥類図鑑などはほとんど19世紀になってからである。動物は動くので、観察しにくく描きにくかったせいだろう。植物図は16-17世紀に薬草図としてはじまり、18世紀に王侯貴族はこぞって植物図をつくるようになった。そこで植物学が進み、植物図鑑もつくられるようになったのである。

花から石にいたる博物学的図鑑はカラー印刷の発達とともに愛書家に好まれる本としてコレクションされるようになった。

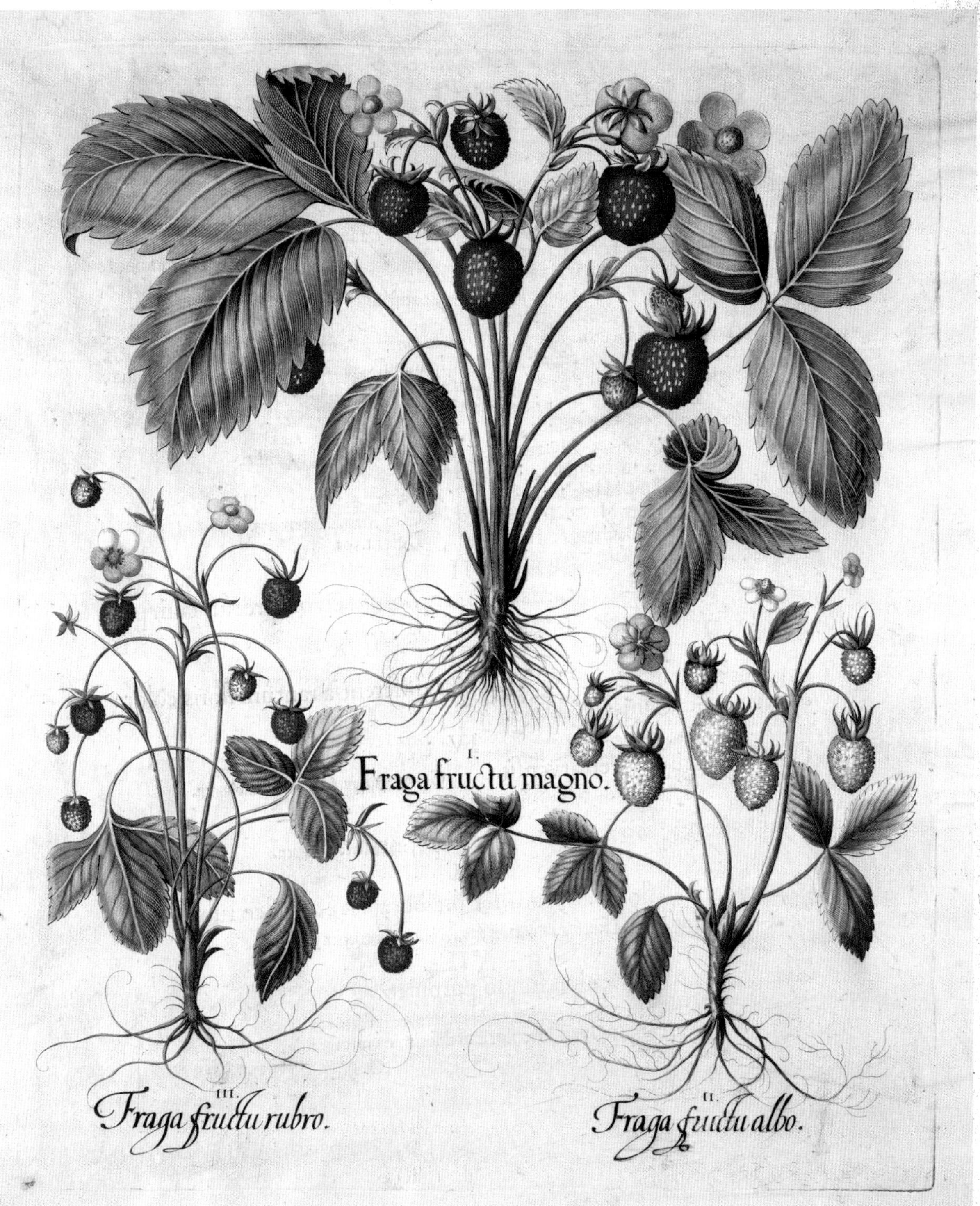


**『アイヒシュテット庭園植物誌』**バシリウス・ベスラー画｜1613年｜ドイツ

アイヒシュテットはドイツのニュルンベルクの南にある。1595-1612年までそこの大僧正であったヨハン・コンラートが花好きですばらしい庭園を持っていた。彼はニュルンベルクの画家バシリウス・ベスラーを自分のところに住まわせ、花を描かせ、費用を出してこの本を出版させた。植物図鑑の草分けである。大僧正と画家がなくなると、庭も荒れ果てたという。失われた庭の記憶をとどめる図鑑である。

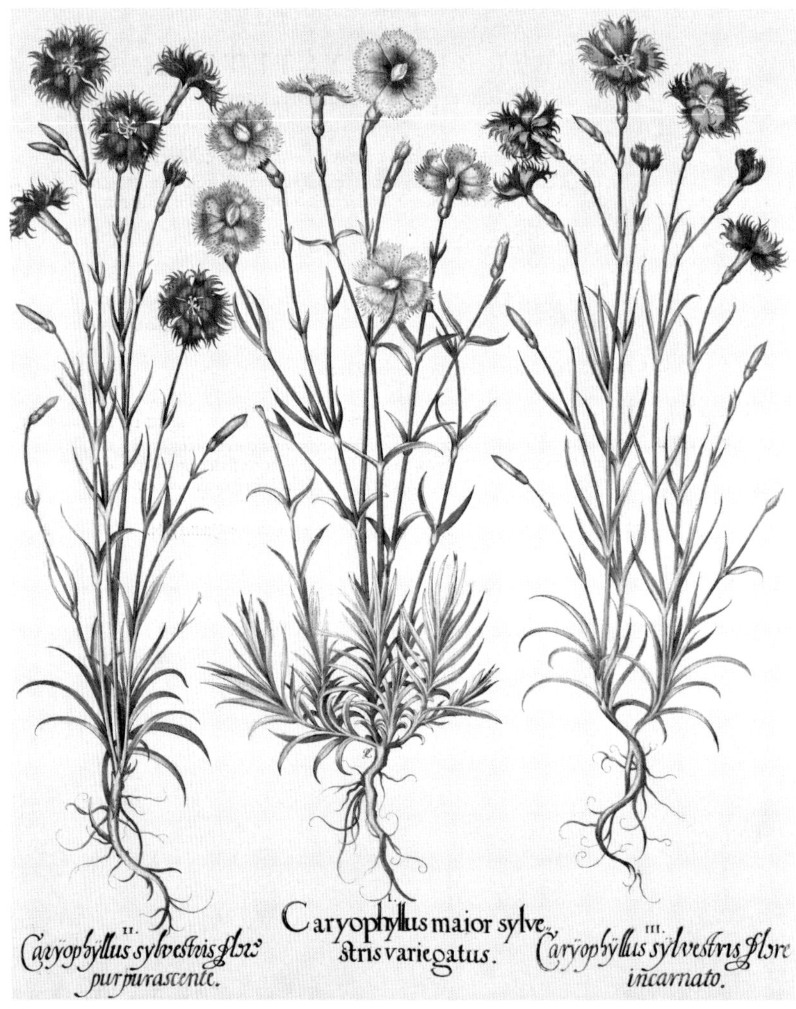

HORTUS EYSTETTENSIS SIVE DILIGENS ET ACCURATA OMNIUM PLANTARUM, FLORUM, STIRPIUM, EX VARIIS ORBIS TERRAE PARTIBUS, SINGULARI STUDIO COLLECTARUM, QUAE IN CELEBERRIMIS VIRIDARIIS ARCEM EPISCOPALEM IBIDEM CINGENTIBUS HOC TEMPORE CONSPICIUNTUR DELINEATIO ET AD VIVUM REPRAESENTATIO

OPERA

BASILII BESLERI PHILIATRI ET PHARMACOPOEI.

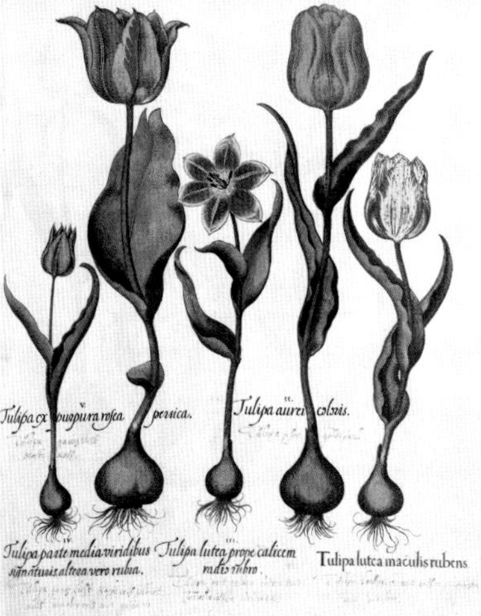


## 『アイヒシュテット庭園植物誌』より

［上］ナデシコ　［左下］扉ページ　［右下］チューリップ　［右ページ］キンレンカとベリス・シルヴェストリス（キク科ヒナギク属の植物）

III.
Bellis Sylvestris minor
II.
Bellis Sylvestris
rubro.
I.
Nasturtium Indicum.

**『キュー王立植物園の外来植物』** マーガレット・ミーン画｜1790年｜イギリス

キュー植物園は個人の庭園からはじまり、18世紀に王立となり、1841年に公開された。ここで多くの植物画家が育ったが、マーガレット・ミーンは女性画家のはしりであった。19世紀に入ると彼女につづいて多くの女性画家が登場してくる。花の絵は女性が活躍しやすい場であった。ミーンのデリケートなタッチと色彩がすばらしい。

Chapter

♦

Ⅲ. 17-18世紀

# 図鑑・図録の本棚
# 博物学の時代

## Ⅲ. THE 17TH AND 18TH CENTURIES

# The Age of Natural Science

In the seventeenth and eighteenth centuries, people began to be interested in the world of nature, the many things surrounding them. With advances in printing, it became possible to reproduce collections and create illustrated books about them.

---

〈博物学〉というのは今では失われた学問だ。英語のナチュラル・ヒストリー（自然史）を〈博物学〉と訳したのも面白い。いろんな物についての学問ということになる。17-18世紀は、人間が自分のまわりのあらゆる物、全自然に興味を持った。王侯貴族のコレクションが流行し、それを集めた部屋は、ヴンダーカマー（驚異の部屋）といわれた。やがてそれは博物館（ミュージアム）になる。植物園、動物園がつくられた。

そして印刷術の発達と結びつき、コレクションの複製化、図鑑化がはじまるのである。それは人々のまだ見たことのない外の世界を見たい、全世界を見たいという夢に応えるものであった。はじめはそれらをひっくるめて、博物学としたが、やがていろいろな学問の分野が分かれてくる。植物学、動物学、鉱物学、医学、地理学……。そして、それぞれがまた分類される。植物ならバラにはじまり、野草まで。または地域別の分類もある。動物なら、サルや鳥から蛇、そして昆虫まで。

世界地図なども魅力的なジャンルである。医学における人体解剖図も、人間の内部の地図といえるかもしれない。

コレクションの複製化は大きな変化をもたらした。コレクションと本が結びついたのである。それによって、コレクションとして持ってこれない物も見られるようになった。複製化は19世紀にピークに達するが、17-18世紀の複製には、物を見つけた時のわくわくするようなおどろきがある。それらの図録のもとになった〈驚異の部屋〉の魔術的なヴィジョンがまだそこに残っているかのようだ。

見たこともないものを見たい、という人々の夢を、17-18世紀の博物誌の図版はかきたててくれる。

**『鉱物学』**フランソワ・ルイ・スウェバック・デフォンテーヌ画｜1790年｜フランス

鉱物は古くから魔術的なものとして愛好されていた。鉱物ハンターたちは、魔法の石を求め、錬金術師は金をつくるために石を加工したのである。ここには形、色、材質のさまざまな変化を見せる石が集められている。自然の不可思議さが伝わってくる。〈驚異の部屋〉の棚から陳列箱をのぞいているかのようだ。

Spath calcaire incrusté de pirites Cuivreuses Mr Forter.

Superbe groupe de grands Cristaux d'Aigue-marine de Siberie. tiré du Cabinet de Mr Aubert.

Superbe Cristal de Spath calcaire qui passe à l'état de Fer Spatique. dont on voit la Mine de Fer qui le pénetre. tiré du Cabinet de Mr de jouber.

Morceau singulier de Calamine qui s'est incrustée su' du Spat piramidal, le quel s'est decomposé et à laissé la place vuide en dessous. et s'est regeneré au dussus d'une maniere pittoresque. Mr Forter.

Mine de Fer Spatique rhomboïdale avec Cristaux de Roche. de Mr Forster.

Mine d'Or granuleuse avec du Spath perlé couleur de Rose, de Mr Forster.

Mine de Cuivre vitreuse rouge Cristallisée mellée de Cuivre natif et fleurs de Cuivre soieuse vertes. tiré du Cabinet de Mr d'Orcy.

Mine de Fer grise de Saxe, Coloreé gorge de Pigeon. tiree du Cabinet de Mr de la Bove.

Topics
3

# ブック・コレクター綺談 静かなる狂気

## BOOK COLLECTORS THE QUIET MADNESS

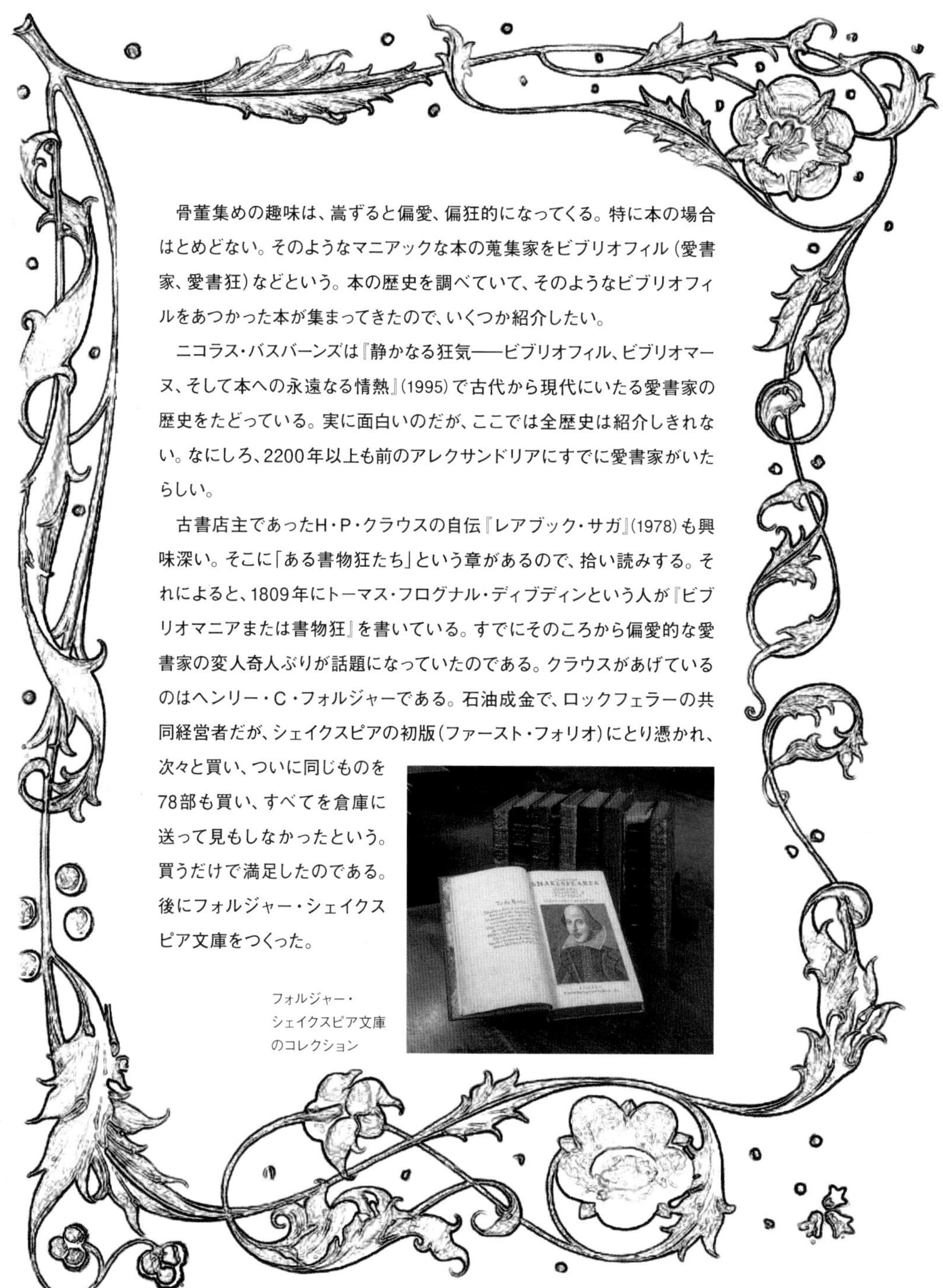

骨董集めの趣味は、嵩ずると偏愛、偏狂的になってくる。特に本の場合はとめどない。そのようなマニアックな本の蒐集家をビブリオフィル（愛書家、愛書狂）などという。本の歴史を調べていて、そのようなビブリオフィルをあつかった本が集まってきたので、いくつか紹介したい。

ニコラス・バスバーンズは『静かなる狂気——ビブリオフィル、ビブリオマーヌ、そして本への永遠なる情熱』（1995）で古代から現代にいたる愛書家の歴史をたどっている。実に面白いのだが、ここでは全歴史は紹介しきれない。なにしろ、2200年以上も前のアレクサンドリアにすでに愛書家がいたらしい。

古書店主であったH・P・クラウスの自伝『レアブック・サガ』（1978）も興味深い。そこに「ある書物狂たち」という章があるので、拾い読みする。それによると、1809年にトーマス・フログナル・ディブディンという人が『ビブリオマニアまたは書物狂』を書いている。すでにそのころから偏愛的な愛書家の変人奇人ぶりが話題になっていたのである。クラウスがあげているのはヘンリー・C・フォルジャーである。石油成金で、ロックフェラーの共同経営者だが、シェイクスピアの初版（ファースト・フォリオ）にとり憑かれ、次々と買い、ついに同じものを78部も買い、すべてを倉庫に送って見もしなかったという。買うだけで満足したのである。後にフォルジャー・シェイクスピア文庫をつくった。

フォルジャー・シェイクスピア文庫のコレクション

# THE 19TH CENTURY

## 19世紀

Chapter

♦

# Ⅳ. 19世紀

# カラー印刷本の発達

## Ⅳ. THE 19TH CENTURY

## Printing in Color

In 1798, Aloys Senefelder invented lithography; as this new printing technique spread in the nineteenth century to France and Britain, it touched off a boom in books printed in color.

中世写本は手描きだから、いくらでも彩色できた。印刷本の時代になると、はじめは墨一色で、それにやはり手で彩色をしていた。18世紀にはカラー印刷の技術は開発されていたが、なかなか実用化しなかった。18世紀末、バヴァリア（南ドイツ）のアロイス・ゼネフェルダーが1798年、リトグラフィ（石版印刷）を発明する。リトグラフィは19世紀にフランス、イギリスに伝わり、カラー印刷本のブームをもたらすのである。それは1830年代頃からはじまる。

初期のカラー印刷本のテーマは美しい装飾をあつかったものが多かったようだ。そのきっかけになったのはオーウェン・ジョーンズの『アルハンブラ』(1836-1842)であった。ジョーンズは1834年にスペインのグラナダを訪ね、アルハンブラ宮殿の華麗な装飾に魅せられ、その形と色彩を精密に再現した本をつくろうとした。彼がすごいのは、それまでの印刷が気に入らず、自ら印刷所をつくり、新しい印刷術のリトグラフィを実験し、完成させたことである。リトグラフィを使いこなし、アート印刷のレヴェルを向上させた。

『アルハンブラ』が成功したので、彼はやがて『装飾の文法』という豪華な装飾集を出した。美しい装飾のアルバムは、いわゆるギフト・ブックとして人気を集めたのである。カラフルな装飾の本が注目されたのは、19世紀のゴシック・リヴァイヴァルに関係がある。ジョン・ラスキンなどが中世建築の装飾の魅力を語った。そして中世の彩色写本の縁飾りなどへの関心が復活していたことが、豪華な装飾アルバムをはやらせたのだろう。

装飾本の流行でカラー印刷が発達し、おとぎ話の絵本などに使われるようになる。

### モダン・デザインの出発点となった本

'The Grammar of Ornament'

**『装飾の文法』**オーウェン・ジョーンズ著｜1856年｜イギリス

この本は、物から形を分離し、その構造を明らかにする、というモダン・デザインの1つの出発点となった。ジョーンズは自ら印刷を手がけ、カラー印刷のパイオニアとなった。印刷し、出版し、カラー印刷本のブームをつくるという、プロデューサーとしての才能があり、ウィリアム・モリスの先駆者であった。

1
2
3
4
5
6
7
8
9
10
11
12
13
14
15

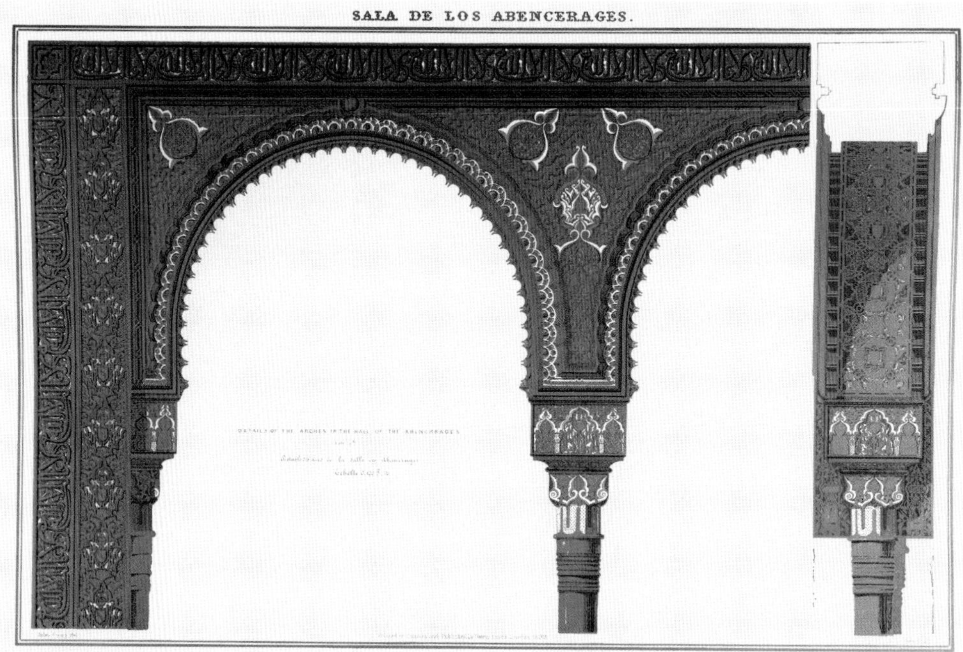
SALA DE LOS ABENCERAGES.

LA ALHAMBRA.

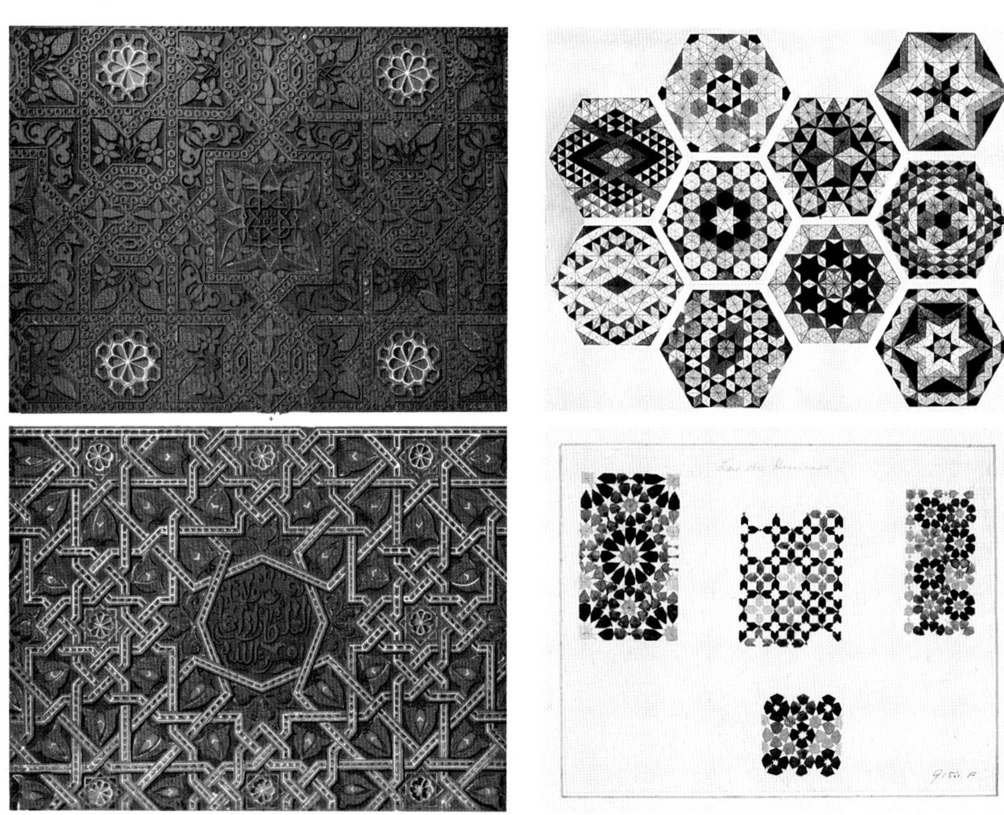

**『アルハンブラ』**オーウェン・ジョーンズ著｜1836-1842年｜イギリス

1834年にスペインに魅せられたジョーンズはアルハンブラ宮殿に夢中になった。そして文様を精密に写しとり、それを自らカラー・リトグラフで刷り、自費出版した。この本は英国におけるカラー印刷の新しい一歩であったといわれる。そしてイスラム装飾、オリエント・スタイルのブームの先駆けになった。

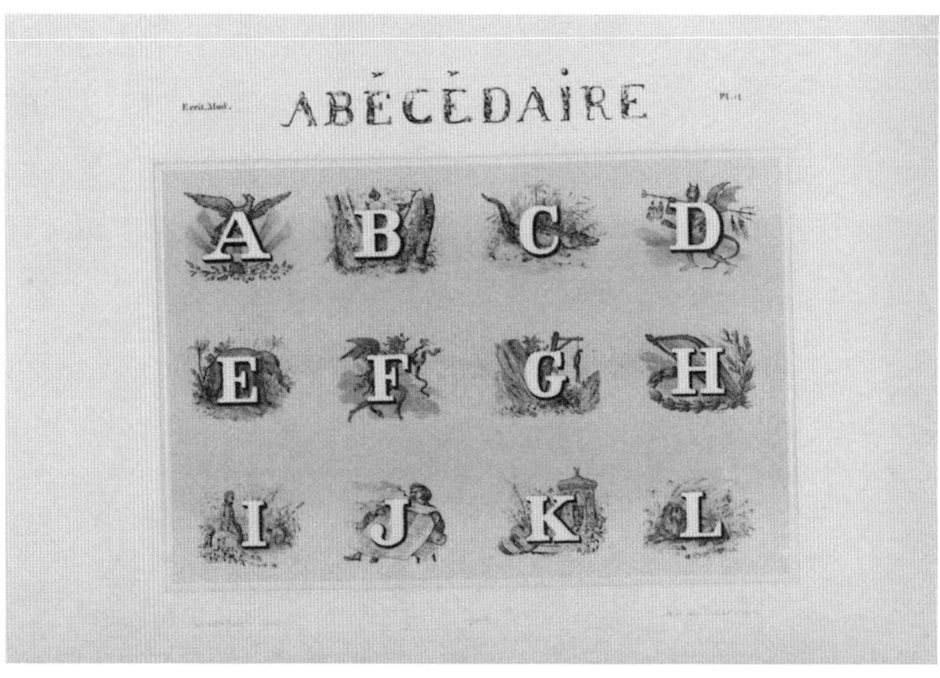


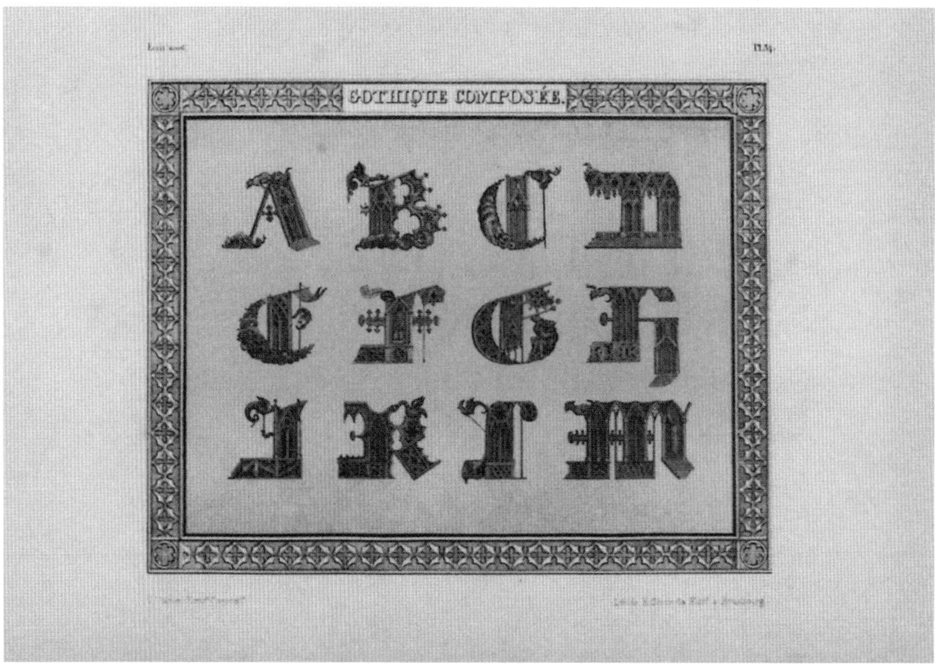


**『書体集』**ジャン・ミドル著｜1834年｜フランス

ストラスブールで出されたもので、中世の文字をもとに現代的な書体をデザインしている。ゴシック・リヴァイヴァルのはしりである。注目すべきなのはクロモリトグラフィ（カラー石版）で刷っていることで、カラー印刷の初期を示している。クロモリトグラフィはドイツで発達し、フランスに伝わり、さらにイギリスでヘンリー・ショー、オーウェン・ジョーンズなどによって発展する。

# ALPHABET LAPIDAIRE MONSTRE.

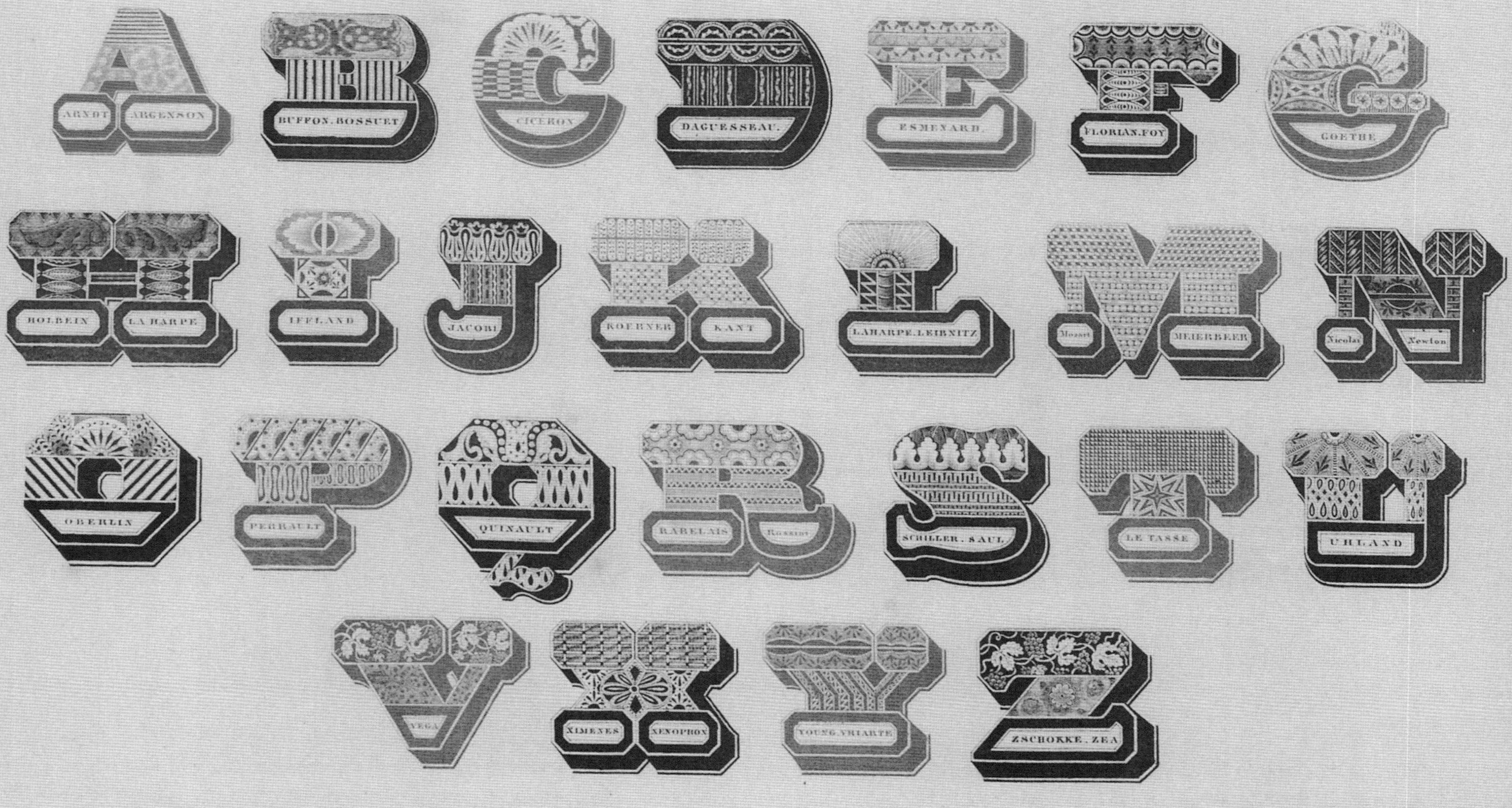

ARNDT ARGENSON

BUFFON. BOSSUET

CICERON

DAGUESSEAU.

ESMENARD.

FLORIAN. FOY

GOETHE

HOLBEIN LA HARPE

IFFLAND

JACOBI

KOERNER KANT

LAHARPE. LEIBNITZ

Mozart MEIERBEER

Nicolas Newton

OBERLIN

PERRAULT

QUINAULT

RABELAIS Rossini

SCHILLER. SAUL

LE TASSE

UHLAND

VEGA

XIMENES XENOPHON

YOUNG. YRIARTE

ZSCHOKKE. ZEA

C. Fasoli

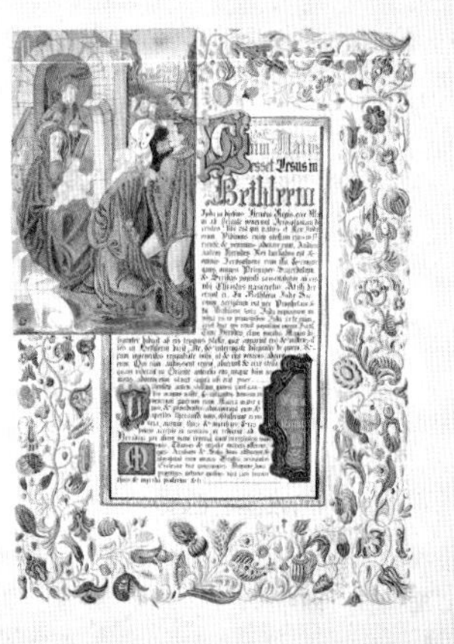

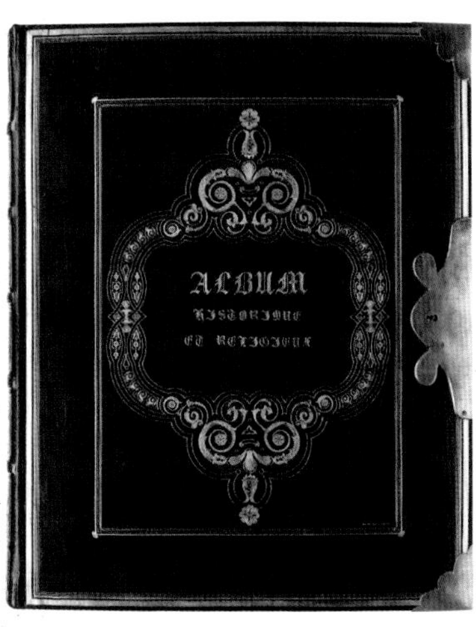
ALBUM
HISTORIQUE
ET RELIGIEUX

JESUS DEVANT PILATE

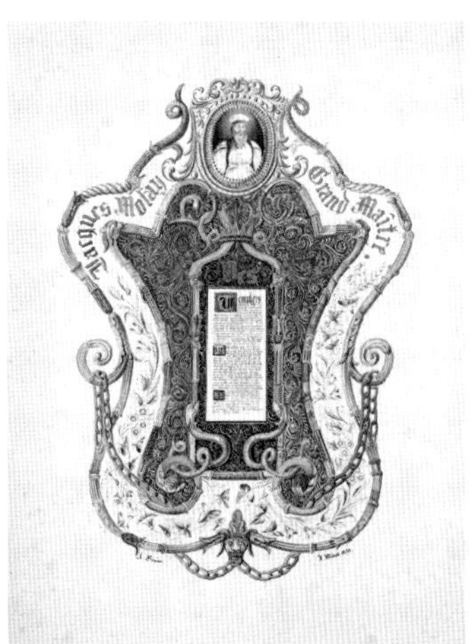

**『中世装飾集』**ジャン・ミドル著｜1836年｜フランス

ゴシック・リヴァイヴァルによって、中世彩色写本が19世紀の印刷本において甦る。中世の装飾がモダンで軽快な曲線へとつくり直される。自然の草花の文様が鮮やかな色彩をまき散らしている。クロモリトグラフィのういういしい色彩が楽しい。線はまだ硬いが、世紀末のアール・ヌーヴォーの花文様の起源はここにある。カラー印刷の青春時代である。

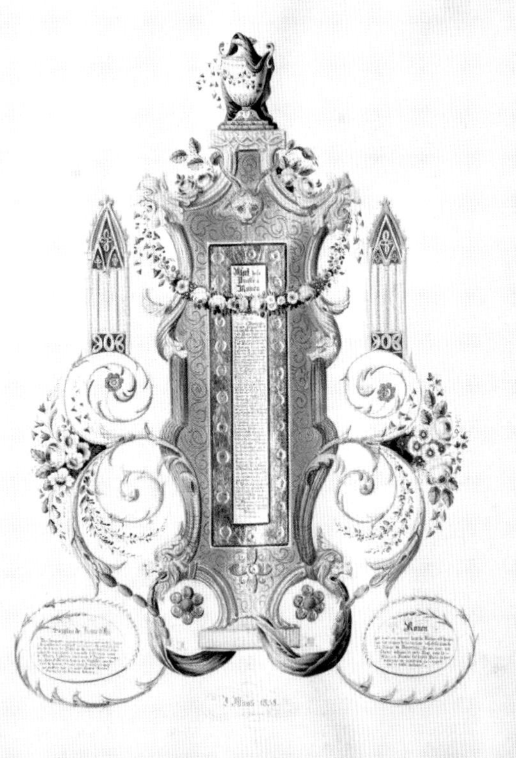

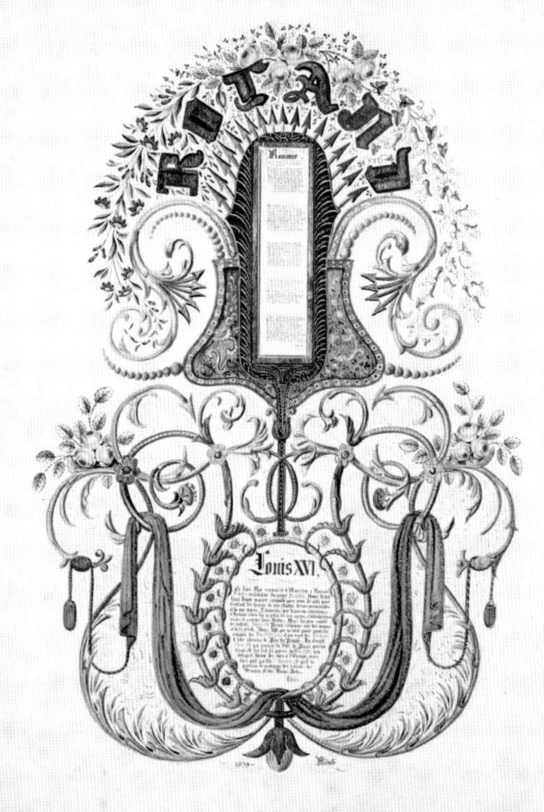

Lettre
de Louis XVI Roi de
France

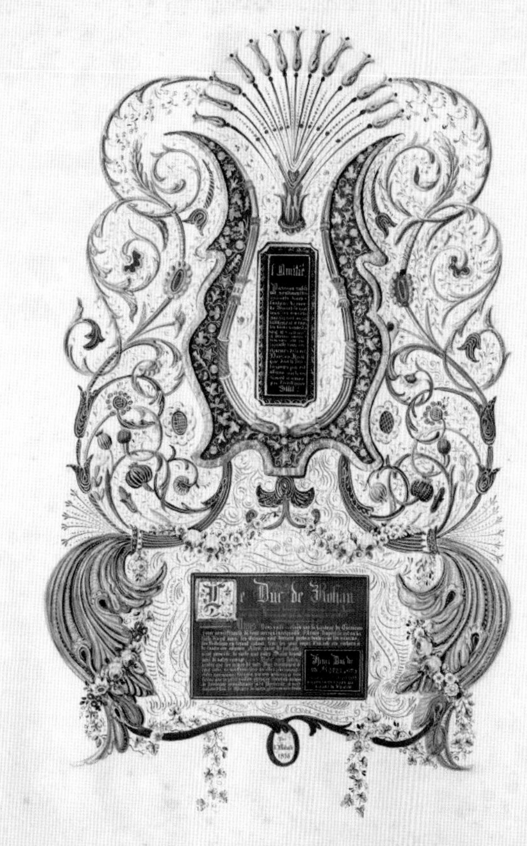
Le Duc de Rohan

Lettre
de
Henri IV Roi
de
France

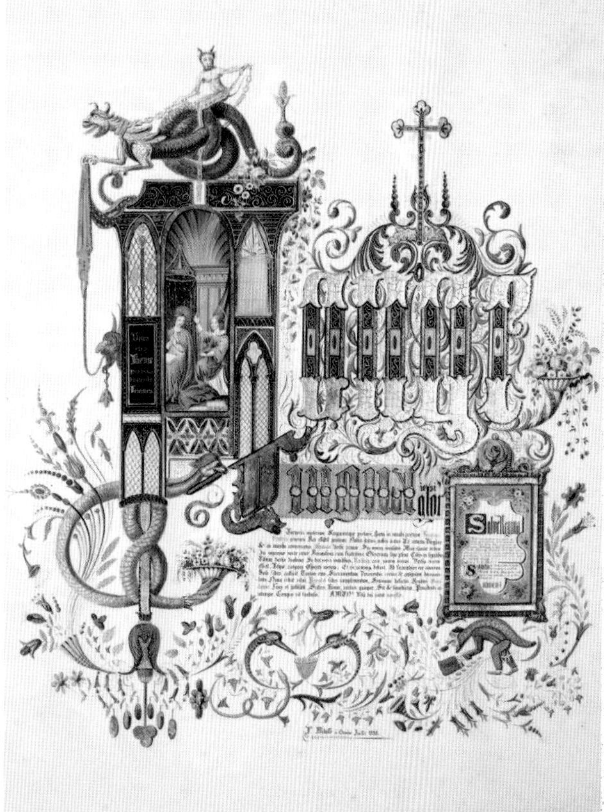

Go, lovely Rose!
Tell her, that wastes her time and me,
That now she knows,
When I resemble her to thee,
How sweet and fair she seems to be.
Tell her that's young,
And shuns to have her graces spied,
That hadst thou sprung
In deserts, where no men abide
Thou must have uncommended died.
Small is the worth
Of beauty from the light retired:
Bid her come forth,
Suffer herself to be desired,
And not blush so to be admired.
Then die! that she
The common fate of all things rare
May read in thee;
How small a part of time they share
That are so wondrous sweet and fair.

You meaner beauties of the night.
Which poorly satisfy our eyes
More by your number than your light!
You common people of the skies!
What are you, when the Moon shall rise!

Ye violets that first appear,
By your pure purple mantles known,
Like the proud virgins of the year
As if the spring were all your own!
What are you, when the Rose is blown!

Ye curious chanters of the wood
That warble forth dame Nature's lays
Thinking your passions understood
By your weak accents what's your praise,
When Philomel her voice doth raise!

So, when my Mistress shall be seen
In sweetness of her looks and mind
By virtue first, then choice, a Queen,
Tell me, if she were not design'd
Th' eclipse and glory of her kind!

Sir Henry Wotton.

**『英国の吟遊詩』**ホスキンス・アブラハル画｜1872年｜イギリス

19世紀後半、カラー印刷本の装飾画家として女性が登場してくる。油絵画家は男性に占められていたが、本の装飾などでは女性画家に場が与えられるようになったのである。その1人がこの人で、さわやかで楽しい花飾りで本文を包み、イニシャル文字はまるで生きている小動物のように、頁の中で踊っている。

ODE.

I.
*Sweet love, mine only treaſure,*
*For ſervice long unfeigned,*
*Wherein I nought have gained,*
*Vouchſafe this little pleaſure,*
*To tell me in what part*
*My Lady keeps my heart.*

II.
*If in her hair ſo ſlender,*
*Like golden nets entwined*
*Which fire and art have fined;*
*Her thrall my heart I render*
*For ever to abide*
*With locks ſo dainty tied.*

III.
*If in her eyes ſhe bind it,*
*Wherein that fire was framed,*
*By which it is inflamed,*
*I dare not look to find it;*
*I only wiſh it ſight,*
*To ſee that pleaſant light.*

IV.
*But if her breaſt have deign'd*
*With kindneſs to receive it,*
*I am content to leave it,*
*Though death thereby were gained.*
*Then, Lady, take your own,*
*That lives for you alone.*

THOMAS WATSON.

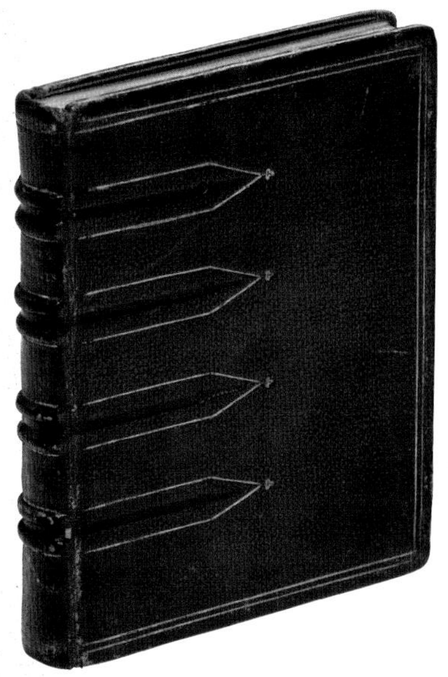

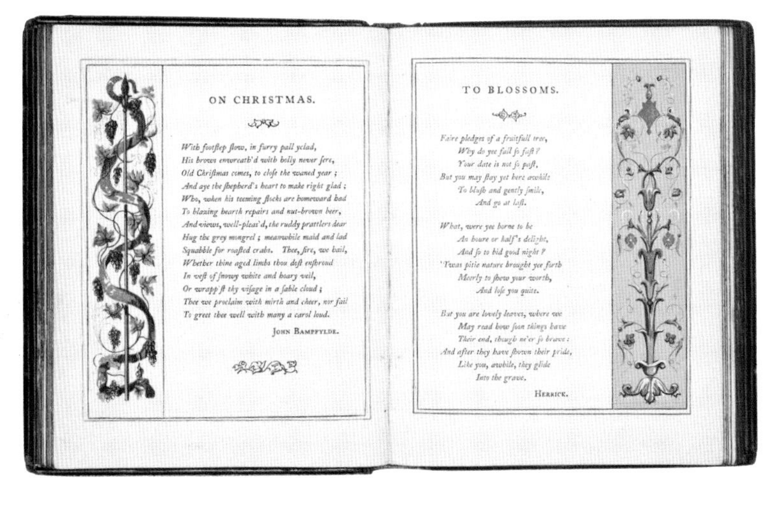

ON CHRISTMAS.

*With footſtep ſlow, in furry pall yclad,*
*His brows enwreath'd with holly never ſere,*
*Old Chriſtmas comes, to cloſe the waned year;*
*And aye the ſhepherd's heart to make right glad;*
*Who, when his teeming flocks are homeward had*
*To blazing hearth repairs and nut-brown beer,*
*And views, well-pleas'd, the ruddy prattlers dear*
*Hug the grey mongrel; meanwhile maid and lad*
*Squabble for roaſted crabs. Thee, fire, we hail,*
*Whether thine aged limbs thou doſt enſhroud*
*In veſt of ſnowy white and hoary veil,*
*Or wrapp'ſt thy viſage in a ſable cloud;*
*Thee we proclaim with mirth and cheer, nor fail*
*To greet thee well with many a carol loud.*

JOHN BAMPFYLDE.

TO BLOSSOMS.

*Faire pledges of a fruitfull tree,*
*Why do yee fall ſo faſt?*
*Your date is not ſo paſt,*
*But you may ſtay yet here awhile*
*To bluſh and gently ſmile,*
*And go at laſt.*

*What, were yee borne to be*
*An houre or half's delight,*
*And ſo to bid good night?*
*'Twas pitie nature brought yee forth*
*Meerly to ſhew your worth,*
*And loſe you quite.*

*But you are lovely leaves, where we*
*May read how ſoon things have*
*Their end, though ne'er ſo brave:*
*And after they have ſhown their pride,*
*Like you, awhile, they glide*
*Into the grave.*

HERRICK.

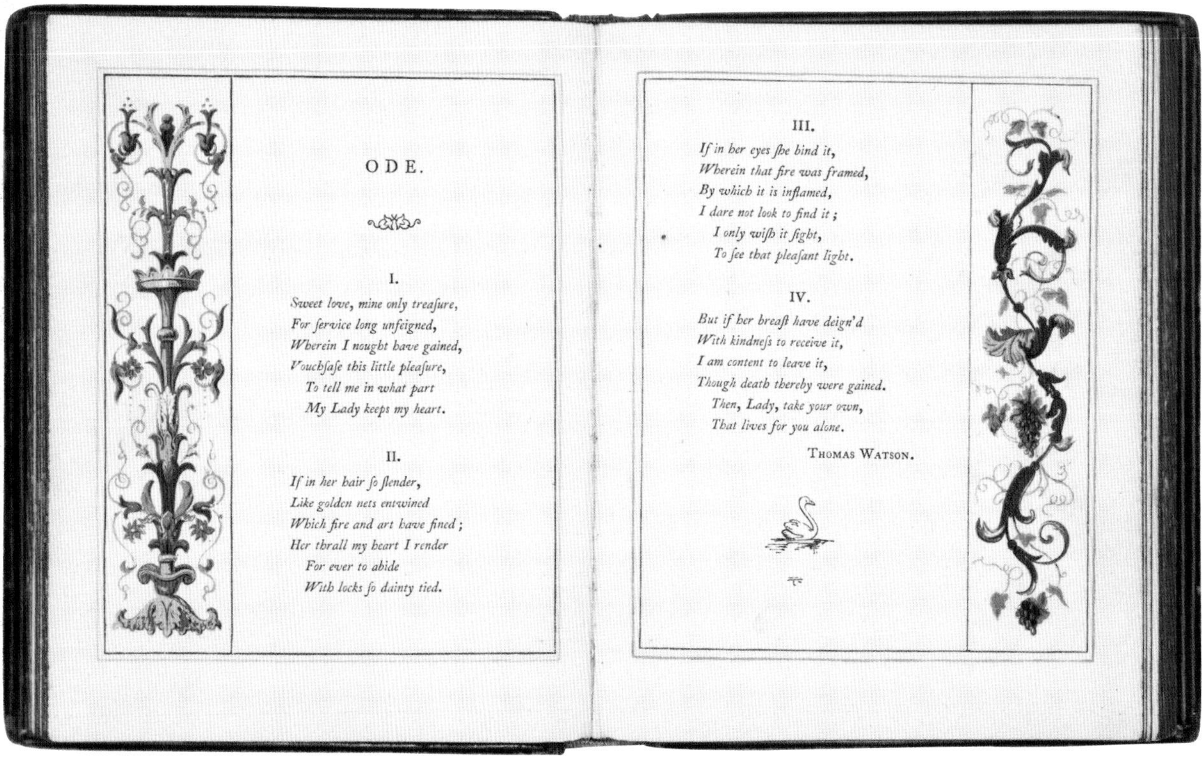

## 『ソング、マドリガル、ソネット集』1849年｜イギリス

ジョセフ・クンドール編、ヘンリー・ショーのデザインである。ヘンリー・ショーはオーウェン・ジョーンズと並ぶ、カラー印刷本のデザイナーである。この本はイタリア風のデザインを目指したという。チズウィック・プレスで印刷されたこの本は、クロモリトグラフィのカラー印刷本がはやる中で、めずらしく木版で刷られている。

（上）『**祈禱書**』1842年｜イギリス／（下）『**カトリック教本**』1862年｜フランス

19世紀のゴシック・リヴァイヴァル熱はブック・デザイン全体にも及び、趣向を凝らした豪華な装丁の本がつくられた。小口（本を閉じたときに見える頁の束の部分）にも金箔や赤の彩色が施され、型押しされて、宝石箱と見間違えるような贅沢さである。

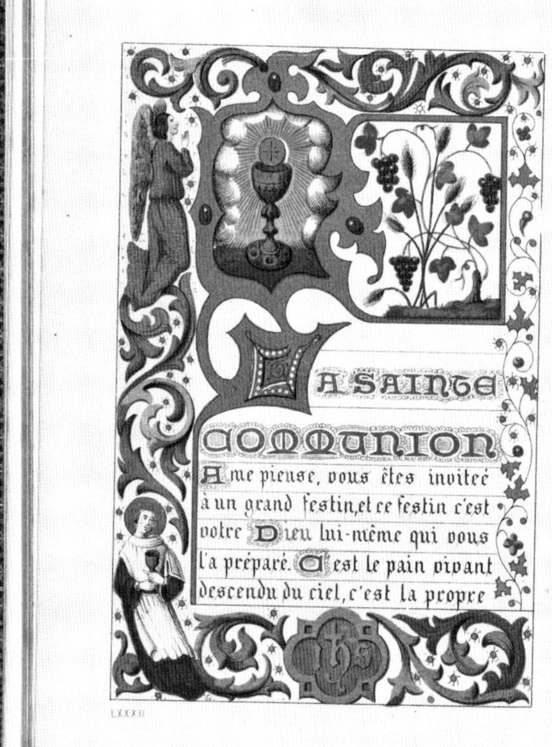

La Sainte Communion

Ame pieuse, vous êtes invitée à un grand festin, et ce festin c'est votre Dieu lui-même qui vous l'a préparé. C'est le pain vivant descendu du ciel, c'est la propre

LXXXII

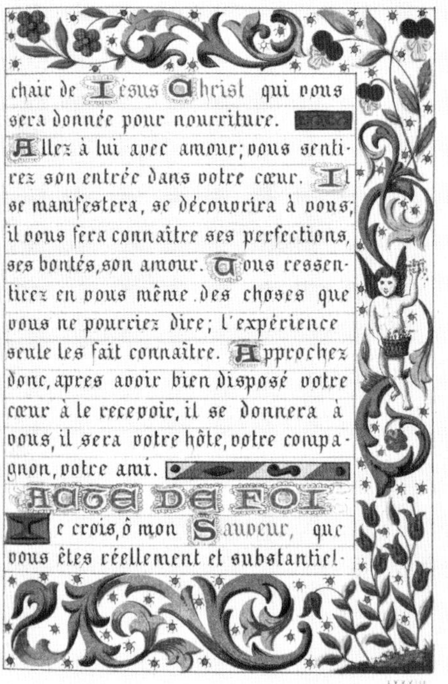

chair de Jésus Christ qui vous sera donnée pour nourriture. Allez à lui avec amour; vous sentirez son entrée dans votre cœur. Il se manifestera, se découvrira à vous; il vous fera connaître ses perfections, ses bontés, son amour. Vous ressentirez en vous même des choses que vous ne pourriez dire; l'expérience seule les fait connaître. Approchez donc, après avoir bien disposé votre cœur à le recevoir, il se donnera à vous, il sera votre hôte, votre compagnon, votre ami.

Acte de Foi

Je crois, ô mon Sauveur, que vous êtes réellement et substantiel-

LXXXIII

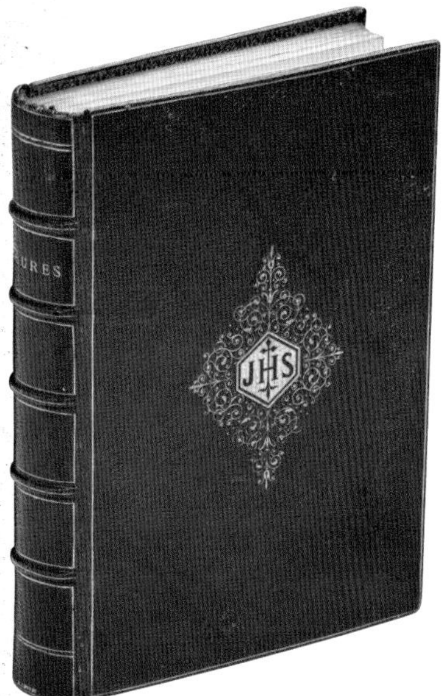

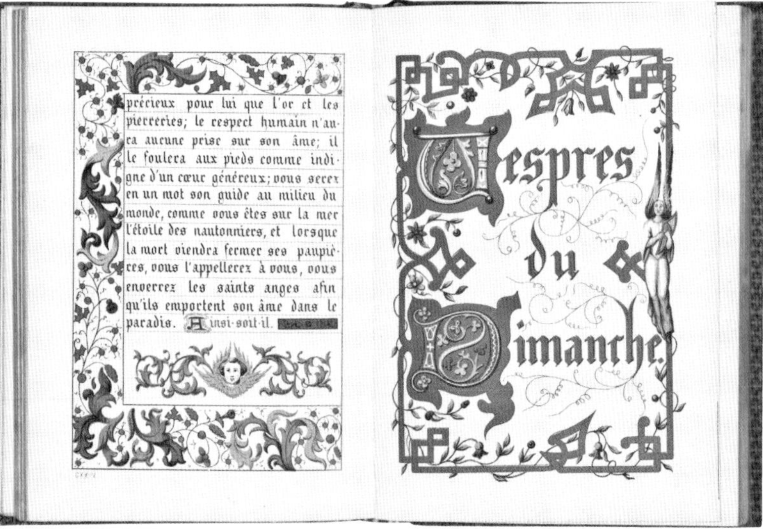

précieux pour lui que l'or et les pierreries; le respect humain n'aura aucune prise sur son âme; il le foulera aux pieds comme indigne d'un cœur généreux; vous serez en un mot son guide au milieu du monde, comme vous êtes sur la mer l'étoile des nautonniers, et lorsque la mort viendra fermer ses paupières, vous l'appellerez à vous, vous enverrez les saints anges afin qu'ils emportent son âme dans le paradis. Ainsi soit-il.

Vespres du Dimanche

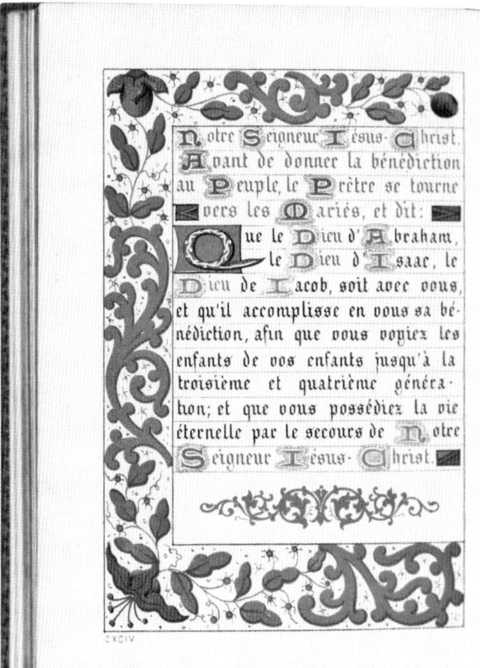

Notre Seigneur Iésus-Christ.

Avant de donner la bénédiction au Peuple, le Prêtre se tourne vers les Mariés, et dit:

Que le Dieu d'Abraham, le Dieu d'Isaac, le Dieu de Iacob, soit avec vous, et qu'il accomplisse en vous sa bénédiction, afin que vous voyiez les enfants de vos enfants jusqu'à la troisième et quatrième génération; et que vous possédiez la vie éternelle par le secours de Notre Seigneur Iésus-Christ.

CXCIV

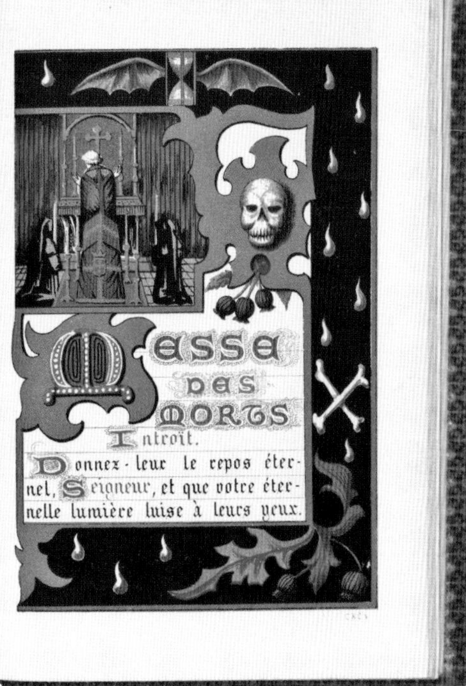

Messa des Morts

Introït.

Donnez-leur le repos éternel, Seigneur, et que votre éternelle lumière luise à leurs yeux.

CXCV

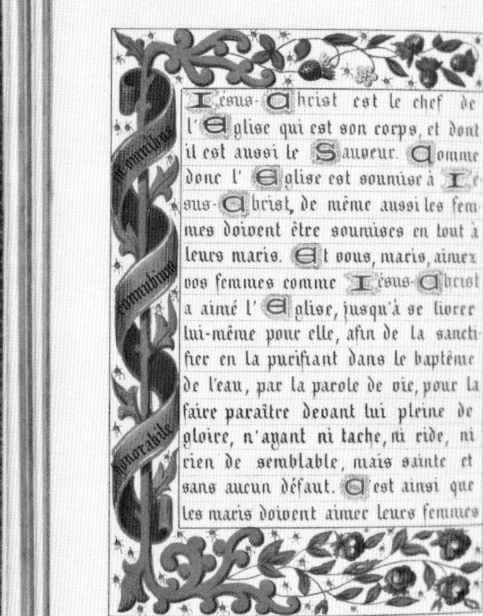


Iésus-Christ est le chef de l'Eglise qui est son corps, et dont il est aussi le Sauveur. Comme donc l'Eglise est soumise à Iésus-Christ, de même aussi les femmes doivent être soumises en tout à leurs maris. Et vous, maris, aimez vos femmes comme Iésus-Christ a aimé l'Eglise, jusqu'à se livrer lui-même pour elle, afin de la sanctifier en la purifiant dans le baptême de l'eau, par la parole de vie, pour la faire paraître devant lui pleine de gloire, n'ayant ni tache, ni ride, ni rien de semblable, mais sainte et sans aucun défaut. Cest ainsi que les maris doivent aimer leurs femmes

CLXXXII

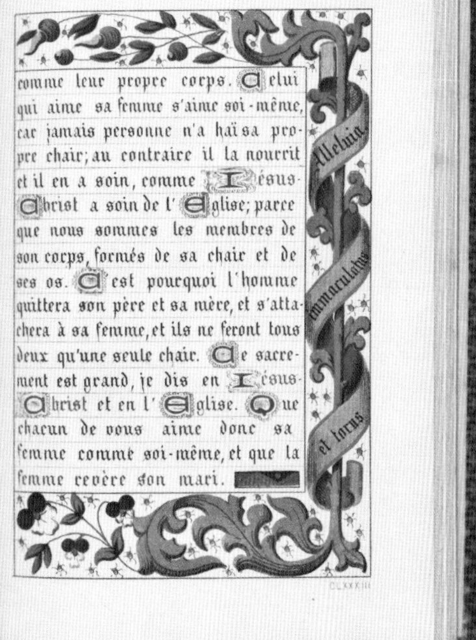


comme leur propre corps. Celui qui aime sa femme s'aime soi-même, car jamais personne n'a haïsa propre chair; au contraire il la nourrit et il en a soin, comme Iésus-Christ a soin de l'Eglise; parce que nous sommes les membres de son corps, formés de sa chair et de ses os. C'est pourquoi l'homme quittera son père et sa mère, et s'attachera à sa femme, et ils ne feront tous deux qu'une seule chair. Ce sacrement est grand, je dis en Iésus-Christ et en l'Eglise. Que chacun de vous aime donc sa femme comme soi-même, et que la femme revère son mari.

CLXXXIII

**『キリスト教徒の女性のための祈禱書』**1860年｜フランス

これはフランスのカラー印刷本の例である。中世写本風のスタイルがクロモリトグラフィで印刷されている。やわらかい植物文様から金属細工のような硬いアラベスク、明るい花文様から不気味なグロテスク文まで、昼と夜の対照的なデザインが交錯していて、中世を模しながら、現代的な諷刺をのぞかせ、変化に富んで面白い。

Topics
4

# 小さなブック・ワールド 本の部分の名前

## THE LITTLE BOOK WORLD
## PARTS OF A BOOK

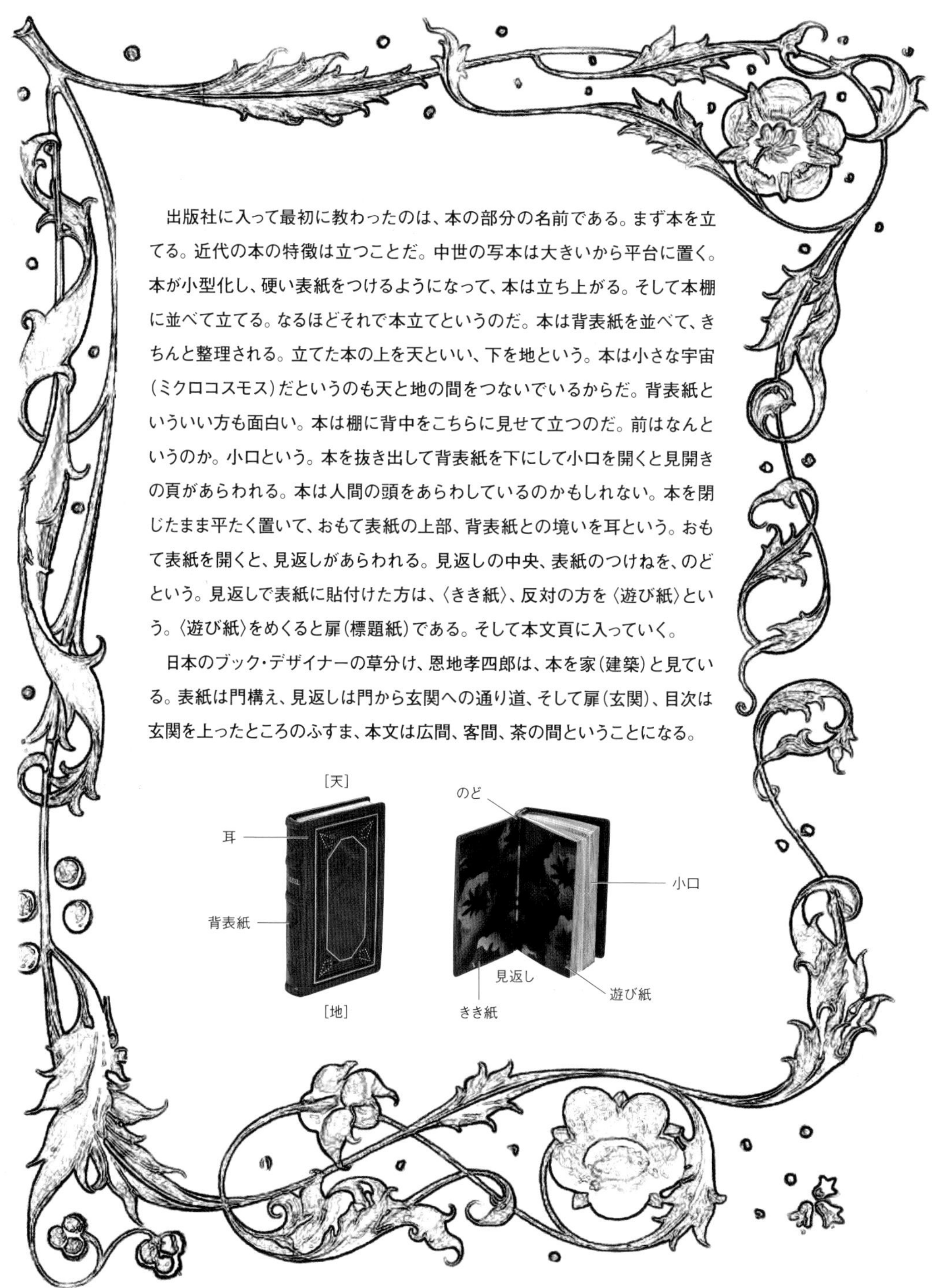

出版社に入って最初に教わったのは、本の部分の名前である。まず本を立てる。近代の本の特徴は立つことだ。中世の写本は大きいから平台に置く。本が小型化し、硬い表紙をつけるようになって、本は立ち上がる。そして本棚に並べて立てる。なるほどそれで本立てというのだ。本は背表紙を並べて、きちんと整理される。立てた本の上を天といい、下を地という。本は小さな宇宙(ミクロコスモス)だというのも天と地の間をつないでいるからだ。背表紙といういい方も面白い。本は棚に背中をこちらに見せて立つのだ。前はなんというのか。小口という。本を抜き出して背表紙を下にして小口を開くと見開きの頁があらわれる。本は人間の頭をあらわしているのかもしれない。本を閉じたまま平たく置いて、おもて表紙の上部、背表紙との境いを耳という。おもて表紙を開くと、見返しがあらわれる。見返しの中央、表紙のつけねを、のどという。見返しで表紙に貼付けた方は、〈きき紙〉、反対の方を〈遊び紙〉という。〈遊び紙〉をめくると扉(標題紙)である。そして本文頁に入っていく。

日本のブック・デザイナーの草分け、恩地孝四郎は、本を家(建築)と見ている。表紙は門構え、見返しは門から玄関への通り道、そして扉(玄関)、目次は玄関を上ったところのふすま、本文は広間、客間、茶の間ということになる。

# LATE 19TH CENTURY

19世紀末

Chapter

◆

## V. 19世紀末

# ウィリアム・モリス〈美しい本〉の目覚め

## V. LATE 19TH CENTURY

# William Morris and the Beautiful Book

Morris's greatest achievement was to clarify the fundamental requirements for creating beautiful books: the appropriate paper, type design, and beautiful printing.

モリスは生活の中に美を求め、モダン・デザインの幕開けをもたらした。衣服や家具が美しくなければならないように、読むための本も美しくなければならない。そのためには工業化社会の中で失われた、中世の素朴な手仕事をとりもどそうとモリスは考えた。

中世の写本の手づくりの美しさを復活できるだろうか。印刷本の〈美しい本〉をつくることができるだろうか。

あらゆる分野に興味を持ったモリスであるが、ブック・デザインに取り組むのは晩年になってからであった。1859年にジェーンと結婚してレッド・ハウスをつくったことが、彼のデザイン活動のきっかけになっているが、出版を考えるのは1884年、エマリー・ウォーカーに出会ってからという。この若い職人に刺激されて1890年にケルムスコット・プレスを設立し、1891年から出版をはじめるのである。しかしモリスは1896年に没し、ウォーカーたちによって引き継がれて〈美しい本〉が出されたのである。

ケルムスコット・プレスの特徴は、アート作品として美しいことである。読むという機能からすると、かなり読みにくい。ケルムスコット・プレスは、古い本の1つの終わりと新しい本のはじまりの境目に位置しているといわれる。モリスは見事な〈美しい本〉をつくったが、読む本のデザインとしてはまだ未完であった。

モリスの最も大きな功績は〈美しい本〉をつくるための基礎的な条件を明らかにしたことであった。まず印刷にふさわしい紙が求められる。次にふさわしい活字がデザインされなければならない。そしてそれがくっきりと見事に印刷されなければならない。

モリスが示した〈美しい本〉の理想は、次の世代によって受け継がれていくのである。

## 印刷された世界の3大美書

'The Works of Geoffrey Chaucer' 'Tutte le Opere di Dante Alighieri' 'The English Bible'

(上)『ジェフリー・チョーサー作品集』1896年／(中)『ダンテ著作集』1909年／(下)『英語聖書』(全5巻) 1903-1905年

ケルムスコット・プレスの『ジェフリー・チョーサー作品集』、アシェンデン・プレスの『ダンテ著作集』、ダヴス・プレスの『英語聖書』は、世界で最も美しい印刷本のベスト・スリーといわれている。

# ケルムスコットの最高傑作

'The Works of Geoffrey Chaucer'

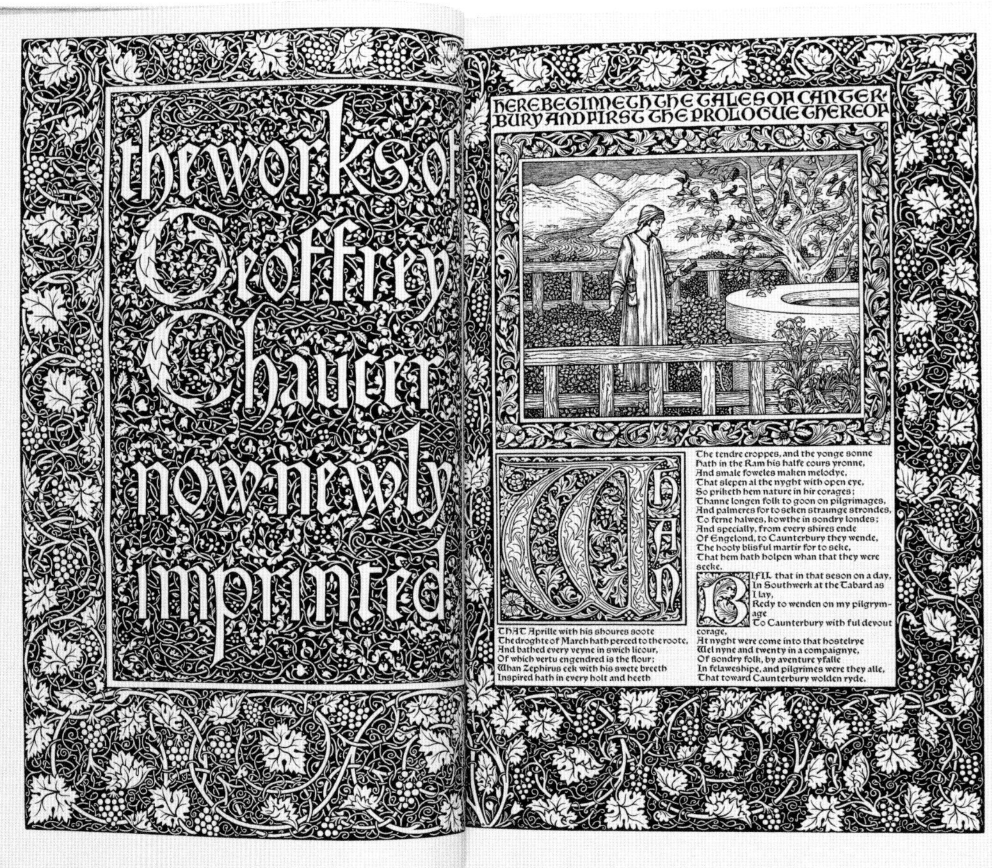


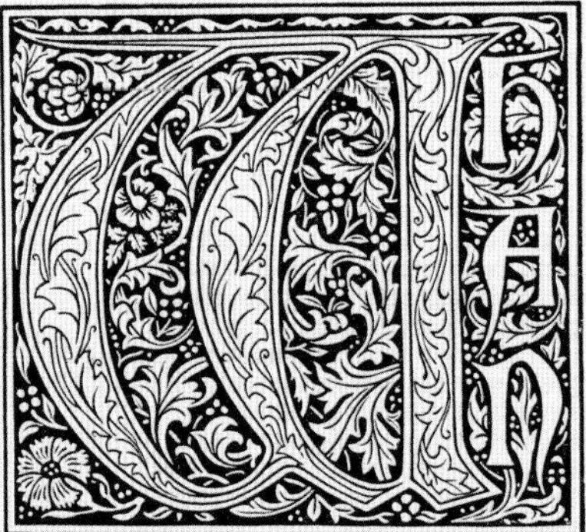

WHAN

THAT Aprille with his shoures soote
The droghte of March hath perced to the roote,
And bathed every veyne in swich licour,
Of which vertu engendred is the flour;
Whan Zephirus eek with his swete breeth
Inspired hath in every holt and heeth
The tendre croppes, and the yonge sonne
Hath in the Ram his halfe cours yronne,
And smale foweles maken melodye,
That slepen al the nyght with open eye,
So priketh hem nature in hir corages;
Thanne longen folk to goon on pilgrimages,
And palmeres for to seken straunge strondes,
To ferne halwes, kowthe in sondry londes;
And specially, from every shires ende
Of Engelond, to Caunterbury they wende,
The hooly blisful martir for to seke,
That hem hath holpen whan that they were seeke.

BIFIL that in that seson on a day,
In Southwerk at the Tabard as I lay,
Redy to wenden on my pilgrymage
To Caunterbury with ful devout corage,
At nyght were come into that hostelrye
Wel nyne and twenty in a compaignye,
Of sondry folk, by aventure yfalle
In felaweshipe, and pilgrimes were they alle,
That toward Caunterbury wolden ryde.

**『ジェフリー・チョーサー作品集』**1896年｜イギリス

モリスが生前に完成させた最後の本であり、ケルムスコット・プレスの最高傑作である。詩人でもあるモリスはチョーサーにあこがれ、その作品集を出したいと思っていた。バーン＝ジョーンズが挿絵を描いた。端正でまじめな彼の絵をモリスは評価したが、チョーサーのエロティックな面も描いてほしいと思ったようだ。挿絵を取り巻くモリスの装飾デザインのすばらしさは語りつくせない。

## モリスの書体

モリスは〈美しい本〉はまず活字のデザインが大事であると考えた。印刷のプロであるエマリー・ウォーカーに相談しながら彼は2つの活字体をデザインした。まず、読みやすいローマン体をもとにした〈ゴールデン〉である。中世のキリスト教伝説集である『黄金伝説』に使うはずだったのでこう呼ばれたのである。しかし、この本がおくれ、モリス原作のファンタジー物語『輝く平原の物語』に最初に使われた。

ケルムスコット・プレスの活字見本/1897年
※上から「ゴールデン」活字、「トロイ」活字、「チョーサー」活字である。

『輝く平原の物語』ウィリアム・モリス装飾・文
ウォルター・クレイン画/1894年

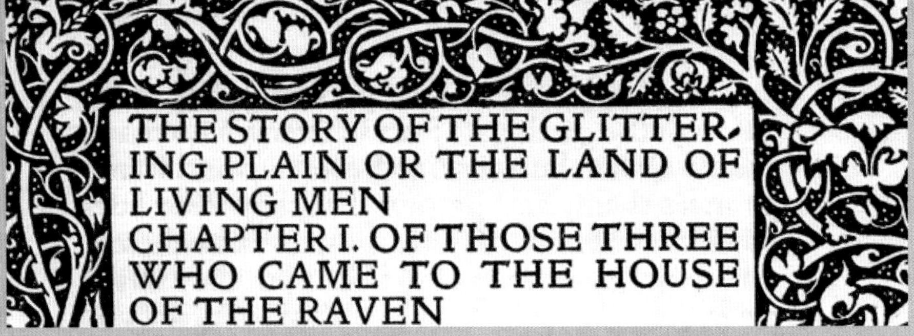


『輝く平原の物語』(上右)で使用されている「ゴールデン」活字

such as choose to seek it: it is neither prison, nor palace, but a decent home. ALL WHICH I NEITHER praise nor blame, but say that so it is: some people praise this homeliness overmuch, as if the land were the very axle-tree of the world; so do not I, nor any unblinded by pride in themselves and all that belongs to them: others there are who scorn it and the tameness of it: not I any the more: though it would indeed be hard if there were nothing else in the world, no wonders, no terrors, no unspeakable beauties. Yet when we think what a small part of the world's history, past, present, & to come, is this land we live in, and how much smaller still in the history of the arts, & yet how our forefathers clung to it, and with what care and

67

This is the Troy type

「トロイ」活字の組版の見本／『ケルムスコット・プレス設立趣意書』1898年より
※ケルムスコット・プレスの最後の刊本で、
モリスの美しい本に対する考えが総合的に解説されている。

ingly on its simplicity from all the grandeur over-seas

And Science, we have loved her well, and followed her diligently, what will she do? I fear she is so much in the pay of the counting-house, the counting-house and the drill-sergeant, that she is too busy, and will for the present do nothing.

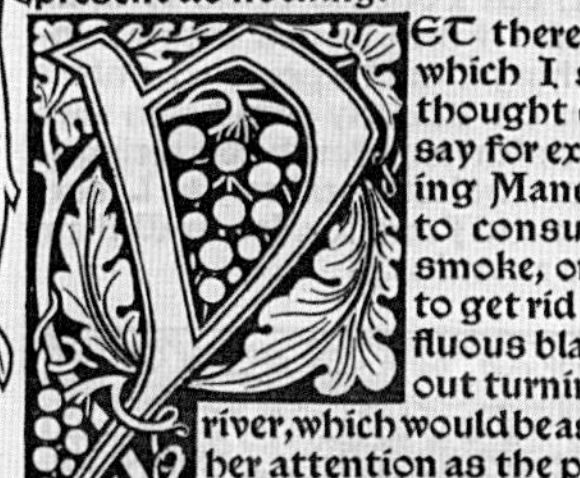

YET there are matters which I should have thought easy for her, say for example teaching Manchester how to consume its own smoke, or Leeds how to get rid of its superfluous black dye without turning it into the river, which would be as much worth her attention as the production of the heaviest of heavy black silks, or the biggest of useless guns. Anyhow, however it be done, unless people care about carrying on their business without making the world hideous, how can they care about art? I know it will cost much both of time and money to better these things even a little; but I do

69

This is the Chaucer type

「チョーサー」活字の組版の見本／
『ケルムスコット・プレス設立趣意書』1898年より

次にデザインされたのは、より装飾的なゴシック体をもとにした〈トロイ〉で、『トロイ物語集成』に使われた。〈トロイ活字〉は18ポイントと12ポイントの2つの大きさのものがつくられたが、12ポイントの方は『チョーサー作品集』に使われ、〈チョーサー〉活字と呼ばれるようになる。〈トロイ〉は読みにくいといわれたゴシック体を読みやすく改良したものである。

**『詩の本』**1870年｜イギリス

モリスは1870-75年に中世の写本にならって、手描きの本をつくった。この本はモリスを中心にバーン=ジョーンズなどが手伝ってつくられた。バーン=ジョーンズ夫人ジョージアーナに捧げられた。中世風の文字を見事に書き、また花文様の軽快なパターンは、モリスの後期の、テキスタイルや壁紙のデザインを予告している。

# A BOOK OF VERSE

BY

WILLIAM MORRIS

WRITTEN IN LONDON

1870

## LOVE FULFILLED.

Thou rememberest how of old
Een thy very pain grew cold,
How thou mightst not measure bliss
Een when eyes and hands drew nigh.
Thou rememberest all regret
For the scarce remembered kiss,
The lost dream of how they met,
Mouths once parched with misery.
Then seemed Love born but to die,
Now unrest, pain, bliss are one,
Love unhidden and alone.

## THE BALLAD OF CHRISTINE.

And slew him on mine arm.

There slew they the King Ethelbert
Two of his swains slew they
But the third sailed swiftly from the land
For ever to bide away.

O, wavering hope of this worlds bliss,
How shall men trow in thee?
My grove of gems is gone away
For mine eyen no more to see!

Each hour that this my life shall last
Remembereth him alone
Such heavy sorrow lies on me
For our meeting time agone. —

Ah, early of a morning tide
Men cry, Christine the Fair,
Art thou well content with that true-love
Thou sittest loving there?

O yea, so well I love him,
So dear to my heart is he,

## GUILEFUL LOVE.

LOVE set me in a flowery garden fair
Love showed me many marvels moving there
Love said Take these, if nought thy soul doth dare
To feel my fiery hand upon thine heart,
Take these, and live, and lose the better part.

Love showed me Death, and said, Make no delay;
Love showed me Change, and said, Joy ebbs away;
Love showed me Eld amid regrets grown grey. —
I laughed for joy, and round his heart I clung,
Sickened and swooned by bitter-sweetness stung.

But I awoke at last, and born again
Laid eager hands upon unrest and pain,
And wrapped myself about with longing vain:
Ah, better still and better all things grew,
As more the root and heart of Love I knew.

O Love Love Love, what is it thou hast done?
All pains, all fears I knew, save only one;
Where is the fair earth now, where is the sun?
Thou didst not say my Love might never move
Her eyes, her hands, her lips to bless my love.

## THE SON'S SORROW

Down in a dale my horse bound I
My saddle bound right speedily

Bright was her face as the flickering flame
When to my saddlebow she came

Beside my saddlebow she stood —
O knight, to flee with thee were good!

Kind was my horse, and good to aid
My love upon his back I laid.

Then from the garth I rode away
And none were ware of us that day

But as we rode along the sand
There lay a barge beside the land.

So in that barge did we depart
And rowed away right glad of heart

When we came to the dark wood and the shade
To raise the tent my true-love bade.

# PRAISE OF VENUS

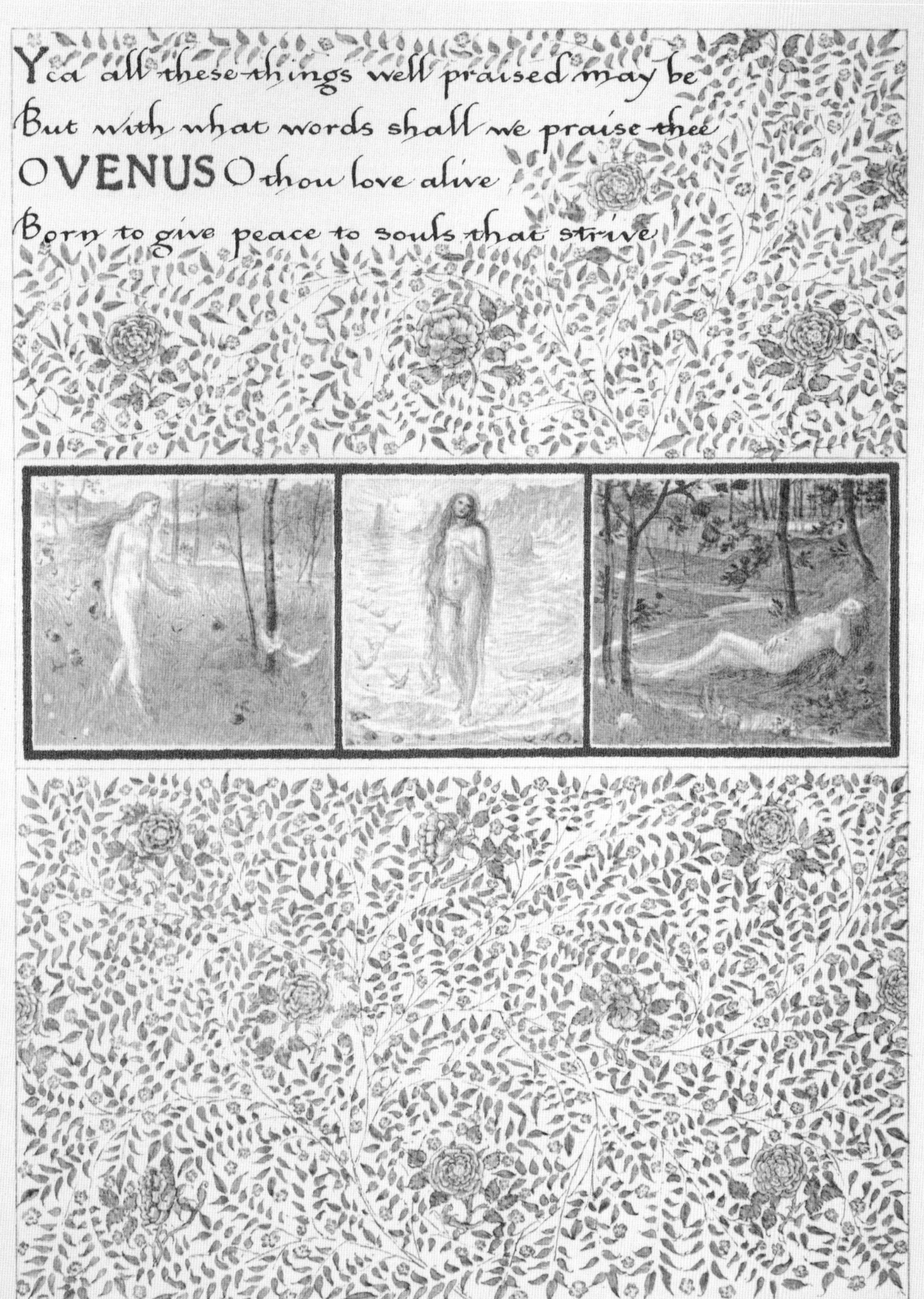

Yea all these things well praised may be
But with what words shall we praise thee
O VENUS O thou love alive
Born to give peace to souls that strive

# 失われた「手作り」の美しさを求めて
## アーツ・アンド・クラフツ運動の精神

19世紀の半ば、工業化、機械化によって大量生産される製品は、粗悪で醜悪であった。生活の中に美をとりもどそうとする動きがあらわれ、そこからアーツ・アンド・クラフツ運動がはじまった。それは、油絵を中心とするハイ・アートと工芸などをロー・アートとする区分を批判し、生活の中に美を求め、失われた手工芸(ハンドクラフト)を復活させようとするものであった。そのために、手工芸が生きていた中世の職人世界にもどろうとした。そのようなジョン・ラスキンの思想を受けて、ウィリアム・モリスなどが、生活の中の美を求めた。1859年、モリスがケント州にレッド・ハウスをつくった。友人たちが集まって、フィリップ・ウェッブがゴシック・リヴァイヴァルという中世風スタイルで建築し、その他の仲間がインテリアや家具などをデザインした。家具や壁紙のデザインが評判よかったので、モリスは会社をつくってそれを売り出した。

中世の職人組合の共同制作を思わせるモリスのデザイン活動はアーツ・アンド・クラフツ運動に発展し、共同制作によるすべての人々のためのアートが掲げられる。そのような精神がモダン・デザインの誕生をもたらしたのである。

ものをつくる共同体の発想から、新しいデザインだけでなく、新しい社会をつくる思想がモリスに目覚め、社会主義に向かい、『ユートピア便り』(1891)を書く。

しかし社会主義的な政治運動に挫折し、モリスは原点にもどって、美しいものをつくる活動にもどり、特にケルムスコット・プレスによる本づくりに関心を傾ける。

モリスが播いたアーツ・アンド・クラフツ運動の種は、ヨーロッパ、アメリカへと広がり、モダン・デザインの花を咲かせる。

ウィリアム・モリスのレッド・ハウス／1859年

壁紙「格子垣（トレリス）」のデザイン／1862年

モリス商会の版木（上）とプリント風景（下）
※モリスの原点は木版と職人による手仕事であった。

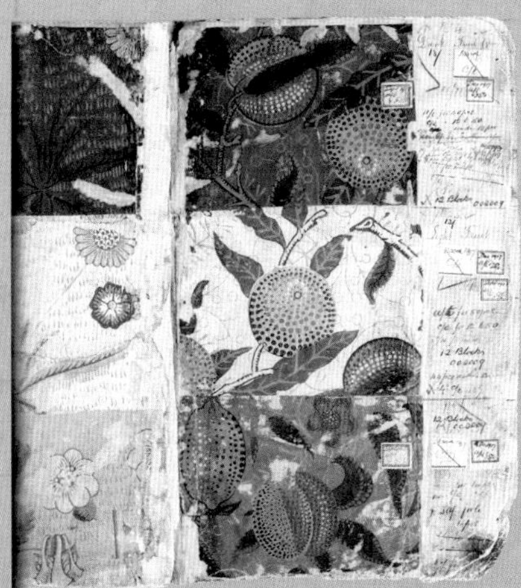

ウィリアム・モリスのノートより
壁紙「果実あるいはざくろ」の配色

『山々の麓』ウィリアム・モリス装幀・文／1890年
※この本をモリスは17世紀以降で最も美しい本であると考えていたという。

RUBÁIYÁT OF OMAR KHAYÁM

Sometimes I think that never blows so red
The rose as where some buried Cæsar bled
That every hyacinth the garden wears
Dropped in its lap from some once lovely head

XIX

And this delightful herb, whose tender green
Fledges the river's lip on which we lean —
Ah, lean upon it lightly! for who knows
From what once lovely lip it springs unseen

XX

Ah, my Beloved, fill the cup that clears
To-day of past regrets, and future fears!
Tomorrow? Why, tomorrow I may be
Myself with Yesterdays seven thousand

RUBÁIYÁT
OF
OMAR KHAYYÁM

1

Awake! for morning in the bowl of night
Has flung the stone that puts the stars to flight;
And lo the Hunter of the East has caught
The sultan's turret in a noose of light.

2

Dreaming when dawn's left hand was in the sky
I heard a voice within the tavern cry,
Awake my little ones and fill the cup
Before Life's liquor in its cup be dry.

3

And as the cock crew, those who stood before
The tavern shouted, Open then the door!
You know how little while we have to stay,

My threadbare penitence apieces tore.

71

And much as wine has played the infidel,
And robbed me of my robe of honour — well,
I often wonder what the vintners buy
One half so precious as the goods they sell.

72

Alas, that Spring should vanish with the rose,
That Youth's sweet-scented manuscript should close
The Nightingale that in the branches sang
Ah whence, and whither flown again, who knows!

73

Ah Love! could thou and I with Fate conspire
To grasp this sorry scheme of things entire,
Would we not shatter it to bits, and then
Remould it nearer to the heart's desire?

Ah Moon of my delight who knowest no wane,
The Moon of Heaven is rising once again:
How oft hereafter rising shall she look
Through this same garden after me — in vain.

75

And when Thyself with shining foot shall pass
Among the guests star-scattered on the grass,
And in thy joyous errand reach the spot
Where I made one — turn down an empty glass!

TAMAM SHUD

## 『オマル・ハイヤムのルバイヤート』1872年｜イギリス

これもモリスのつくった21種の手稿本の1つである。そしてやはりバーン=ジョーンズ夫人ジョージアーナに捧げられている。2人の親密な関係がうかがえる。中世ペルシアの詩人ハイヤームの酒と恋の詩は、19世紀の英国で愛読された。モリスの中世写本のカリグラフィへのあこがれは、後のケルムスコット・プレスの活字デザインにも生きている。

# OMAR KHAYYÁM

And once departed may return no more.

4

Now the new year reviving old desires
The thoughtful soul to solitude retires
Where the White Hand of Moses on the bough
Puts forth, and Jesus from the ground suspires.

5

Iram indeed is gone with all its rose,
And Jamshyd's seven-ringed cup where no one knows,
But still the Vine her ancient ruby yields,
And still a garden by the water blows.

6

And David's lips are locked, but in divine
High-piping Pehlevi with Wine, Wine, Wine,
Red Wine, the Nightingale cries to the Rose
That yellow cheek of hers to incarnadine.

## モリスによる未完の手稿本

'Aeneid'

ARMA VIRUMQUE CANO
TROIÆ QUI PRIMUS AB
ORIS ITALIAM FATO PRO
FUGUS, LAVINAQUE VENIT
LITTORA MULTUM ILLE
ET TERRIS IACTATUS ET
ALTO VI SUPERUM SÆVÆ
MEMOREM IUNONIS OB
IRAM: MULTA QUOQUE
ET BELLO PASSUS DUM
CONDERET URBEM

UT BELLI SIGNUM LAUREN
TI TURNUS AB ARCE EXTU
LIT, ET RAUCO STREPUE
RUNT CORNUA CANTU;
UTQUE ACRES CONCUSSIT
EQUOS, UTQUE IMPULIT
ARMA; EXTEMPLO TUR
BATI ANIMI, SIMUL OM
NE TUMULTU CONJU
RAT TREPIDO LATIUM,
SAEVITQUE JUVENTUS

**『アエネーイス』**1874-1875年｜イギリス

モリスの中世写本へのあこがれはますます高まった。ウェルギリウスの『アエネーイス』はローマ建国伝説物語である。挿絵はバーン=ジョーンズとフェアファクス・マリーが描いた。文字は読みやすいローマン体で、後の〈ゴールデン〉活字に生かされている。まわりのアラベスク文様はクラシックである。残念なことに、半分までしかつくられず、モリスは手稿本から印刷本へ関心を移してゆく。

# イタリック体で書いたローマの詩集

'The Odes of Horace'

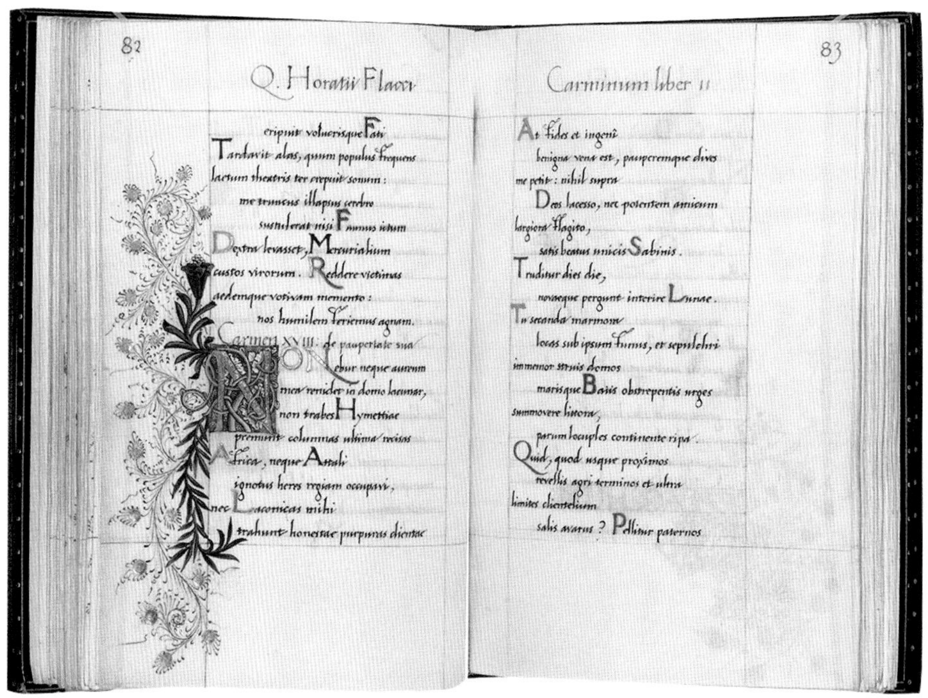


## 『頌詩』1874年｜イギリス

ローマのウェルギリウスと同時代の詩人ホラティウスの詩集である。ここでモリスはイタリックの書体で書いている。斜めに傾けられたイタリックは、より手書きの文字のやわらかい雰囲気を伝えている。モリスはこの本で、イタリア・ルネサンスの写本を参考にして明るい感じを出している。イタリックは活字においても、書き文字の気分を残す書体としてローマン、ゴシックとともに使われている。

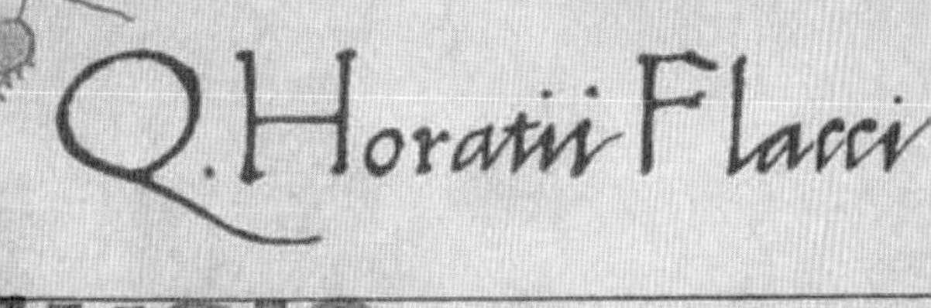


MUSIS amicus tristitiam et metus
tradam protervis in mare Creticum
portare ventis, queis sub Arcto
rex gelidae metuatur orae,
Quid Tiridaten terreat, unice
securus. O quae fontibus integris
gaudes, apricos necte flores,
necte meo Lamiae coronam,
Pimplea dulcis! Nil sine te mei
prosunt honores; hunc fidibus novis
hunc Lesbio sacrare plectro
teque tuasque decet sorores.

Carmen XXVII: ad sodales.

NATUS in usum laetitiae
scyphis
pugnare Thracum est: tollite
barbarum
morem verecundumque Bacchum

# モリスの影響
# プライヴェート・プレスの流行

ケルムスコット・プレスは出版者たちに大きな刺激を与えた。商業的出版ではなく、自分のための、自分の好きな本をつくれる可能性が開けたのだ。プライヴェート・プレスが次々と生まれた。その魅力は紙、活字、挿絵、デザイン、印刷にいたる、本のすべての部分に1人で関われることだ。売れる本ではなく、美しい本をつくろうという意識が目覚める。

ケルムスコットに続いて、1894年、アシェンデン・プレスとエラニー・プレスが設立される。1896年にはヴェール・プレスができた。1900年にはエマリー・ウォーカーとコブデン＝サンダーソンがダヴス・プレスをつくった。プライヴェート・プレスは英国だけでなく、アメリカにも広まっていった。それぞれが独自のタイポグラフィによる個性的な本を出版し、本の〈アート〉の伝統をつくり上げていった。

（上左）『ジェフリー・チョーサー作品集』ケルムスコット・プレス／1896年
（上右）『ダンテ著作集』アシェンデン・プレス／1909年
（下）『英語聖書』（全5巻）ダヴス・プレス／1903-1905年

**01**

## ダヴス・プレス

Doves Press

1900年にエマリー・ウォーカーとコブデン=サンダーソンによって設立された。職人タイプのウォーカーとビジネスマンであったアマチュアのサンダーソンの不思議なコンビである。サンダーソンは本の装幀の仕事をはじめ、モリスと親しくなり、出版に向かった。ダヴス・プレスは読みやすいローマン活字を使い、シンプルで美しい頁をつくった。『英語聖書』はその代表作である。

IN THE BEGINNING GOD CREATED THE HEAVEN AND THE EARTH. ¶AND THE EARTH WAS WITHOUT FORM, AND VOID; AND DARKNESS WAS UPON THE FACE OF THE DEEP, & THE SPIRIT OF GOD MOVED UPON THE FACE OF THE WATERS. ¶And God said, Let there be light: & there was light. And God saw the light, that it was good: & God divided the light from the darkness. And God called the light Day, and the darkness he called Night. And the evening and the morning were the first day. ¶And God said, Let there be a firmament in the midst of the waters, & let it divide the waters from the waters. And God made

『英語聖書』に使われているダヴス・プレスのローマン活字

**02**

## アシェンデン・プレス

Ashendene Press

ケルムスコット、ダヴスとともに、プライヴェート・プレスのトップ・スリーといわれる。1894年、セント・ジョン・ホーンビーが設立した。1900年からケルムスコットで準備されていたスビアコ・タイプを採用し、新しい方向に向かった。イタリア・ルネサンスに発し、明快でシンプルな〈スビアコ〉が『ダンテ著作集』に使われ、新しいタイポグラフィを示している。

IT WAS IN SEPTEMBER, IN A TINY SUSsex town which I had not quitted since the outbreak of the war, & where the advent of our first handful of fugitives before the warning of Louvain & Aerschott & Termonde & Dinant had just been announced. Our small hill-top city, covering the steep sides of the compact pedestal crowned by its great church, had reserved a refuge at its highest point; and we had waited all day, from occasional train to train, for the moment at which we would attest our hospitality. It came at last, but late in the evening, when a vague outside

アシェンデン・プレスが好んだ活字「スビアコ・タイプ」

03

## エラニー・プレス

Eragny Press

ルシアン・ピサロはフランスからやってきた画家で、チャールズ・リケッツと親しく、リケッツのヴェール・プレスに助けられて、1896年にエラニー・プレスをつくった。リケッツのデザインした活字を使っている。ピサロの画家としての趣味が強く出た、絵画的で楽しい本になっている。アール・ヌーヴォー・スタイルである。

HAMLET ou les suites de la piété filiale.
C'est plus fort que moi.

DESAFENEtre préférée, si chevrotante à s'ouvrir avec ses grêles vitres jaunes losangées de mailles de plomb, Hamlet, personnage étrange, pouvait, quand ça le prenait, faire des ronds dans l'eau, dans l'eau, autant dire dans le ciel. Voilà quel fut le point de départ de ses médiations et de ses aberrations.
La tour où, depuis l'irrégulier décès de son père, le jeune prince s'est décidément arrangé pour vivre, se dresse en lépreuse sentinelle oubliée, au bout du parc royal, au bord de la mer qui est à tous. Ce coin de parc est le cloaque où l'on

『道徳的伝説集』ジュール・ラフォルグ著／1897-1898年

04

## ロイクロフト・プレス

Roycroft Press

モリスの〈美しい本〉はアメリカにも大きな影響を与えた。その代表がロイクロフト・プレスで、エルバート・ハバートが1895年に設立した。アメリカのセールスマンであったハバートはモリスに出会い、その思想とアートをアメリカに伝えた。アメリカのアーツ・アンド・クラフツの運動家として活動し、出版と家具デザインの工房ロイクロフト・ショップを開いた。モリスの娘のメイなどからは、モリスの思想の通俗化として信用されなかったようだが、ともかく、アーツ・アンド・クラフツをアメリカ化し、大衆化した。ロイクロフトは、新宗教的な共同体のようなメンバー制の工房であったらしい。その評価は分かれているが、ともかく、モリスの精神の大衆文化的な面はあらわしていた。モリスのデザインは、アメリカでポップ・デザインへと変化したのである。

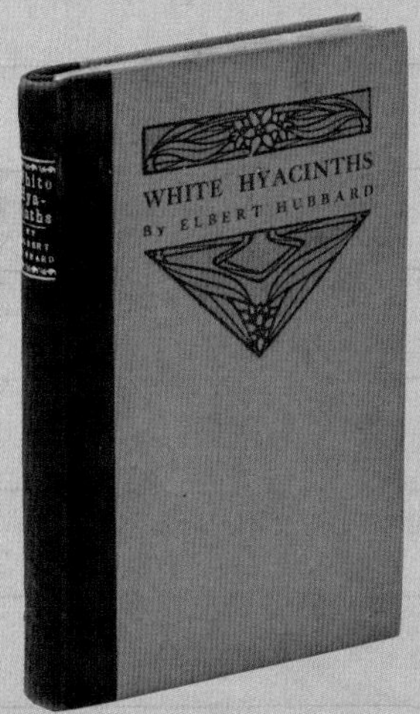


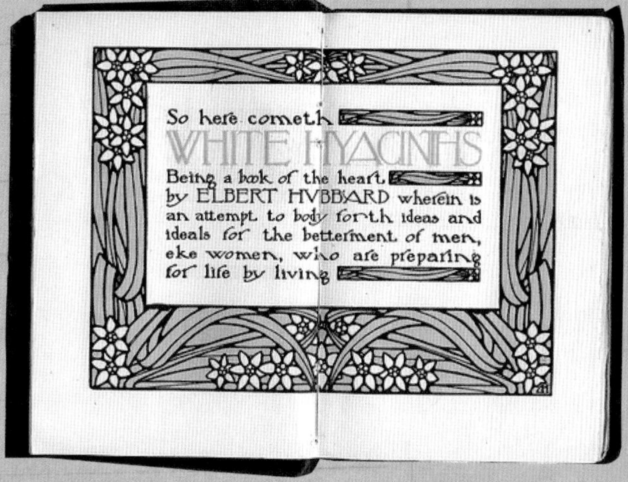


『白いヒヤシンス』エルバート・ハバート著
ダード・ハンター画／1907年

ケルム・スコットプレスのプリンターズ・マーク（左）とそれに倣った
ロイクロフト・プレスのプリンターズ・マーク（右）

Chapter

♦

V. 19世紀末

# 出版文化の高まり 世紀末の本

## V. LATE 19TH CENTURY

# The Culture of Printing at its Zenith: The Fin de Siècle Book

The fin de siècle period, or about 1900, saw a major change in both techniques for making books and in the visual arts. With the emergence of the photograph as a new rival to the illustration, illustrations made a display of their creativeness.

---

ウィリアム・モリスの〈美しい本〉という造本革命は19世紀末に大きな花を咲かせた。1900年前後は、本をつくる技術、そして美術の両面において大きな変換期であった。写真技術、製版技術の発達によって、カラー印刷が可能となり、色鮮やかな本がつくれるようになった。

本を読む人たちも大きく変化した。女性と子どもという新しい読者があらわれた。子どもの絵本、女性のファッションの本などがにぎやかに登場する。

挿絵などの視覚的な要素が印刷しやすくなり、挿絵の黄金時代が世紀末からはじまる。世紀末に登場するのはアール・ヌーヴォー・スタイルである。女性的、植物的な曲線が時代をあらわしている。

世紀末は、挿絵と写真の葛藤の時代であり、挿絵が最後のにぎわいを見せていた。20世紀の半ばになると写真が支配的になってしまう。世紀末の本では挿絵が写真という新しいライヴァルの登場に対抗して、その表現を見せつけようとしている。

オーブリー・ビアズリーの挿絵はその最もいい例である。それまでの表現をこえるデカダンスでスキャンダラスなイメージは時代を切り裂いた。

英国では出版文化は世紀末に最高潮に達した。プライヴェート・プレスの〈美しい本〉の刺激で、一般の本のデザインもよくなった。フランスでは、ロートレックからアルフォンス・ミュシャにいたる、より絵画性の強い本が出されたが、英国のような、きちんとした活字のレイアウトによる、すぐれたデザインの本は少なかった。1920年代ごろまで、出版文化は英国が中心であった。

世紀末は、ぜいたくな〈美しい本〉のための〈ベル・エポック（よき時代）〉であった。手の仕事と印刷技術が絶妙のバランスを保っていた。第一次世界大戦は、その時代を終わらせる。

## モリスの「悪魔の弟子」が生んだ世紀末の話題作

'Salome'

**『サロメ』**オスカー・ワイルド著｜オーブリー・ビアズリー画｜1894年｜イギリス

ビアズリーはウィリアム・モリスの鬼子といえるかもしれない。モリスの中世的世界で育ったが、その古きよき時代を壊してしまった。モリスは『ジェフリー・チョーサー作品集』のバーン＝ジョーンズの挿絵を上品すぎると思っていた。もしビアズリーだったら、モリスの予想以上にもっとデカダン（頽廃的）な挿絵になったろう。『サロメ』の絵はそんなことを想像させる。

The Yellow Book

An Illustrated Quarterly

Volume III October, 1894

London : John Lane, The Bodley Head, Vigo Street
Boston : Copeland & Day
Agents for the Colonies : Robt. A. Thompson & Co.

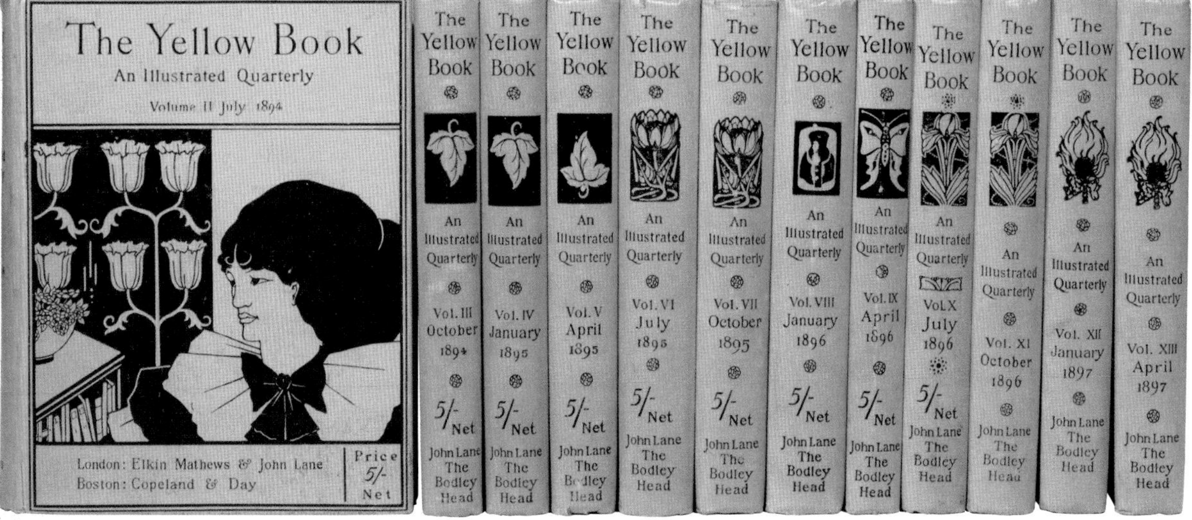

**雑誌『イエロー・ブック』**1894年4月創刊｜イギリス

ビアズリーの雑誌『イエロー・ブック』は、モリスのケルムスコット・プレスと同時代である。しかし両者の間には大きなちがいがある。モリスの〈美しい本〉に対するビアズリーの〈頽廃（デカダン）〉という趣味のちがいはもちろんとして、モリスの手彫りの製版に対して、ビアズリーは機械的な製版を使っている。エリート的なモリスと大衆的な方法を受け入れるビアズリーが、ともに〈世紀末〉で活動している。

# 世紀末のブック・デザイン

世紀末は変わり目であり、モリスとビアズリーはその両極を示していた。時代は、エリートのための手づくりの本と新しく登場してきた大衆的な読者のための本の両方を求めたのである。『アーサー王の死』はサー・マロリーのアーサー王伝説物語詩を、デントがより大衆版として出版したものである。ビアズリーはバーン＝ジョーンズ風の挿絵を求められた。彼はラファエル前派風のスタイルで描いたが、表紙のデザインは、より様式化され、モリスの植物文様を脱したアール・ヌーヴォー・スタイルにしている。

この傾向はチャールズ・リケッツにも見られる。J・A・シモンズ『青の基調で』、『オスカー・ワイルド詩集』などで、内部の挿絵は、ラファエル前派風の写実的な絵であるが、表紙は、抽象的ともいえるほど様式化されたアール・ヌーヴォー・スタイルの花文様になっている。

『オスカー・ワイルド詩集』
チャールズ・リケッツ装幀／1892年

『青の基調で』J・A・シモンズ著
チャールズ・リケッツ装幀／1893年

ビアズリーによる『アーサー王の死』の表紙／1893-1894年

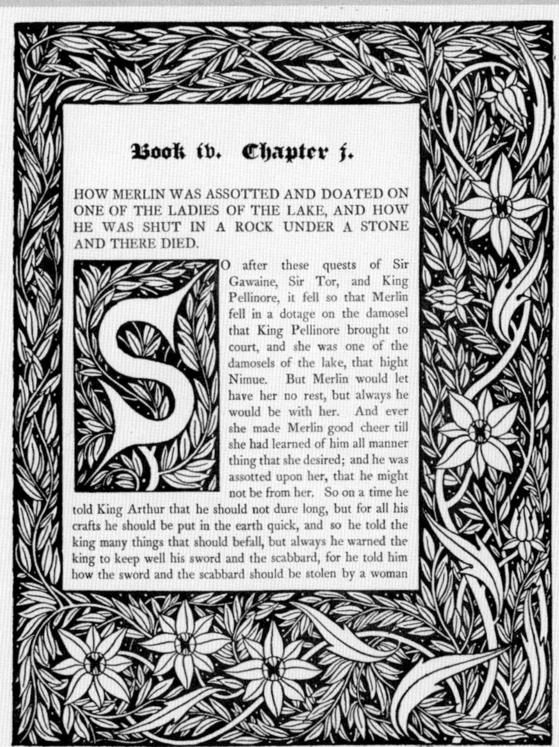

**Book iv. Chapter j.**

HOW MERLIN WAS ASSOTTED AND DOATED ON ONE OF THE LADIES OF THE LAKE, AND HOW HE WAS SHUT IN A ROCK UNDER A STONE AND THERE DIED.

SO after these quests of Sir Gawaine, Sir Tor, and King Pellinore, it fell so that Merlin fell in a dotage on the damosel that King Pellinore brought to court, and she was one of the damosels of the lake, that hight Nimue. But Merlin would let have her no rest, but always he would be with her. And ever she made Merlin good cheer till she had learned of him all manner thing that she desired; and he was assotted upon her, that he might not be from her. So on a time he told King Arthur that he should not dure long, but for all his crafts he should be put in the earth quick, and so he told the king many things that should befall, but always he warned the king to keep well his sword and the scabbard, for he told him how the sword and the scabbard should be stolen by a woman

ビアズリーによる『アーサー王の死』の装飾
初期の頃はバーン=ジョーンズやモリスの影響が色濃い

**Caxton's Preface**
**to the**
**Edition of mcccclxxxv.**

AFTER that I had accomplished and finished divers histories, as well of contemplation as of other historical and worldly acts of great conquerors and princes, and also certain books of ensamples and doctrine, many noble and divers gentlemen of this realm of England came and demanded me, many and ofttimes, wherefore that I have not do made and imprinted the noble history of the Sangreal, and of the most renowned Christian king, first and chief of the three best Christian and worthy, King Arthur, which ought most to be remembered among us English men tofore all other Christian kings. For it is

ビアズリーによる『アーサー王の死』の装飾
次第に余白を生かしたモダンな独自のスタイルを築いていく

Topics
5

# ポルノグラフィ 秘密の読書

## PORNOGRAPHY SECRET READING

ポルノグラフィは禁じられた本や絵である。ポルノグラフィだから禁じられているのか、禁じられているからポルノグラフィなのかは微妙である。禁じられると、よけいにのぞきたくなる。

なぜポルノグラフィは禁じられるのか。〈ワイセツ〉だからである。しかしポルノグラフィは〈ワイセツ〉でよくないものという意味で使われるようになったのは19世紀になってかららしい。つまり〈ワイセツ〉が悪いというのも近代の見方なのだ。それ以前はワイセツ本は宗教的異端、急進的思想などと一緒に禁じられていたのである。

ポルノグラフィをエロティックな本としておおまかに考えれば、16世紀のイタリアのピエトロ・アレティーノの『ラジョナメンティ』、『淫蕩ソネット集』が先駆的作品とされている。性交の体位を描いた版画がつけられていた。この版画だけが何度も出版された。その後、1740年代に、クレビヨン・フィスの『ソファ』やジョン・クレランド『ファニー・ヒル』のようなポルノ小説の古典が出た。そして19世紀にポルノ大流行の時代に入る。ポルノ、ワイセツはいけないという禁止が強まったことが、逆に地下的なポルノ産業を大きくしてしまったのである。禁じられるほど、人は秘密の読書に魅せられるらしい。

『ラジョナメンティ』
ピエトロ・アレティーノ著
※ポール＝エミール・ベカによる1936年の再現版

# THE 20TH CENTURY

## 20世紀

Chapter

◆

## Ⅵ. 20世紀

# 世紀末から新しい時代へ

## Ⅵ. THE 20TH CENTURY

# From the Fin de Siècle to a New Age

The Paris World's Fair of 1900 had a huge impact on the culture of publishing. People from throughout the world met in Paris and exchanged information in real time. The result was a twentieth-century conception of the beautiful book, shared throughout the world.

---

1900年にパリで開かれた万国博覧会は、出版文化にも大きな影響を与えた。世界中の人々がパリで出会った。そこではアール・ヌーヴォーという最新のスタイルが華やかにお披露目されていた。人々はその情報を自国に持ち帰った。どのようにか、というとプログラム、ポスター、絵はがき、雑誌、本などの紙の印刷物によってであった。アール・ヌーヴォーというグラフィック・アートは、それまでのアート・スタイルなどとは比べものにならないスピードで世界中に、同時的に伝わったのである。アルフォンス・ミュシャのアール・ヌーヴォー・デザインも一気に日本までやってきた。

世紀末にはじまった挿絵本ブームは1910年代にピークに達し、挿絵の黄金時代といわれる。アメリカが〈美しい本〉の新しいマーケットとなる。

1920年代に、19世紀の古い時代は完全に去り、アール・ヌーヴォーに代わってアール・デコのスタイルに変わった。アール・デコはキュビスムなどのモダン・アートの表現を反映し、直線的、幾何学的なコンパクトなデザインを生み出した。

モリスの〈美しい本〉、そしてそこから生まれたモダン・デザインの意識は、20世紀の世界同時的な情報交通の中で、世界共通の〈本〉のイメージをつくり出していった。

世界共通の〈本〉のイメージ、〈美しい〉への意識によって、本の世界史が浮かんでくる。私たちは世界中の本の歴史をたどり、中世の写本やグーテンベルク聖書、そしてロシア・アヴァンギャルドの本、ピカソやマティスのアーティスト・ブックなどのパノラマを楽しむことができるようになった。

この本で語ろうとしたのは、そのような〈美しい本〉の世界史であり、本の宇宙の旅なのだ。

**『主の祈り』**アルフォンス・ミュシャ画｜1899年｜フランス

中世写本の祈禱書にならってミュシャがつくった世紀末の祈禱書である。円や四角、星形などを組み合わせた、平面的な図形は神秘主義的、象徴主義的である。そして写実的ではあるが幻想的な頁、文字と装飾の頁などがちりばめられている。アール・ヌーヴォーのピークを飾る視覚的なパノラマのような美しい本である。まるで宝石のようなきらめきを持っている。

LE PATER
COMMENTAIRE ET COMPOSITIONS
DE
A. M. MUCHA
F. CHAMPENOIS
IMPRIMEUR-ÉDITEUR
H. PIAZZA & Cie
« L'ÉDITION D'ART »

AMEN
AINSI SOIT-IL

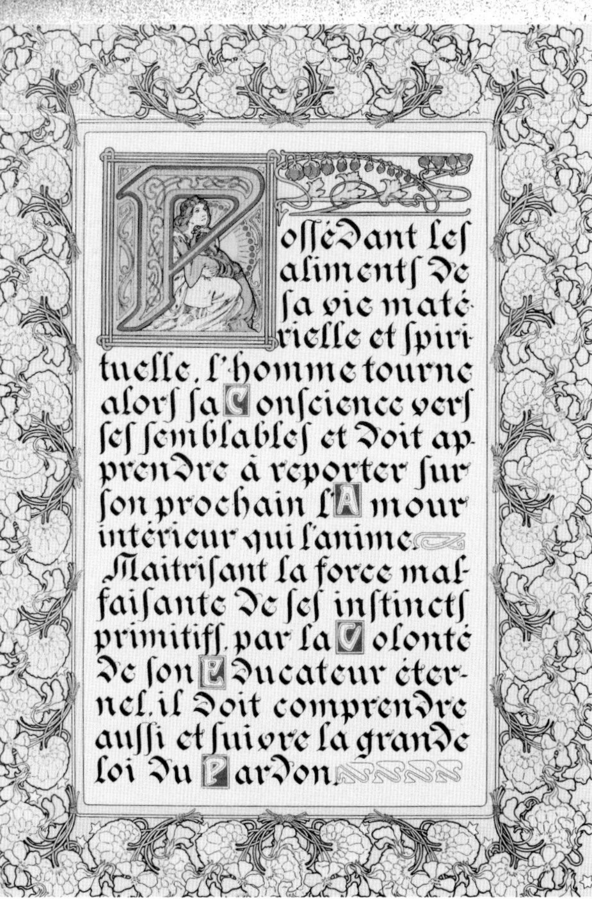
Possédant les aliments de la vie matérielle et spirituelle, l'homme tourne alors sa Conscience vers ses semblables et doit apprendre à reporter sur son prochain l'Amour intérieur qui l'anime.
Maitrisant la force malfaisante de ses instincts primitifs, par la Volonté de son Educateur éternel, il doit comprendre aussi et suivre la grande loi du Pardon.

NE NOS IN
DUCAS IN
TENTATIO
NEM SED LIBERA
NOS A MALO.
NE NOUS
LAISSEZ PAS SUCCOM-
BER A LA TENTATION MAIS
DÉLIVREZ-NOUS DU MAL.

En conscience absolue de lui-même, maintenant l'homme s'avance, dans le rayon de clarté entrevue, vers l'Idéal, Foyer lumineux qui l'attire.
Sa volonté, aidée et dirigée par la sollicitude de son Guide Divin, traverse les embûches des démons malfaisants; et il arrive enfin, purifié de la matière, et libre, face à face avec l'Etre Suprême qui l'a éveillé à la vie.

DIMITTE NO
BIS DEBITA
NOSTRA SICUT
ET NOS DIMITTIMUS
DEBITORIBUS
NOSTRIS
PARDONNEZ-
NOUS NOS OFFENSES
COMME NOUS PARDONNONS A
CEUX QUI NOUS ONT OFFENSÉS

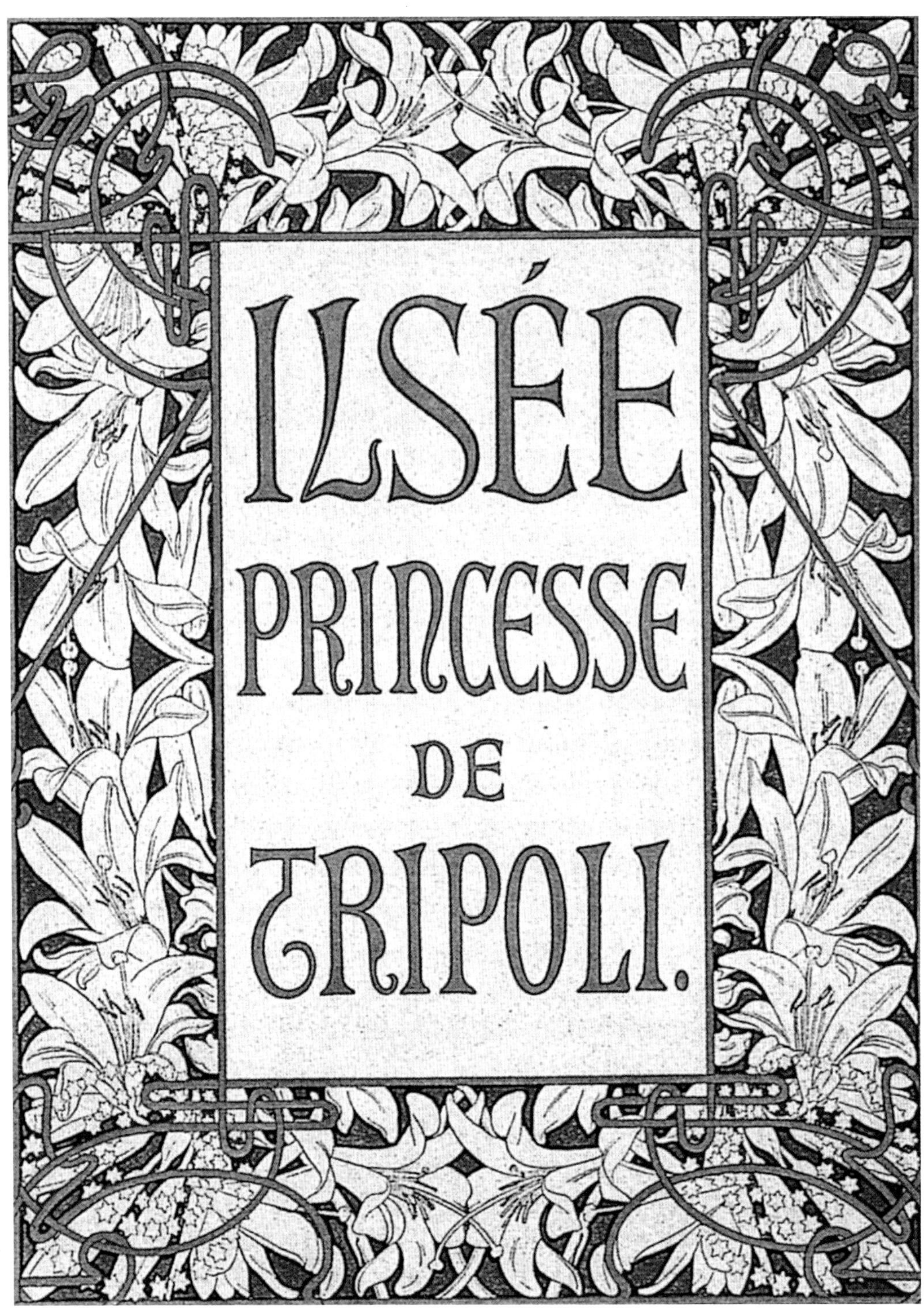


『トリポリの姫君 イルゼ』アルフォンス・ミュシャ画｜1901年｜フランス

エドモン・ロスタンの戯曲をもとにした物語で、ミュシャが全頁に134点のカラー・リトグラフの挿絵をつけた豪華本で、すべてをアール・ヌーヴォーで飾った最初の本ともいわれている。『主の祈り』では中世風のゴシック体の活字が使われたが、ここでは現代的なローマン体が使われ、新しい時代の本であることを示している。

## CHAPITRE I

Depuis une saison que les pèlerins avaient quitté le territoire de Blaye, Jaufré Rudel avait vu lentement se préciser sa vision. Maintenant il connaissait son visage, la profondeur de ses yeux, la douce beauté de ses regards. Si réellement une femme vivait quelque part, dont cette forme n'eut été que l'émanation et qu'elle se fût présentée à lui, il l'eut reconnue tout de suite. Il se fut élancé vers elle et prosterné à ses genoux, baisant ses pieds et assurant son cœur de son éternel amour.

Mais cependant la dame du Rêve ne lui apparaissait plus seule.

— Mais, poursuivit-elle, ce n'est pas là le souci qui m'occupe aujourd'hui. Ce qui me chagrine, ce qui met sur mes yeux comme un voile, c'est une souffrance moins triste et plus pénible, puisqu'il s'agit d'une réalité. Ce n'est, pour ainsi dire, que le dessus de mon cœur qui est intéressé. Mon père, que j'aime puisqu'il est mon père, veut me forcer à prendre un époux.

— Un époux! Mais j'y ai souvent rêvé, princesse, et je ne sache pas qu'il y ait là de quoi tant vous alarmer.

— Djeldah, Djeldah, continua Ilsée, tu ne sais pas ce que tu dis. Ta joyeuse et charmante petite âme s'est plue à toutes les joies de la route pour s'en réjouir, à toutes les misères pour les consoler. Mais, tu n'as

reçoivent leurs plaintes hautaines, leurs musicales confidences et qui ne les comprennent point, bien qu'en leur profondeur, dans les veines roses de leurs blocs, coure le sang divin de quelque déesse antique.

A peine la princesse eut-elle pénétré dans un large vestibule, qu'une esclave syrienne vint l'avertir que le seigneur son père et trois étrangers l'attendaient pour lui rendre visite.

— Ils apportent de nombreux présents, ajouta l'esclave, et ils sont suivis de plus de douze mules chargées de riches étoffes; des serviteurs nubiens portent des coffrets de fer et vous aurez, princesse, de belles parures, car on ne fait point de coffrets en fer si ce n'est pour renfermer les bijoux d'or.

sur une côte lointaine, toute baignée de claire lumière ; il la verrait, oh oui, il la verrait, et il éprouvait confusément la joie de la certitude, de la réalité, sans que s'évanouisse la mélancolie du rêve.

« Je partirai, s'écria Jaufré, j'irai par les routes de la mer vers les « rives où elle habite ; la vie me quittera bientôt. Mais je veux suivre « les destinées méditées par le ciel et j'irai, non point tout d'abord vers le « palais de la vision, — je n'ose encore lui donner son nom véritable, — « mais, la poitrine barrée de la croix de laine rouge, vers les saintes « montagnes de Judée. Ne faut-il point toujours, quel qu'en soit l'objet,

CHAPITRE I

Sous la fureur du soleil africain, à travers les bois où les palmes tranquilles se découpaient en sombre verdure sur l'horizon, une troupe de jeunes femmes s'avançait, rieuse et bavarde.

— Quand serons-nous à la mer? demanda l'une d'elles?

— Lorsque le soleil sera juste au-dessus de nos têtes, répondit l'une de ses compagnes.

— Nous serons en retard, poursuivit une autre, la princesse nous aura devancées.

— Tu es trop amoureuse, acheva une quatrième. Les biches qui

Tendue vers elle il voyait parfois une tête grimaçante; il pensa que c'était la figure de son désir.

Il avait abandonné les longues promenades d'autrefois. Il lui arrivait maintenant d'abattre du bout de sa dague toutes les fleurs d'églantier que jadis il protégeait même contre la voracité des oiseaux du ciel, et les pâles renoncules de l'automne, rendues plus touchantes par la mort prochaine, ne trouvaient pas grâce devant lui. Autour du visage diaphane de sa vision, les lys jadis triomphants, jadis de neige et d'or étaient maintenant fanés, leurs parfums oubliés s'étaient envolés sous le souffle trop violent de la vie. La chimère du vitrail de la chapelle avait perdu sa muselière de roses.

Jaufré pensait autrefois que la véritable poésie ne devait pas être fixée, pas écrite, et

plus beaux encore. Fut-il agenouillé près de celle pour qui il aimerait à mourir, il ira jusqu'à trahir ses serments et, armé du glaive vengeur, il traversera les Océans pour conquérir cette terre lointaine, où mourut supplicié sur une croix de bois, entre deux voleurs, Celui qui devait racheter le monde.

Nous-mêmes, munis seulement de la gourde du pèlerin, nous avons foulé de nos pieds et arrosé de nos larmes les vallées arides et les roches escarpées, où saignèrent jadis les pieds meurtris de Notre-Seigneur le Christ.

— Oh! dites-moi, dites-moi, interrompit Ilsée, les douloureuses stations de votre voyage; je voudrais deviner les lignes indécises de ces montagnes mystérieuses, aux heures où sur le bord des flots, mon regard

Je suis la servante des fleurs. Je vous apporte des roses et des violettes. »

Et ce fut vraiment par les fleurs, l'extrême-onction du Rêve.

Ilsée fit enterrer le corps de son cher seigneur dans un simple tombeau de porphyre brut; elle n'eut point besoin d'en fleurir les alentours, une forêt de lys y poussa en une seule nuit.

La princesse de Tripoli se retira dans un de ces monastères que des femmes d'Europe avaient fondés sur la côte africaine.

Elle y vécut dans la prière du seul souvenir de son rêve . . . . . . .

Longtemps, dans la ville de Blaye, on attendit le retour du jeune seigneur et le château désert s'écroulait lentement dans l'eau noire

## CHAPITRE II

Les pèlerins, en achevant leurs saints cantiques, pénétrèrent dans la salle basse du château. Jaufré, avec transport, les serra entre ses bras; mais il s'aperçut que des larmes coulaient de leurs yeux :

« Eh quoi, s'écria-t-il, me rapportez-vous donc de votre pieux voyage quelque funeste prédiction ? »

— « Maître, dit le plus vieux des pèlerins, c'est avec une profonde douleur, malgré la joie de retrouver mes enfants qui m'attendent serrés autour du foyer, que je viens te dire le silence de Notre-Seigneur lorsque nous lui avons demandé pour toi la grâce de sa lumière. »

des fossés. Eymardine l'avait abandonné pour aller s'enfermer dans un cloître. Un soir, en effet, la jeune fille s'étant approchée trop près de la chaumière fleurie où habitait le chanteur inconnu, la vitre se brisa, les fleurs de la chaumière disparurent, et Eymardine n'eut devant les yeux qu'une masse de sable et de boue . . . . . . . . . . . . . . .

Et tandis qu'en l'ombre pieuse du monastère, sur les yeux charmants d'Ilsée, le Rêve posait ses doigts de fraîche lumière, l'amertume des larmes voila les regards d'Eymardine, jusqu'au jour où la mort abaissa leurs paupières pour l'éternel sommeil.

cheveux, j'en ai semé la route, et j'en glorifie la croix rouge que vous portez sur votre cœur qui ne bat plus qu'à peine. Ma pensée, toujours tournée vers les rivages lointains du pays de France, a semé dans les parterres de mes jardins ces roses et ces violettes; c'est véritablement elle qui fit naître leurs moissons modestes et parfumées, et chaque fois que, loin de moi, vous respiriez leur parfum, elles croissaient, humides de rosée, à l'ombre des palmes immobiles. Elles m'ont dit vos souffrances, elles m'ont dit de vous aimer et pour cela elles m'ont révélé tout ce qu'elles savaient de votre cœur et de votre âme. Les fleurs ont des voix, des voix lointaines et doucement graves. Je leur ai obéi.

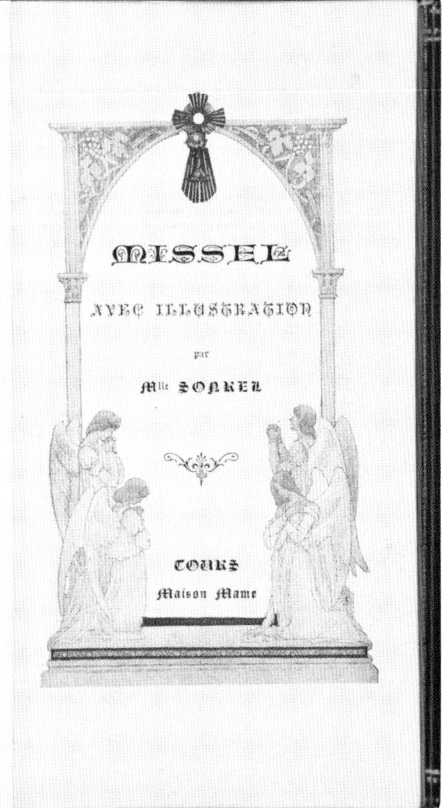

MISSEL

AVEC ILLUSTRATION

par

Mlle SONREL

TOURS

Maison Mame

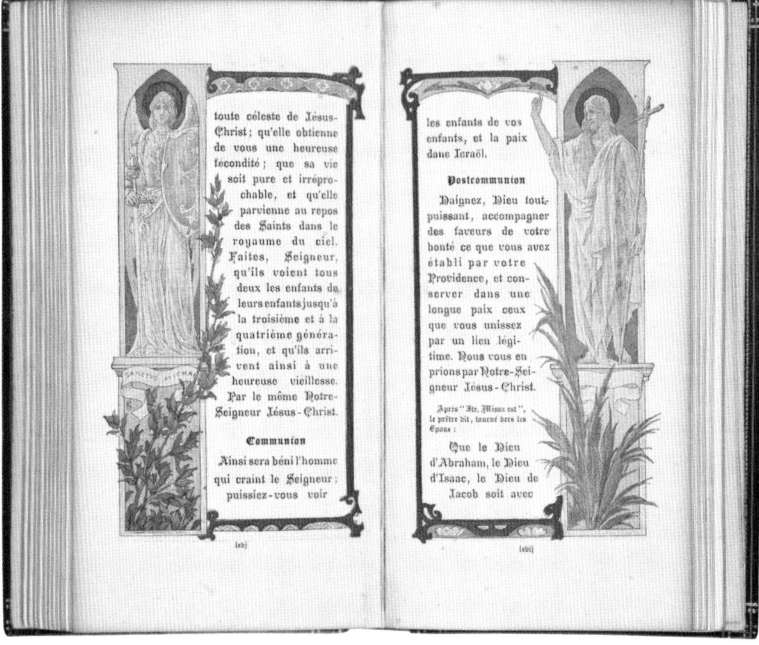

toute céleste de Jésus-Christ; qu'elle obtienne de vous une heureuse fécondité; que sa vie soit pure et irréprochable, et qu'elle parvienne au repos des Saints dans le royaume du ciel. Faites, Seigneur, qu'ils voient tous deux les enfants de leurs enfants jusqu'à la troisième et à la quatrième génération, et qu'ils arrivent ainsi à une heureuse vieillesse. Par le même Notre-Seigneur Jésus-Christ.

**Communion**

Ainsi sera béni l'homme qui craint le Seigneur; puissiez-vous voir

[lxvj]

les enfants de vos enfants, et la paix dans Israël.

**Postcommunion**

Daignez, Dieu tout-puissant, accompagner des faveurs de votre bonté ce que vous avez établi par votre Providence, et conserver dans une longue paix ceux que vous unissez par un lien légitime. Nous vous en prions par Notre-Seigneur Jésus-Christ.

Après "Ite, Missa est", le prêtre dit, tourné vers les Époux :

Que le Dieu d'Abraham, le Dieu d'Isaac, le Dieu de Jacob soit avec

[lxvij]

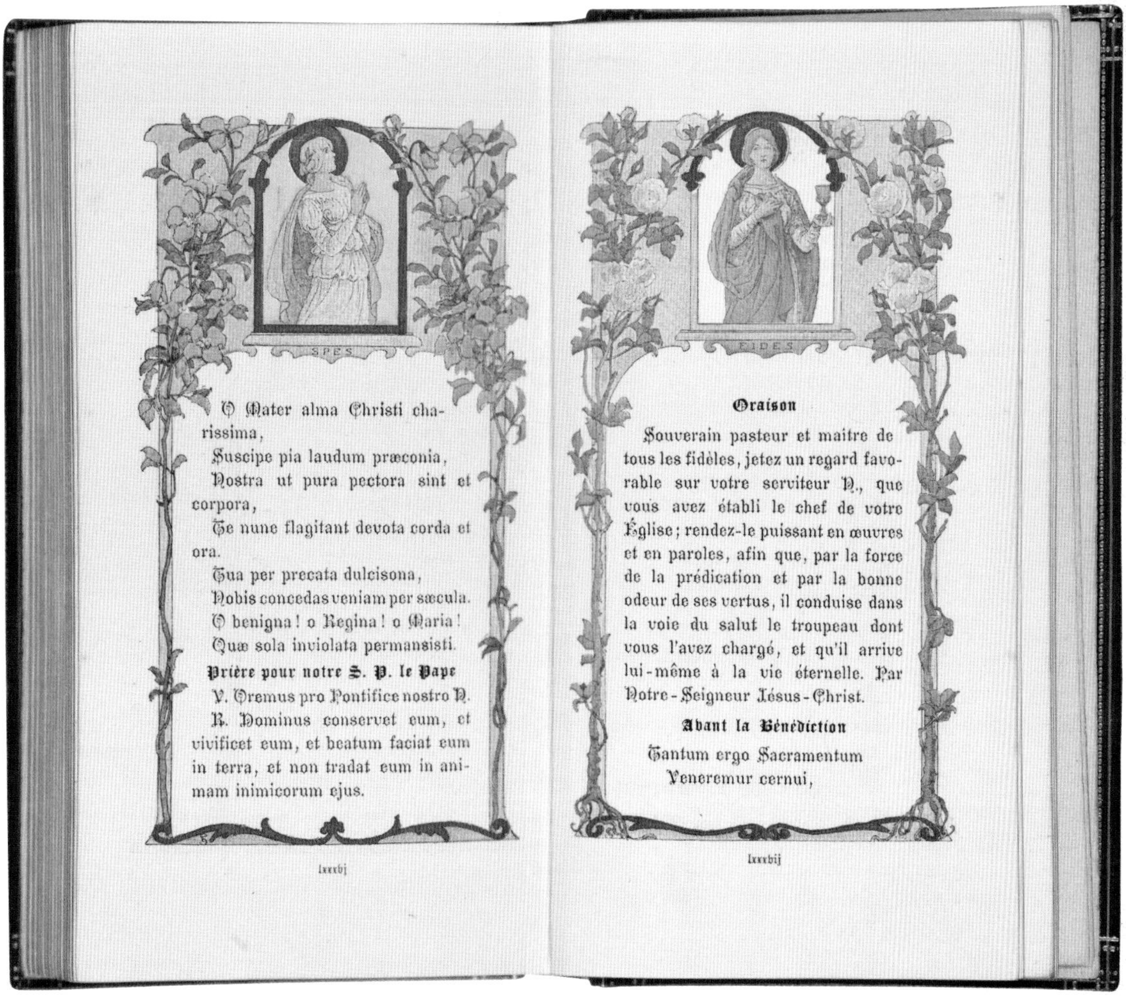

SPES

O Mater alma Christi charissima,
Suscipe pia laudum præconia,
Nostra ut pura pectora sint et corpora,
Te nunc flagitant devota corda et ora.
Tua per precata dulcisona,
Nobis concedas veniam per sæcula.
O benigna ! o Regina ! o Maria !
Quæ sola inviolata permansisti.

**Prière pour notre S. P. le Pape**

V. Oremus pro Pontifice nostro N.
R. Dominus conservet eum, et vivificet eum, et beatum faciat eum in terra, et non tradat eum in animam inimicorum ejus.

lxxxvj

FIDES

**Oraison**

Souverain pasteur et maître de tous les fidèles, jetez un regard favorable sur votre serviteur N., que vous avez établi le chef de votre Église ; rendez-le puissant en œuvres et en paroles, afin que, par la force de la prédication et par la bonne odeur de ses vertus, il conduise dans la voie du salut le troupeau dont vous l'avez chargé, et qu'il arrive lui-même à la vie éternelle. Par Notre-Seigneur Jésus-Christ.

**Avant la Bénédiction**

Tantum ergo Sacramentum
Veneremur cernui,

lxxxvij

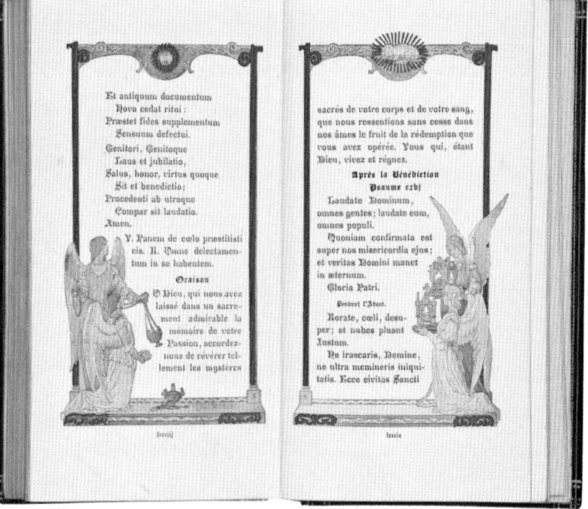
Et antiquum documentum
Novo cedat ritui :
Præstet fides supplementum
Sensuum defectui.
Genitori, Genitoque
Laus et jubilatio,
Salus, honor, virtus quoque
Sit et benedictio;
Procedenti ab utroque
Compar sit laudatio.
Amen.
V. Panem de cœlo præstitisti eis. R. Omne delectamentum in se habentem.

**Oraison**

O Dieu, qui nous avez laissé dans un sacrement admirable la mémoire de votre Passion, accordez-nous de révérer tellement les mystères

sacrés de votre corps et de votre sang, que nous ressentions sans cesse dans nos âmes le fruit de la rédemption que vous avez opérée. Vous qui, étant Dieu, vivez et régnez.

**Après la Bénédiction**
**Psaume cxvj**

Laudate Dominum, omnes gentes; laudate eum, omnes populi.
Quoniam confirmata est super nos misericordia ejus; et veritas Domini manet in æternum.
Gloria Patri.

Pendant l'Avent.

Rorate, cœli, desuper; et nubes pluant Justum.
Ne irascaris, Domine, ne ultra memineris iniquitatis. Ecce civitas Sancti

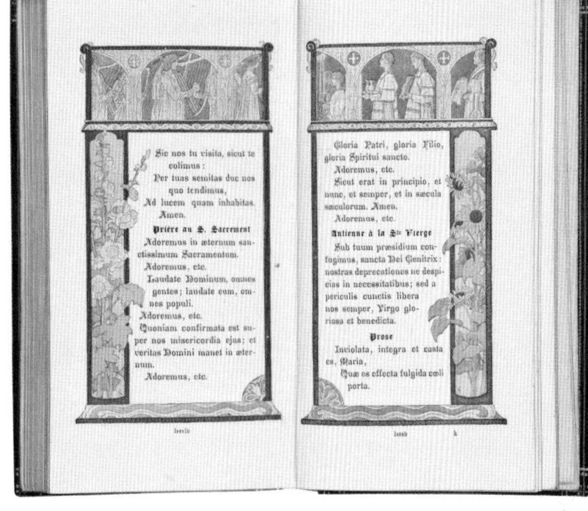
Sic nos tu visita, sicut te colimus :
Per tuas semitas duc nos quo tendimus,
Ad lucem quam inhabitas.
Amen.

**Prière au S. Sacrement**

Adoremus in æternum sanctissimum Sacramentum.
Adoremus, etc.
Laudate Dominum, omnes gentes; laudate eum, omnes populi.
Adoremus, etc.
Quoniam confirmata est super nos misericordia ejus; et veritas Domini manet in æternum.
Adoremus, etc.

Gloria Patri, gloria Filio, gloria Spiritui sancto.
Adoremus, etc.
Sicut erat in principio, et nunc, et semper, et in sæcula sæculorum. Amen.
Adoremus, etc.

**Antienne à la Ste Vierge**

Sub tuum præsidium confugimus, sancta Dei Genitrix : nostras deprecationes ne despicias in necessitatibus; sed a periculis cunctis libera nos semper, Virgo gloriosa et benedicta.

**Prose**

Inviolata, integra et casta es, Maria,
Quæ es effecta fulgida cœli porta.

**『ミサ典』**エリザベス・ソンレル画｜1909年｜フランス

キリスト教のミサの時に使われる教典。19世紀末から女性のイラストレーターが活躍するようになるが、これもその一例である。スタイルは写実的でおとなしいが、さわやかで繊細な雰囲気を漂わせていて、女性たちの祈りにふさわしい本となっている。アール・ヌーヴォー周辺の自然で親しみのある描き方である。

## MARIENKIND.

DIE MUTTER GOTTES- DIE IM HIMMEL THRONT-
STIEG EINST HERNIEDER IM MARIENMOND-
AUS GOLDNEM FÜLLHORN STREUEND IHREN SEGEN.
SIE KAM ZU EINEM MANN- DER HUNGER LITT-
UND SPRACH: GIB MIR DEIN KIND- ICH WILL ES PFLEGEN.
ER WAR'S ZUFRIEDEN UND SIE NAHM ES MIT.

EI- WIE'S DEM KIND IM HIMMEL WOHLGEFIEL!
DIE LIEBEN ENGLEIN HALFEN IHM BEIM SPIEL
UND TRANKEN MILCH MIT IHM AUS GLEICHER SCHÜSSEL.
MARIA GAB MIT MILDEM ANGESICHT
ZU DREIZEHN HIMMELSTÜREN IHM DEN SCHLÜSSEL:
ZWÖLF DARFST DU ÖFFNEN- NUR DIE LETZTE NICHT.

WAR DAS ERLAUBTE VON SO LICHTEM SCHEIN-
WIE SCHÖN ERST MUSSTE DAS VERBOT'NE SEIN! -
SCHLIMM WAR DEM KIND ZU MUT- ALS GLANZUMFLÖSSEN
MARIAS AUGEN AUF SIE NIEDERSAH'N:
HAST DU DIE LETZTE TÜR NICHT AUFGESCHLOSSEN?
DA LOG ES: NEIN- DAS HAB' ICH NICHT GETAN.

VERBANNT- VERTRIEBEN AUS DES HIMMELS SCHOSS
IN EINER WÜSTE WUCHS DAS MÄGDLEIN GROSS.
EIN PRINZ- DER SIE GEFUNDEN IN DER WILDNISS-
WOB LIEBEND IHR DEN MYRTENKRANZ UMS HAUPT;
SIE WARD SEIN WEIB- SCHÖN WIE EIN ENGELSBILDNIS;
JEDOCH DER SPRACHE BLIEB IHR MUND BERAUBT.

STETS- WENN EIN KINDLEIN SIE ZUR WELT GEBRACHT-
ERSCHIEN DIE MUTTER GOTTES IHR ZUR NACHT:
HAST DU DIE LETZTE TÜR NICHT AUFGESCHLOSSEN?
SIE SAGTE: NEIN- DAS HAB' ICH NICHT GETAN.
DA NAHM MARIA IHR DEN JÜNGSTEN SPROSSEN
UND TRUG IHN FORT AUF UNSICHTBARER BAHN

DIE KÖNIGIN- DER JEDES KIND VERSCHWAND-
WARD SCHULDIG SCHWARZER HEXENKUNST ERKANNT.
DER KÖNIG KONNT' IHR LEBEN NICHT ERKAUFEN;
ERST ALS GEFESSELT AUS DEM KERKERLOCH
SIE WARD GESCHLEPPT ZUM GROSSEN SCHEITERHAUFEN-
RIEF SIE: MARIA- HÖR'- ICH TAT ES DOCH!

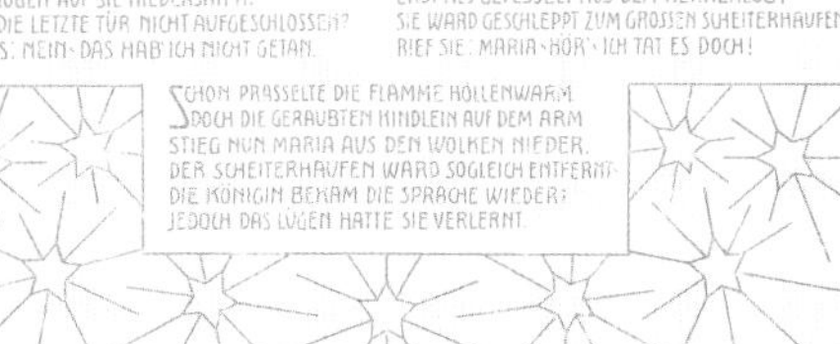

SCHON PRASSELTE DIE FLAMME HÖLLENWARM
DOCH DIE GERAUBTEN KINDLEIN AUF DEM ARM
STIEG NUN MARIA AUS DEN WOLKEN NIEDER.
DER SCHEITERHAUFEN WARD SOGLEICH ENTFERNT-
DIE KÖNIGIN BEKAM DIE SPRACHE WIEDER;
JEDOCH DAS LÜGEN HATTE SIE VERLERNT.

## HÄNSEL UND GRETEL.

WEIHNACHTSBÄUME- KINDERTRÄUME!
DURCH DES HAUSES TRAUTE RÄUME
HUSCHT GEHEIMER GEISTER SCHAR.
ALLE PÄCKE SIND VERSIEGELT-
ALLE TÜREN SIND VERRIEGELT-
UND DIE MÄRCHEN WERDEN WAHR.

ALL IHR HÄNSCHEN- ALL IHR GRETCHEN-
WACKRE BUBEN- BRAVE MÄDCHEN-
FREUT EUCH- DASS IHR SEID ZU HAUS;
DASS IHR NICHT BEI SCHLIMMEN WETTERN
MÜSST WIE EURE NAMENSVETTERN
IN DEN FINSTREN WALD HINAUS.

JA- DAS WAREN ARME KINDER-
UND BEIM VATER BESENBINDER
STANDEN KÜCH UND KELLER LEER;
EINSAM- HUNGERND- ZITTERND- FRIEREND
UND DEN RECHTEN WEG VERLIEREND
IRRTEN SIE IM WALD UMHER.

MÜDE SCHON ZUM NIEDERSINKEN-
SAH'N SIE JETZT EIN HÄUSLEIN WINKEN
AN DES DICKICHTS NAHEM RAND.
FESTTAG FÜR DIE ARMEN SCHLUCKER!
DACH UND FENSTER WAREN ZUCKER-
UND AUS KUCHEN WAR DIE WAND.

DOCH DIE HEXE KAM GEGANGEN-
HAT DIE KINDLEIN ABGEFANGEN-
UND DIE SCHNÖDE MAST BEGANN:
WENN ER RECHT SICH FETTGEGESSEN-
WOLLTE SIE DEN HÄNSEL FRESSEN
UND ZUM NACHTISCH GRETEL DANN.

SCHON IM OFEN GLOMM DAS FEUER-
VON DEM ALTEN UNGEHEUER
ANGESCHÜRT MIT ARGEM SINN.
GRETEL BAT- DASS SIE'S IHR ZEIGE-
WIE MAN IN DEN OFEN STEIGE:
SCHWUPS- DA LAG SIE SELBER DRIN!

MUSSTE- BÜSSEND IHRE TATEN-
BEI LEBEND'GEM LEIBE BRATEN;
FÜR DIE KINDER WELCH EIN GLÜCK!
DURFTEN JETZT BERUHIGT NASCHEN;
VOLLBELADEN ALLE TASCHEN
KEHRTEN SIE NACH HAUS ZURÜCK.

ALL IHR HÄNSCHEN- ALL IHR GRETCHEN-
WACKRE BUBEN- BRAVE MÄDCHEN-
SOLCHER LIST BEDÜRFT IHR KAUM:
MÜSST NICHT ERST MIT HEXEN STREITEN-
FINDET ALL DIE HERRLICHKEITEN
FRIEDLICH UNTERM WEIHNACHTSBAUM.

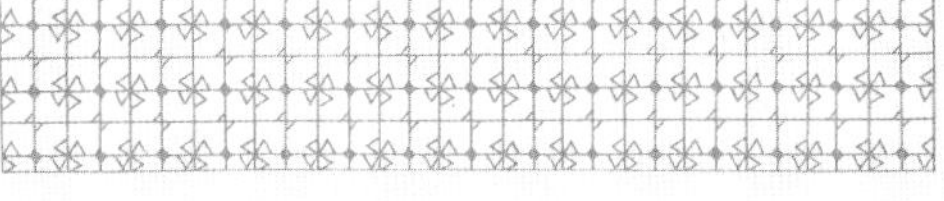

**『グリム童話集』**ハインリヒ・レフラー＆ヨーゼフ・ウルバン画｜1905年｜オーストリア

レフラー（1863-1919）はウィーン出身で、ウィーン・ゼツェッションの周辺にいた。ヨーゼフ・ウルバンとともにハーゲンブントというグループをつくり、舞台デザインを中心として活動していた。子どものための劇場に関わり、童話集の挿絵も描いている。ゼツェッションの平面装飾に影響を受けており、その絵はオペラの舞台をのぞいているようである。

Chapter

VI. 20世紀

# 1910年代 挿絵の黄金期

VI. THE 20TH CENTURY

# The Golden Age of Illustration: The 1910s

The boom in illustrated books, which began at the end of the nineteenth century, evolved, thanks to advances in color printing, into the lavish gift book, a highly popular form. Arthur Rackham, Edmund Dulac, and Kay Nielsen were particularly famous illustrators.

世紀末にはじまった挿絵本ブームはカラー印刷の発達によって、部数限定の豪華本となり、クリスマスのプレゼント用の〈ギフト・ブック〉として人気を集めた。アーサー・ラッカム、エドマンド・デュラック、カイ・ニールセンの3人が特に有名であるが、ロビンソン兄弟やポガニーなども魅力的だ。〈ギフト・ブック〉の出版の中心はロンドンで、デュラックはフランスから、ニールセンはデンマークからロンドンにやってきた。テーマはアンデルセン、グリムなどのおとぎ話、アラビアン・ナイトなどが主であった。豪華な〈ギフト・ブック〉の大きなマーケットであったのは新興国アメリカであった。第一次世界大戦がはじまると、アメリカへの輸出が止まり、〈挿絵の黄金時代〉にかげりがあらわれた。戦争が終わってもそのブームはもどらなかった。写真がイラストレーションを圧倒しはじめたのである。

〈挿絵の黄金時代〉はアール・ヌーヴォーからアール・デコへの転換期を鮮やかに映している。アーサー・ラッカムは世紀末の曲線を強く残している。エドマンド・デュラックはフランスの豊かな色彩とクラシックな形のラストを飾っている。カイ・ニールセンは、オリエントやジャポニズムのエキゾティックな雰囲気を伝えつつ、モダンなアール・デコへと入ろうとしている。豪華な挿絵本は古きよき時代をにぎやかに送り、新しい時代を祝っているのだ。

### デンマークの画家が描く北欧のおとぎ話集

'East of the Sun and West of the Moon'

**『太陽の東、月の西』** カイ・ニールセン画｜1914年｜イギリス

ニールセン（1886-1956）はデンマークのコペンハーゲンで生まれ、パリで絵を学んだ。1911-1916年にロンドンで挿絵画家として活躍した。挿絵の黄金時代の最後を飾る画家である。北欧のおとぎ話を集めた『太陽の東、月の西』の幻想的なメルヘンの世界は、魔術的な魅力を持っている。

NIELSEN

# 黄金期の挿絵画家たち

01

## アーサー・ラッカム

'The Sleeping Beauty' by Arthur Rackham

### 『眠れる森の美女』1920年 | イギリス

ラッカム(1867-1939)は挿絵本ブームの巨人ともいえる画家である。イギリス出身で、チャールズ・リケッツに学んだ。世紀末の傾向を残し、黒く強い線を基調とし、色彩豊かなデュラックと対照的だ。1920年の『眠れる森の美女』は、1900年から1910年代までの力強くうねる線のラッカム・スタイルとはちがい、軽快でモダンなシルエットの表現を試みている。

THE·SLEEPING
BEAUTY
TOLD·BY·C·S·EVANS
AND·ILLUSTRATED·BY
ARTHUR·RACKHAM
LONDON·WILLIAM·HEINEMANN
PHILADELPHIA·J·B·LIPPINCOTT·Co

**02**

## カイ・ニールセン

'In Powder and Crinoline' by Kay Nielsen

**『おしろいとスカート』** 1913年｜イギリス

ビアズリーのロココ趣味の影響を感じさせる作品で、幻影のように漂っている森の木々が印象的だ。残念なことに、ややおくれてやってきたニールセンは世界大戦にぶつかって、絵本の仕事を中断される。大戦後、復帰するが、すでに絵本ブームは去りつつあった。それだからこそ、ニールセンの1910年代の絵本が限りなくなつかしいのかもしれない。

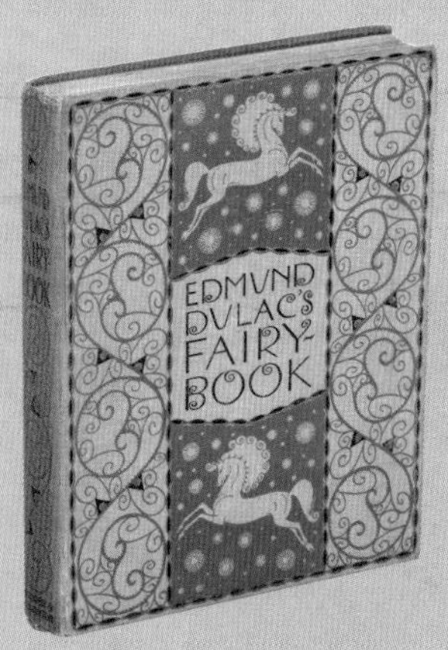


03

## エドマンド・デュラック

'Edmund Dulac's Fairy Book' by Edmund Dulac

### 『デュラックのおとぎ話集』1916年｜イギリス

デュラック（1882-1953）はフランスのトゥールーズで生まれた。パリで絵を学び、1906年にロンドンにやってきて、挿絵の人気画家となった。フランスの色彩豊かな絵画表現を挿絵にもちこんだのが特徴である。この本は、世界大戦の、ドイツと戦う連合軍を応援するために、それぞれの国の昔話を集めてつくった絵本である。デュラックのしゃれた感性が発揮されている。

Chapter

♦

Ⅵ. 20世紀

# アール・デコ期の ファッション・イラストレーション

Ⅵ. THE 20TH CENTURY

# Fashion and Inspiration in the Art Deco Period

In the 1920s, after World War I, a modern, "Jazz Age" style, Art Deco, appeared, and fashion illustrators became active producing work the adorned magazines.

---

第一次世界大戦が終わり、1920年代に入ると、モダンなジャズ・エイジがあらわれる。その時代を飾るのが〈アール・デコ〉スタイルである。世紀末のアール・ヌーヴォーでは優雅に裳裾を引くレディが主役であったが、アール・デコでは、若々しく、ほっそりした、少年のようなモダン・ガールが登場してくる。女性が社会に進出し、化粧をし、肌を大胆に出し、シガレットを吸い、自動車を運転し、スポーツをする。パリのニュー・モードが毎年、世界中に発信されるというファッション・システムがつくられ、それを伝えるファッション画が描かれる。1920年代はそのようなファッション・イラストレーションの黄金時代であった。

『ガゼット・デュ・ボン・トン』などのパリのファッション誌が出され、さらにアメリカで『ヴォーグ』が出される。そのためにファッション・イラストレーターが活躍する。シャルル・マルタン、ウンベルト・ブルネレスキ、ジョルジュ・ルパープ、ジョルジュ・バルビエ、エルテなどが登場する。ルパープの描く、ターバンを巻いた女性(P182)は、バレエ・リュス(ロシア・バレエ団)によってもたらされたオリエント風、アラビアン・ナイト風のファッションを示している。やがて写真によって代わられてしまうファッション画はなつかしい時代を甦らせてくれる。

**雑誌『ヴォーグ』**ヘレン・ドライデン画｜1913年11月号｜アメリカ

『ヴォーグ』は1892年にアメリカで創刊された。はじめは社交界の情報誌であったが、次第にファッション誌の色彩を強めていく。その転換点が1914年の第一次世界大戦のはじまりであった。エドナ・ウールマン・チェースが編集長となる。1913年のこの号は、その直前で、ベル・エポック（古きよき時代）の気分を残している。これ以後、モダンなパリ・ファッション、新しい女のスタイルを伝える雑誌に変わってゆく。

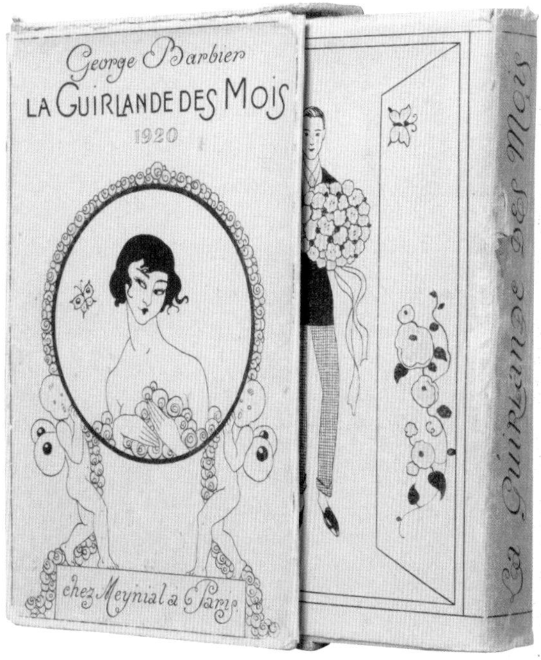


**『ラ・ギルランド・デ・モワ』** ジョルジュ・バルビエ画｜1917-1921年｜フランス

1920年代、パリはファッションの都となり、パリ・ファッションは世界に伝えられた。そのメディアとなったのはファッション画、ファッション・ブックであった。バルビエはその花形イラストレーターであった。この本は1年12ヶ月のファッション・シーンを描いている。女性が主役となる若々しいジャズ・エイジが踊っている。

Le Printemps

Marchons vite.....

Idylle bretonne.

Le Retour longtemps désiré

Il est Joli comme un Cœur

LES RUBANS.

L'Automne

L'Europe

ART · GOÛT · BEAUTÉ
FEUILLETS
DE
L'ÉLÉGANCE FÉMININE
PARIS
N° 28 - 3e Année
NOËL 1922

AUX ACCACIAS...

INTRÉPIDE. — *Robe de tricot de laine multicolore.*
Création Bernard

TIRELIRE. — *Robe de drap noir incrusté de drap beige brodé de couleurs vives.*
Création Paul Poiret

AFFRANCHI. — *Moire marron garnie de crêpe blanc.*
Création Martial et Armand

BAVIÈRE. — *Robe en velours noir bordé de bouillonnés de velours vert.*
Création Paul Poiret

**雑誌『アール・グー・ボーテ』** 1922年クリスマス号（左）／1924年1月号（右）｜フランス

1920年代のモダン・ファッションを伝える女性誌である。モダン・ガールのための新しいライフ・スタイルを伝える。彼女たちは腕や足をむき出しにしたスポーティな服を着こなす。アール・デコの円や直線が装飾やシルエットに あらわされている。ファッション・イラストの最後の時代である。やがて写真がファッション誌を支配してしまう。

# アール・デコ期の ファッション・イラストレーターたち

01

## ジョルジュ・ルパープ

Gorges Lepape

パリ生まれのファッション・イラストレーター。ポール・ポワレに見出され、『ルパープによるポール・ポワレの作品集』を描き成功をおさめ、多くのファッション誌で仕事をする。1916年から、活躍の場を広げ、アメリカの『ヴォーグ』誌でカバー・イラストレーションなどを描いた。

02

## エルテ

Erté

フランスで活躍したロシア人画家・デザイナー。本名をロマン・ドゥ・ティルトフ（Romain de Tiftoff）といい、イニシャルR.Tをフランス語読みした「エルテ」のペンネームで知られる。ファッションやジュエリーのデザイン、演劇やオペラの舞台美術、室内装飾など幅広いジャンルで才能を開花させ、人気を集めた。

03
## シャルル・マルタン
Charles Martin

アール・デコのモダン・スタイルにいちはやく順応したフランスのイラストレーターの1人。ルパープと同時期にフェルナン・コルモンの美術アカデミーで学んだ。前衛的なアートにも強い関心を持ち、バレエ・リュスのディアギレフをめぐるサークルにジャン・コクトー、エリック・サティらとともに参加していた。

04
## ウンベルト・ブルネレスキ
Umberto Brunelleschi

イタリア生まれ。フィレンツェで絵画を学んだ後、パリにやってきた。バルビエと同様にイタリアの即興喜劇コメディ・デラルテに興味を持ち、テーマとしてよく取り上げていた。イタリアらしい色彩のセンスで多くのファッション誌に描いた。

05
## アンドレ・エドゥアール・マルティ
André Édouard Marty

ルパープやマルタンとともにフェルナン・コルモンのアカデミーで学んだ。クラシックで写実的なスタイルが広く愛され、『ガゼット・デュ・ボン・トン』から『ヴォーグ』まで多くのファッション誌に描いた。一方で、バルビエと同じ文学サークルに属し、ピエール・ルイスなどの作品に挿絵を描いている。

# アール・デコ期のブック・デザイン

アール・デコの時代には、手にとったり、さわったり、卓上に飾ったりする小物がはやった。ライターやシガレット・ケースから人形にいたる小物がアール・デコ・スタイルでつくられた。アール・デコ期の本の装丁にもそんな感覚が流れている。19世紀の重厚な装丁とはちがって、軽快で、しゃれていて、さりげなく机の上に置いて、ふとさわったりする。

ピエール・ルグラン装幀
『博物誌』ジュール・ルナール著

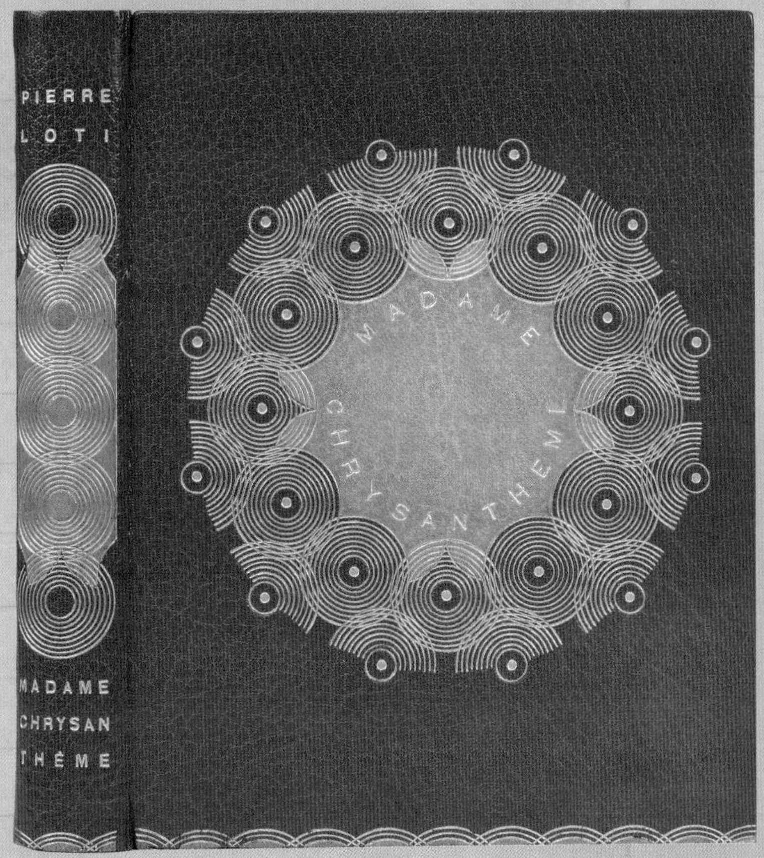


ピエール・ルグラン装幀
『お菊さん』ピエール・ロティ著

ヨーゼフ・ホフマン装幀／1905年

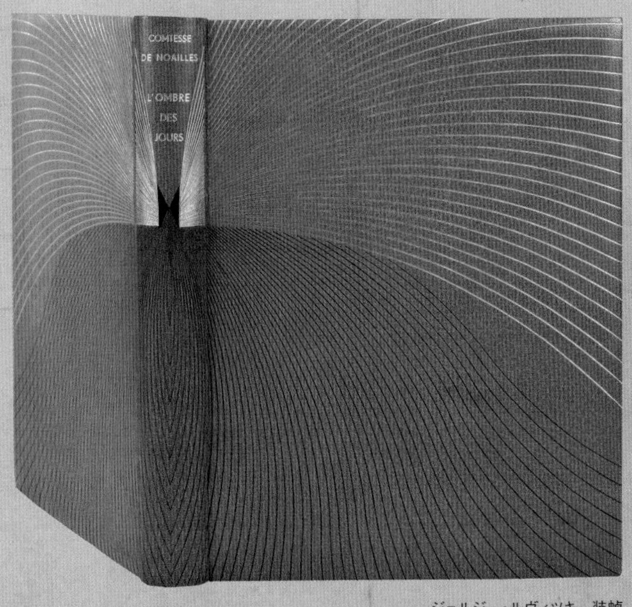


ジョルジュ・ルヴィツキー装幀
『日々の影』ノアイユ夫人著／1938年

ピエール・ルグラン装幀
『ダフネ』アルフレッド・ド・ヴィニー著／1926年

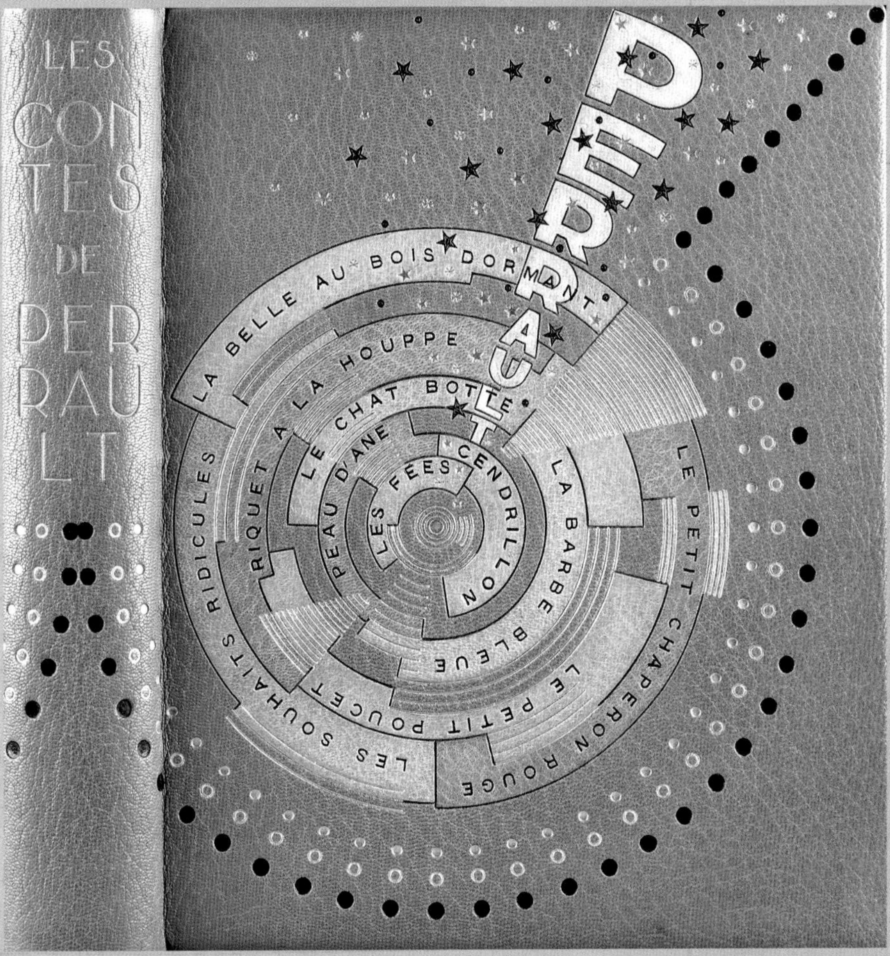

『お話集─生誕300年記念版』シャルル・ペロー著／1928年

Chapter

◆

## Ⅵ. 20世紀

# アール・デコとアヴァンギャルド

## Ⅵ. THE 20TH CENTURY

# Art Deco and the Avant-Garde

The Avant-Garde, the leading edge in modern art, appeared briefly, then faded away. In that brief period, new designs were created in the form of graphic art, magazines, and books.

---

20世紀に入ってモダン・アートが出発して以来、本とモダン・アートの関係はより密接なものとなった。キュビスム、ダダ、シュルレアリスムなどのモダン・アートの新しい流派は、その思想と表現を伝えるために宣言や展覧会プログラム、機関誌、作品集といった印刷物を発行するようになった。本は、モダン・アートの重要な表現作品の1つとなったのである。

モダン・アートの前衛(アヴァンギャルド)はほんの短い時期に一挙にあらわれ、過ぎ去ってゆく。したがって長い時間かかる作品(建築など)をゆっくりつくっているひまがない。そのため、短期間につくれるグラフィック・アート、雑誌、本が重要になってくる。

その典型がロシア・アヴァンギャルドである。ロシア革命という厳しい状況の中で、限られた材料しかないため、簡便なやり方によるポスターやパンフレットがつくられ、さらに大胆なブック・デザインが試みられた。色彩や表現は限られているが、そのことがかえって新しいデザインの本を生み出したのである。

チェコのアヴァンギャルド、ドイツのバウハウスなどでも厳しい状況が新しいデザインを生み、魅力的な本をつくりだした。シンプルで効率的で、しかも強いインパクトを与える本が工夫された。ロシア・アヴァンギャルド以来、本はモダン・アートの重要なメディアとなった。モダン・アートは自分の表現についてことばで語るようになった。見ればわかるというわけにはいかず、アートは難解になり、解説することばが必要となった。モダン・アートはことばを必要とするようになり、本が必要になるとともに、本はアートになった。モダン・アートと本の密接な関係がはじまり、アート・ブックの歴史がはじまったのである。

# 色彩や表現の制限の中で生まれた新しいデザイン

'About Two Squares'

**『2つの正方形の物語』**エル・リシツキー著｜1922年｜ドイツ

リシツキーはロシア・アヴァンギャルドとバウハウスをつないだアーティストである。赤と黒の正方形がつくり出す物語は、そのシンプルで印象的な構成によって、ロシア・アヴァンギャルドの最も〈美しい本〉の1つとなっている。それはモダン・デザインの原点ともいえる純粋さを私たちに見せてくれるのだ。

Р
ЕБЯТКАМ
ВСЕМ
ВСЕМ

летят
на Землю
издалека
и


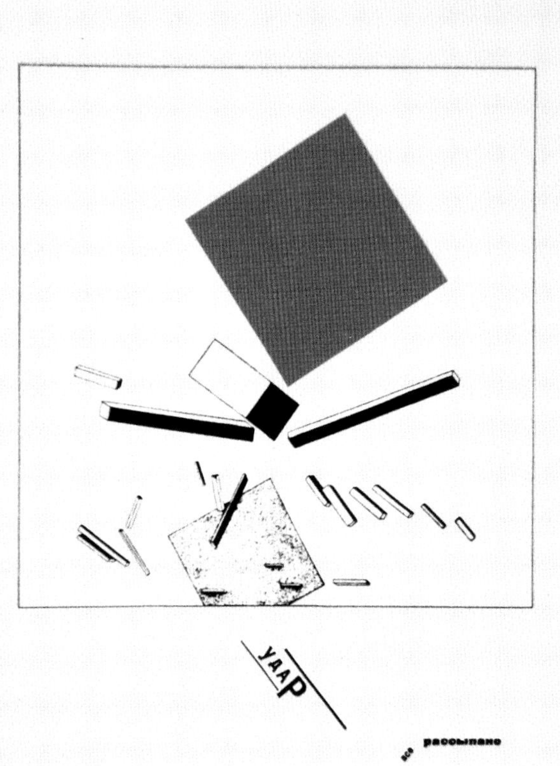

удаР
все
рассыпано


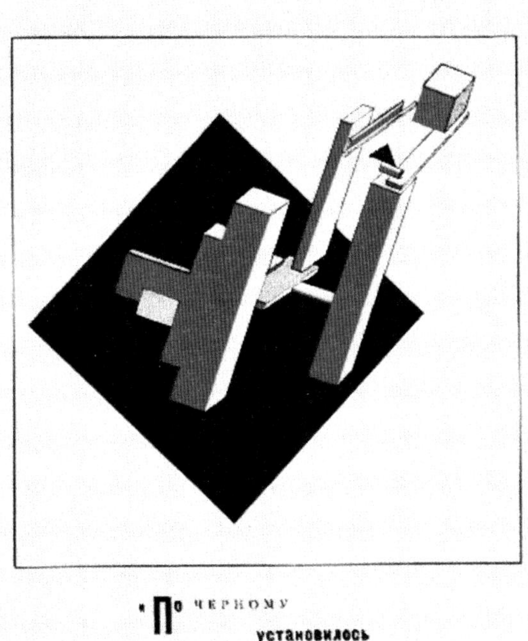

и По черному
установилось
Кра
Я
сно

Titelblatt der Zeitschrift „LEF". 1923

121. Titelblatt der Zeitschrift „Nowy LEF". 1927

## 雑誌『新レフ』1927-1928年｜ロシア

1923年に創刊された『レフ（芸術左翼戦線）』はロシア・アヴァンギャルドの機関誌であった。1927年に『新レフ』となる。ロトチェンコのカバー・デザインは、タイポグラフィのみの『レフ』から、写真を使った『新レフ』へと変わる。アヴァンギャルドは、社会主義リアリズムへの転換を迫られてくる。

Chapter

◆

## Ⅵ. 20世紀

# フランスのアーティスト・ブック

## Ⅵ. THE 20TH CENTURY

# The Artist's Book in France

Wanting as many people as possible to enjoy artists' paintings, French publishers had artists, not illustrators, create paintings for books (known as artists' books).

19世紀末、フランスの画商アンブロワーズ・ヴォラールは、絵画を複製して本をつくり、できるだけ多くの人に絵を楽しんでほしいと〈アーティスト・ブック〉を企画する。ピエール・ボナールのリトグラフが入った『ヴェルレーヌ詩集』が出される。挿絵画家ではなく、一般の画家に絵を描かせるフランスの〈アーティスト・ブック〉のはしりである。そしてヴォラール、テリアード、スキラなどの出版者によって、ピカソ、マティスなどの本がつくられる。

〈アーティスト・ブック〉は、1900年から1931年にかけて、さまざまな国からパリにやってきた、いわゆる〈エコール・ド・パリ〉(パリ派)と呼ばれる画家たちを中心として生み出された。ピカソ、ファン・グリス、ブラックなどである。彼らはパリのカフェにたむろし、そこにアポリネール、マックス・ジャコブなどの詩人もやってきて、絵と詩文が結びついた絵本が企画されたのである。ヴォラールは、ピカソ、ブラック、ルオー、ドラン、シャガール、ルドンなどの〈アーティスト・ブック〉を出した。

ヴォラールにつづいて、アンリ・カーンワイラーが、ヴラマンク、マリー・ローランサン、レジェなどの本を出した。さらにスキラ、テリアードといった出版者によって、見事な絵本が生まれた。なぜフランスで〈アーティスト・ブック〉が盛んになったのだろうか。それはパリがモダン・アートの中心となり、世界中のアーティストがパリを目指したからである。

**詩人と画家がつくった第一次世界大戦のモンタージュ**

'The End of the World, Filmed by the Angel of Notre Dame'

**『世界の終わり—ノートルダムの天使によって撮影された』**フェルナン・レジェ画|1919年|フランス

レジェとサンドラルスはキュビスムのグループであった。サンドラルスは第一次世界大戦を世界の終末として書いた。モダン都市やジャズ・シーンがドキュメンタリー映画のようにモンタージュされている。レジェは、ポショワール(ステンシル)を使って、現代社会のメカニックなリズムを映し出している。

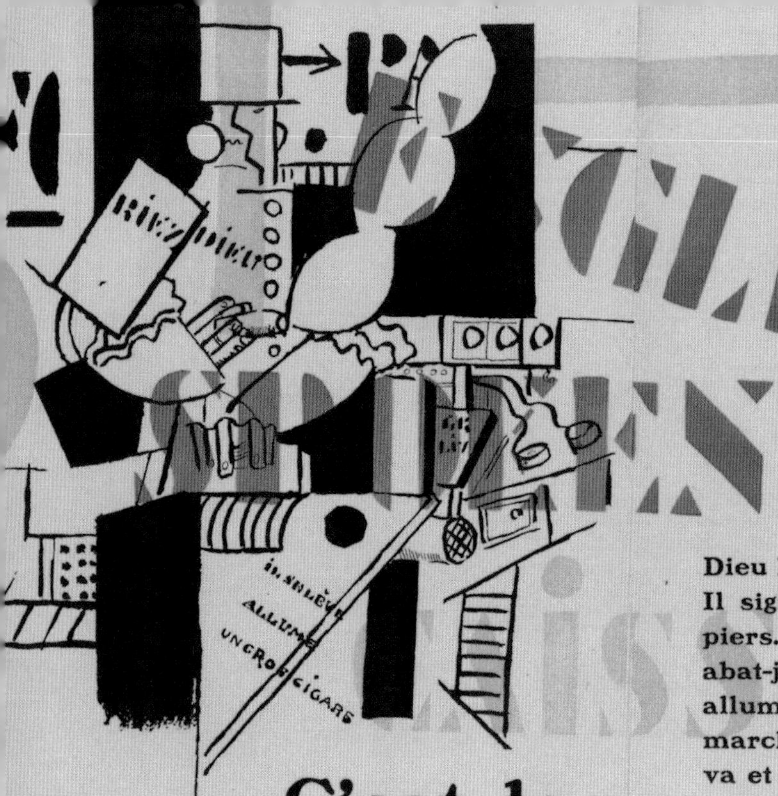


# 31

## Décembre

Dieu le père est à son bureau américain. Il signe hâtivement d'innombrables papiers. Il est en bras de chemise et a un abat-jour vert sur les yeux. Il se lève, allume un gros cigare, consulte sa montre, marche nerveusement dans son cabinet, va et vient en mâchonnant son cigare. Il se rassied à son bureau, repousse fiévreu-

C'est le

## ピカソが表現したシュルレアリストの先駆的な詩人の詩

'The Song of the Dead'

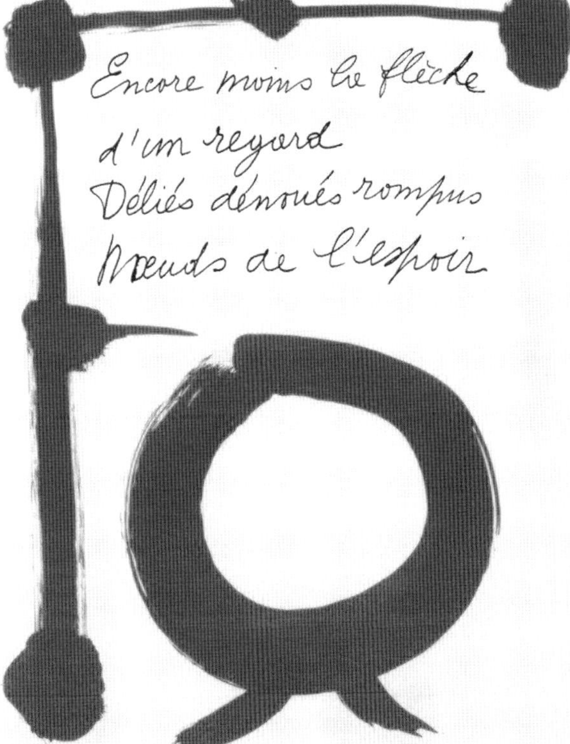


Je me suis pris à l'aile
exquise du hasard
J'avais oublié de le
dire
J'avais perdu le sens
de la distance
Dans la débâcle
du présent

57

**『死の歌―ピエール・ルヴェルディ詩集』** パブロ・ピカソ画｜1948年｜フランス

ルヴェルディはキュビスム的な詩人で、アンドレ・ブルトンにシュルレアリスムの先駆者といわれた。テリアードが出版した〈アーティスト・ブック〉の中でも傑作といわれるこの本で、ピカソはアクション・ペインティングを思わせる大胆な筆づかいで、ヴァーミリオン色のしみのような斑点をしたたらせている。

## マティスの有名な切り絵作品のアート・ブック

'Jazz'

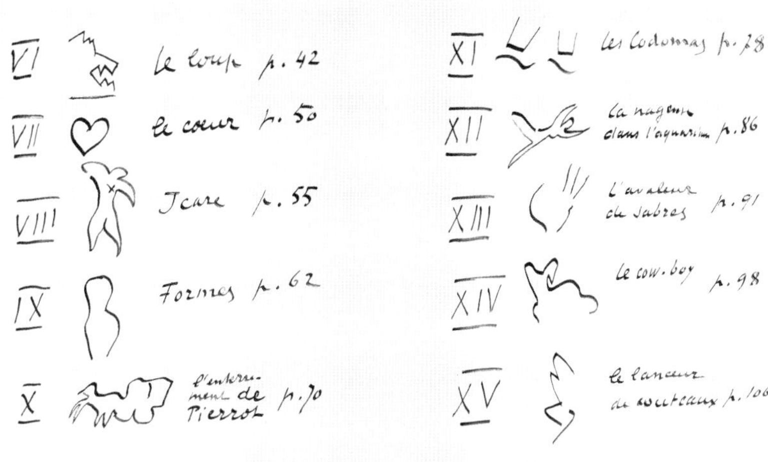

**『ジャズ』** アンリ・マティス作 | 1947年 | フランス

マティスが晩年にはじめた切り絵によるアーティスト・ブックの代表作である。切り絵とマティスの手描きの文章が組み合わされている。サーカスなどのさまざまなテーマがジャズのように軽やかな、色鮮やかな世界をくりひろげてゆく。出版者テリアードは、さまざまなアーティストと本を結びつけ、多くの〈美しい本〉をつくったが、その中でも『ジャズ』はユニークである。

un moment
di libres.
Ne devrait-on
pas faire ac-
complir un
grand voyage
en avion aux
jeunes gens
ayant terminé
leurs études.

# 「使うための本」
# 女性のための楽しい家計簿

日記、手帳、家計簿といったものは、読むというより使う本であるから、本として残らず、失われてしまうことが多い。これは珍しい女性の家計簿のコレクションで、1930年代から1950年代にかけてフランスで出されていたものである。色鮮やかな花文様の表紙が楽しい。ちょっとクラシックで、女性らしい柄が、フランスの主婦の日常生活を語ってくれるかのようだ。

Topics
# 6

## 私だけの本　蔵書表の世界

### MY OWN BOOKS
### THE WORLD OF THE BOOK PLATES

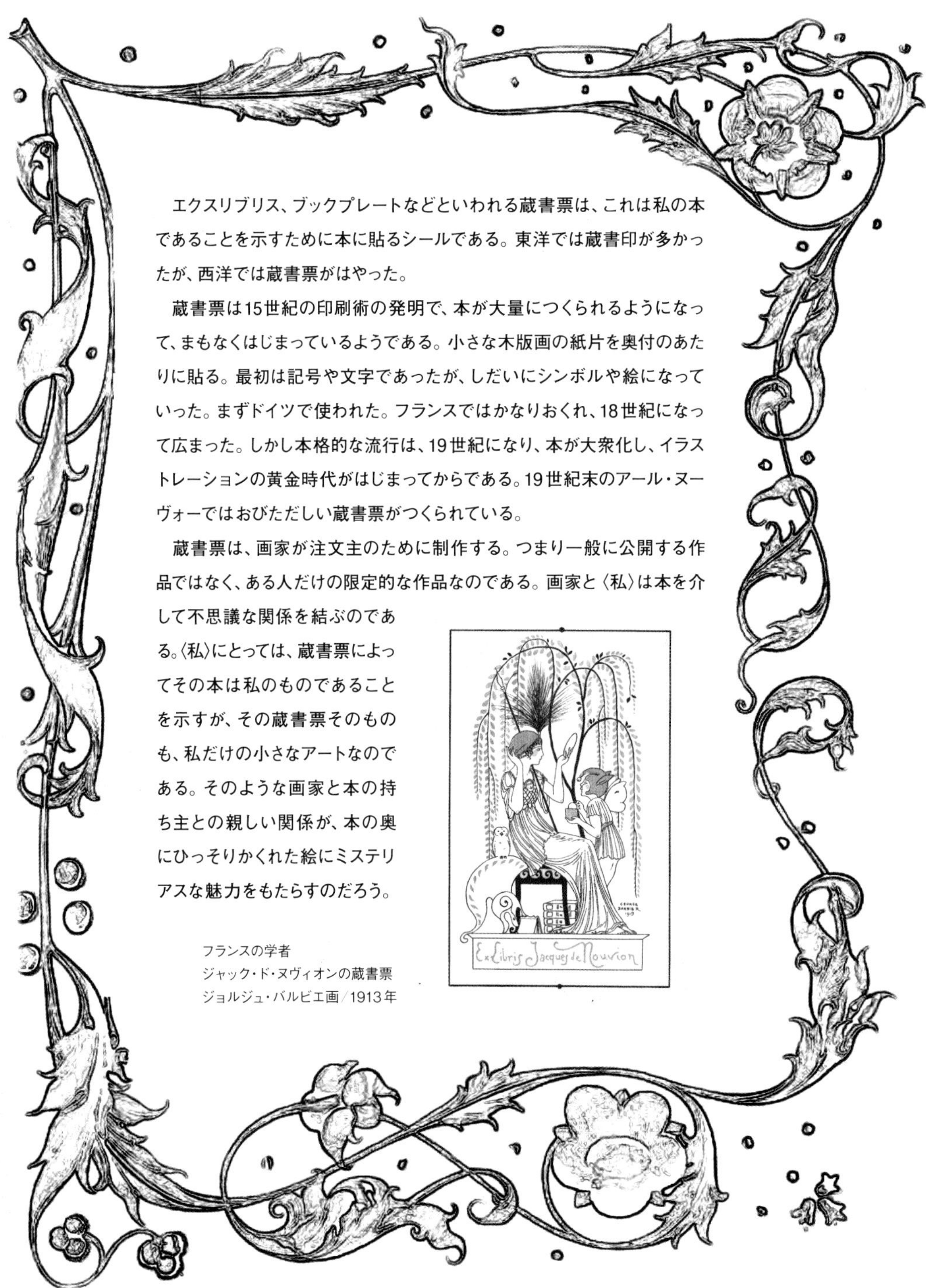


エクスリブリス、ブックプレートなどといわれる蔵書票は、これは私の本であることを示すために本に貼るシールである。東洋では蔵書印が多かったが、西洋では蔵書票がはやった。

蔵書票は15世紀の印刷術の発明で、本が大量につくられるようになって、まもなくはじまっているようである。小さな木版画の紙片を奥付のあたりに貼る。最初は記号や文字であったが、しだいにシンボルや絵になっていった。まずドイツで使われた。フランスではかなりおくれ、18世紀になって広まった。しかし本格的な流行は、19世紀になり、本が大衆化し、イラストレーションの黄金時代がはじまってからである。19世紀末のアール・ヌーヴォーではおびただしい蔵書票がつくられている。

蔵書票は、画家が注文主のために制作する。つまり一般に公開する作品ではなく、ある人だけの限定的な作品なのである。画家と〈私〉は本を介して不思議な関係を結ぶのである。〈私〉にとっては、蔵書票によってその本は私のものであることを示すが、その蔵書票そのものも、私だけの小さなアートなのである。そのような画家と本の持ち主との親しい関係が、本の奥にひっそりかくれた絵にミステリアスな魅力をもたらすのだろう。

フランスの学者
ジャック・ド・ヌヴィオンの蔵書票
ジョルジュ・バルビエ画／1913年

# 第2章

## SERCHING FOR FLOWER GARDENS OF ORNAMENTS AND IDEAL TYPE CHARACTERS

# 装飾の花園と理想の文字を求めて

# The Beautiful FLOWERS

## 美しい花の本

花の絵には2つの種類がある。1つは実用、有用のためのもので、もう1つは鑑賞のためのものである。実用とは人間に役立つもので食べられるもの、特に薬になるものである。古い花の絵（植物画）の多くは薬草図であった。その一方で花の形は文様化され、装飾として使われた。

つまり薬草をさがすためのガイドとしての薬草図と様式化された花の装飾文があったわけである。古代から中世にかけてはこの2つの方向があり、写実的な花と装飾的な花が見られた。

16世紀後半から1つの変化があらわれる。その変化は、野生の花を集めることから、花を栽培するようになっていく過程を反映している。花畑がつくられる。野に薬草をさがすのではなく、庭で育てるのである。さらに薬草だけでなく、花そのものの姿を楽しむようになる。アフリカやアジア、アメリカ新大陸などが発見され、そこからエキゾティック

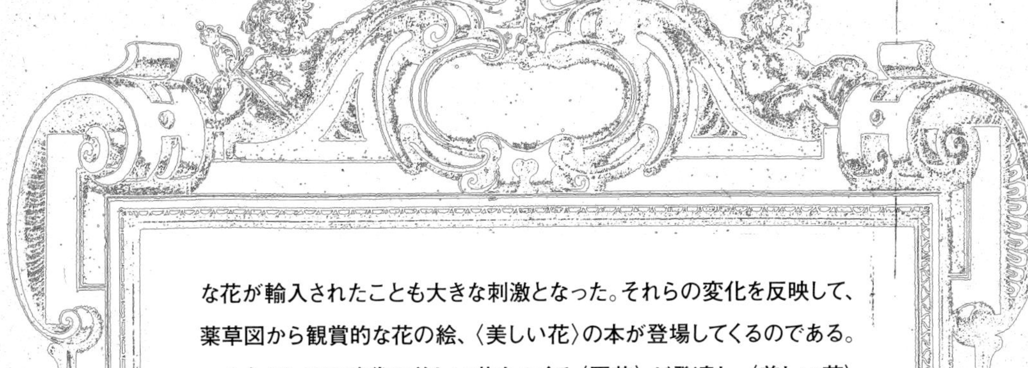

な花が輸入されたことも大きな刺激となった。それらの変化を反映して、薬草図から観賞的な花の絵、〈美しい花〉の本が登場してくるのである。

ルネサンスの時代に美しい花をつくる〈園芸〉が発達し、〈美しい花〉の絵が描かれる。薬草図は植物全体、根まで描かれ、植物標本となっているが、新しい花の絵は、花を中心とした、地上で見える部分のみが描かれるようになる。

16世紀後半、ヨーロッパでは植物園が次々とつくられ、新しい、珍しい花が育てられる。そして、それを描く〈花の画家〉たちが登場する。ヨリス(ゲオルク)・フフナーヘル(1542-1600)はアントワープ生まれで、ローマで絵を学び、やがて〈花の絵〉の画家の先駆者となった。

ルネサンスの王侯貴族は競って豪華な庭園をつくり、画家たちに〈花の絵〉を描かせた。17世紀にはオランダが園芸と〈花の絵〉の中心となった。チューリップなどの珍しい品種がブームとなるとともに、ヤン・ブリューゲルなどがリアルな〈花の絵〉を描いた。

フランスの宮廷文化の後援によって〈花の絵〉の頂点に上ったのはバラの画家ルドゥーテである。デュバリー夫人、ポンパドゥール夫人、マリー・アントワネットなどが〈花の文化〉を盛り上げた。

19世紀に入ると、自然や野生についての新しい見方によって、人工的に囲われた〈庭〉から解放された、野の花の魅力がもどってくる。ウィリアム・モリスのアーツ・アンド・クラフツ運動、そして、植物の成長していくつる草のような曲線をモチーフにするアール・ヌーヴォーが、機械文明の硬直した世界に、新鮮で若々しい〈花〉を甦らせ、モダンで〈美しい花の本〉を咲かせ、私たちを夢の花園へ招いてくれる。

Chapter

# 写本装飾に咲き出した<br>中世の春の花

## Spring Flowers Bloom in Medieval Manuscripts

The style known as "Gothic" rediscovered the rich variety of nature and aimed to reproduce it realistically. A vivid profusion of flowers bloomed in illuminated manuscripts.

初期の写本では美しい花の絵を見ることができない。花が描かれても、形は硬く、様式化され、抽象的だ。花の絵が魅力的にあらわれるのは、14世紀ごろかららしい。〈ゴシック〉という様式が〈自然〉の豊かな多様性を再発見し、写実的な表現に向かうとともに、いきいきとした自然の花が写本に咲き乱れるようになったのである。

〈ゴシック〉の自然主義は、13世紀からはじまり、写実的な人間像の彫刻があらわれる。それは彫刻葉飾りに及んでゆく。そして彫刻の花から写本の花を育てたようである。13世紀末から14世紀にかけて、写実的でいきいきした花が写本を飾る。そして、頭文字や挿画の中に花が描かれるだけでなく、本文の余白に花やつる草が生い茂って、やがて余白をぎっしりと埋めつくすようになっていくのである。

14世紀からの写本はまるで中世の春が訪れたように、色とりどりの花が咲きはじめる。その描き方は写実的であるとともに、動きがあり、生命力を感じさせる。

14世紀前半のフランス画家ジャン・ピュセルは余白装飾を発達させ、その手本帳はその後のフランスの写本芸術に大きな影響を与えた。それは、フランスの写本の代表作、ランブール兄弟の『ベリー公のいとも豪華なる時禱書』(P64)にまで達している。ゴシックの自然主義が育てた花園は鮮やかに開花したのである。

ギリシア、ローマの自然主義(写実主義)は、中世初期の写本では失われてしまった。しかし13、14世紀に自然主義が復活し、自然の花、野の花がいきいきと甦ってくる。来世について語る初期の写本に代わって、現世の豊かな世界が語られるようになる。余白に描かれた野の花々は、単なる飾りではなく、生きる喜びを歌おうとしているのだ。本文と余白の花は互いにひびき合っているのだ。

## 『ギーズ公の時禱書』1350-1400年頃｜フランス
'Hours of François de Guise'

14世紀から15世紀にかけて、余白を埋めつくす草花文様が最も華やかだった時代の作品である。聖母マリアに天使がキリストを受胎したことを告げている。それを祝福するように、まわりにぎっしりとさまざまな花が咲き出し、それぞれに天使が宿っている。本文のイニシャルの中のクラシックなアラベスクとまわりの自由な、写実的な花との比較が面白い。

# 『シュテファン・ロッホナーの時禱書』1451年｜ドイツ
'Prayer Book of Stephan Lochner'

シュテファン・ロッホナーはドイツの写本画家で、これはケルンの貴族のための時禱書として制作されている。後期ゴシックの花文のピークである。中央のイニシャルには古典的で装飾的なアカンサスが描かれ、周囲のより自然で流動的なアラベスクの草花文様と対照的だ。まわりのつる草や花は、アール・ヌーヴォーを予告しているようだ。

## 『ラ・テセイダ（テセウス物語）』ジョヴァンニ・ボッカッチョ著｜1468年｜フランス

'La Teseida' by Giovanni Boccachio

初期の写本は聖書を中心としていたが、しだいに恋愛物語など世俗的なテーマのものがつくられるようになる。これはギリシアの英雄テセウスの冒険譚で豪華な宮殿のバラの庭園に、肉感的な美女が座っている。そして古典的なイニシャルの花文を、写実的で、風に揺れているような草花が囲んでいる。明るい光の中で花々の鮮やかな色彩が踊っている。

# フランドル地方の写本

Illuminated Manuscripts of Flemish

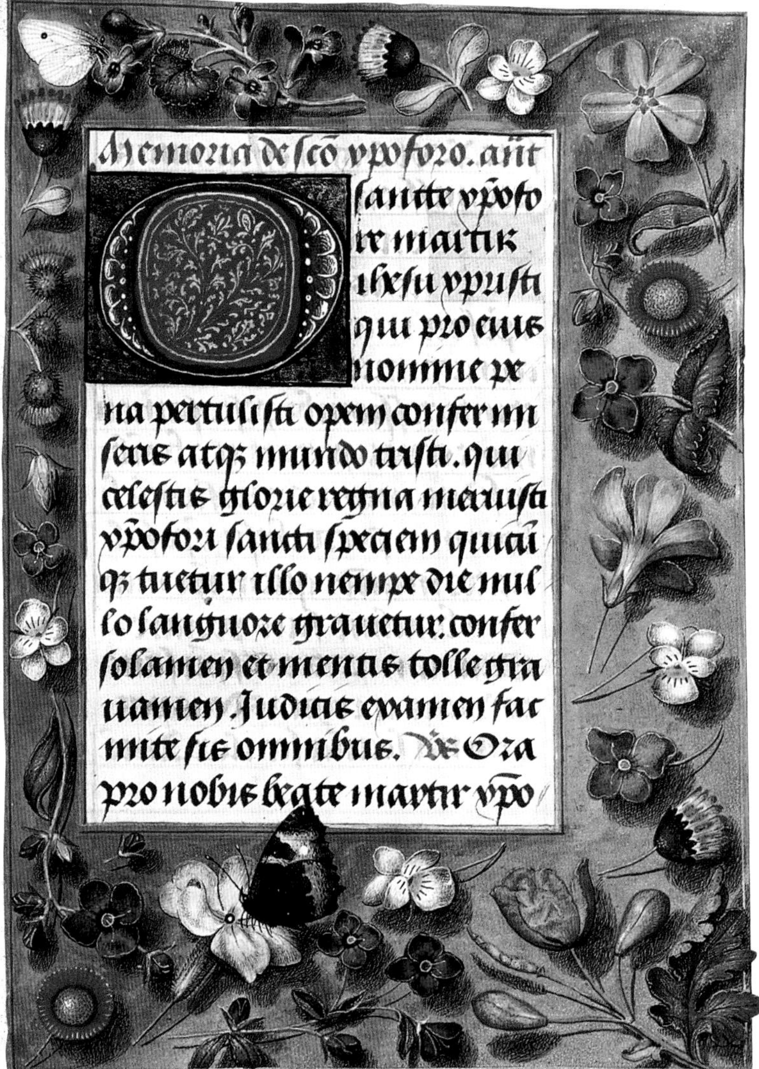

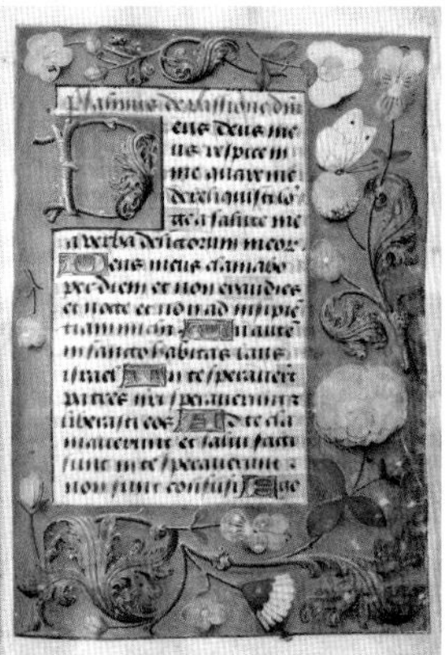

フランドルは北フランス、ベルギー、オランダなどを含む地方である。フランスやブルゴーニュの支配を受けたが、この地方には15世紀に豊かな写本芸術が栄えた。宮廷的、貴族的なフランスに対して、フランドルは市民的で大衆的な文化が盛んであった。花文様にもそれが見られ、繊細で優雅なフランス花文に対し、フランドルの花は大らかで親しみやすく、フォーク・アート風の楽しさを持っている。

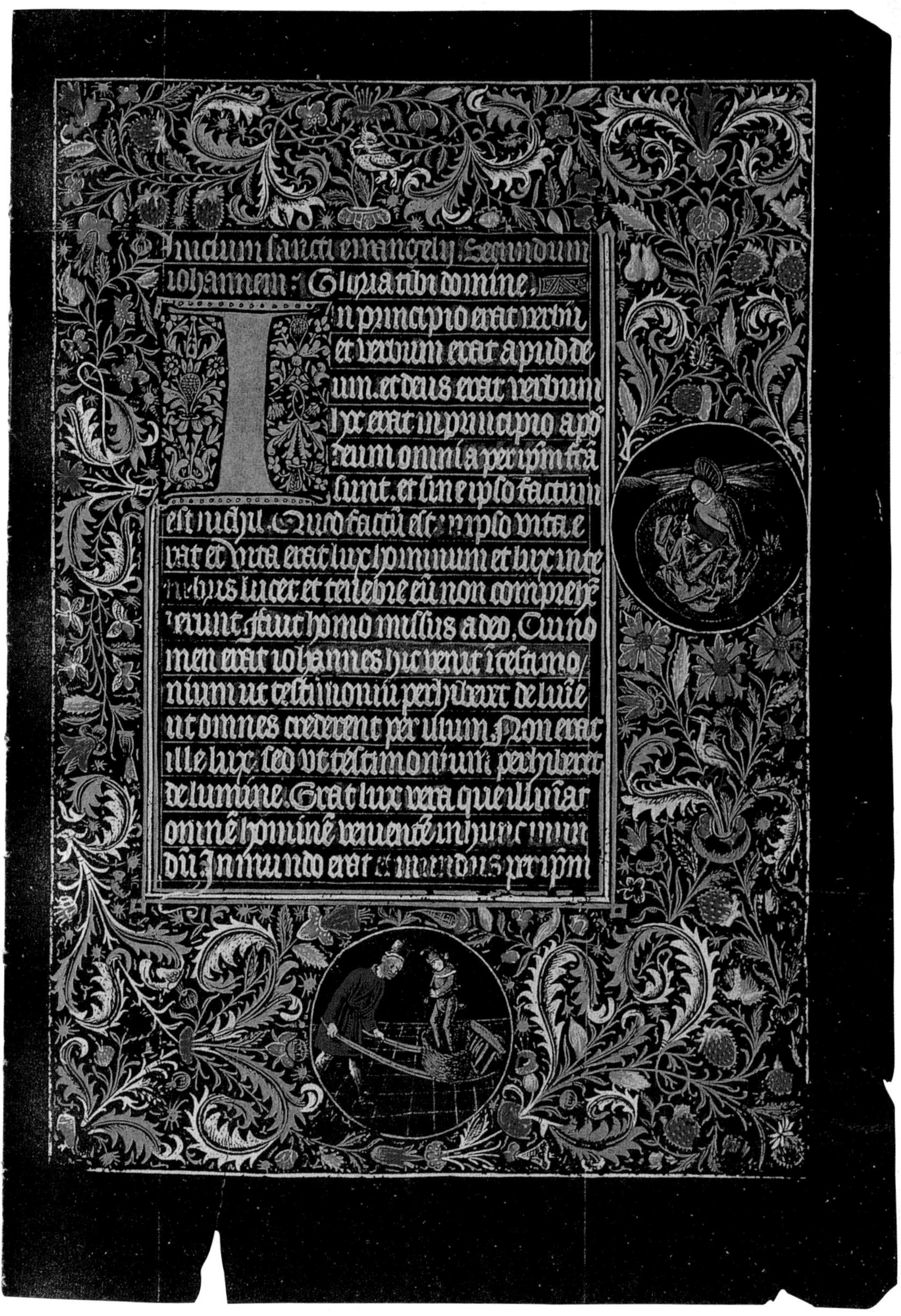

黒地に描かれた絵が印象的だ。フィリップ・ド・マゼロルがブルゴーニュのシャルルル大胆公のために描いたのではないか、といわれる。その後、ミラノ公のガレアッツォ・マリア・スフォルツァの所蔵となった。この頁はヨハネ福音書の「はじめにことばありき…」という本文を草花文が囲んでいる。右端の円内にいるのが聖ヨハネである。黒いバックに浮かぶ金や赤の花文が鮮やかだ。

Chapter

# ボタニカルとカリグラフィ、デザインの出会い

**ヨリス(ゲオルク)・フフナーヘル**

# Botany and Calligraphy: An Encounter in Design

**JORIS (GEORG) HOEFNAGEL**

1542-1601

Hoefnagel was Europe's last great illuminator. Continuing the tradition of Flemish botanical illustration, he perfected his work as art and decoration rather than botanical specimens.

---

ネーデルラントのアントワープの裕福な商人の家に生まれたフフナーヘルは、画家を目指した。1576年にスペイン軍がアントワープに侵略したので、彼はふるさとを離れ、イタリアなどで絵を学んだ。やがてミュンヘンで活動し、画家として認められ、神聖ローマ帝国皇帝ルドルフ2世の宮廷に呼ばれることとなった。

ルドルフ2世の宮廷は16世紀末のヨーロッパの最も輝かしい文化都市であった。皇帝は世界中の知を集めようとした。彼は1575年に皇帝となり、1583年、宮廷を古都ウィーンからプラハに移した。ここに自分の理想的な都をつくろうとしたのである。ヨーロッパ中から学者、芸術家がプラハに集まった。世界のすべてを集めようとする博物館、そして世界中の動植物を集める庭がつくられた。天文学、そして錬金術などの魔術がプラハで発達したといわれる。

フフナーヘルは、ヨーロッパの最後の有名なイルミネーター(写本画家)といわれている。彼はフランドル(オランダなど)のボタニカル・アートを受け継ぎ、完成させたのである。プラハの宮廷の庭園には、世界中の珍しい植物、動物、昆虫が集められていたから、それを見て描くことができた。

彼の特徴は、フランドルの植物画が、枠の中心にきちんと配置され、標本図として描かれるのに対して、空間を自由に使って、標本図というより、アート、装飾として表現していることである。そして虫や鳥があしらわれ、楽しい雰囲気が漂っている。つまり見て面白く、まるで物語があるかのようだ。

そして、フフナーヘルは、しばしば写実的な表現を逸脱し、植物の魔術的な様相を描き出し、見る人をおどろかす。それはおそらく、魔術的都市プラハがもたらした幻想なのかもしれない。

## 『カリグラフィの手本』ヨリス(ゲオルク)・フフナーヘル画｜1590年頃｜チェコ

'The Model Book of Calligraphy'

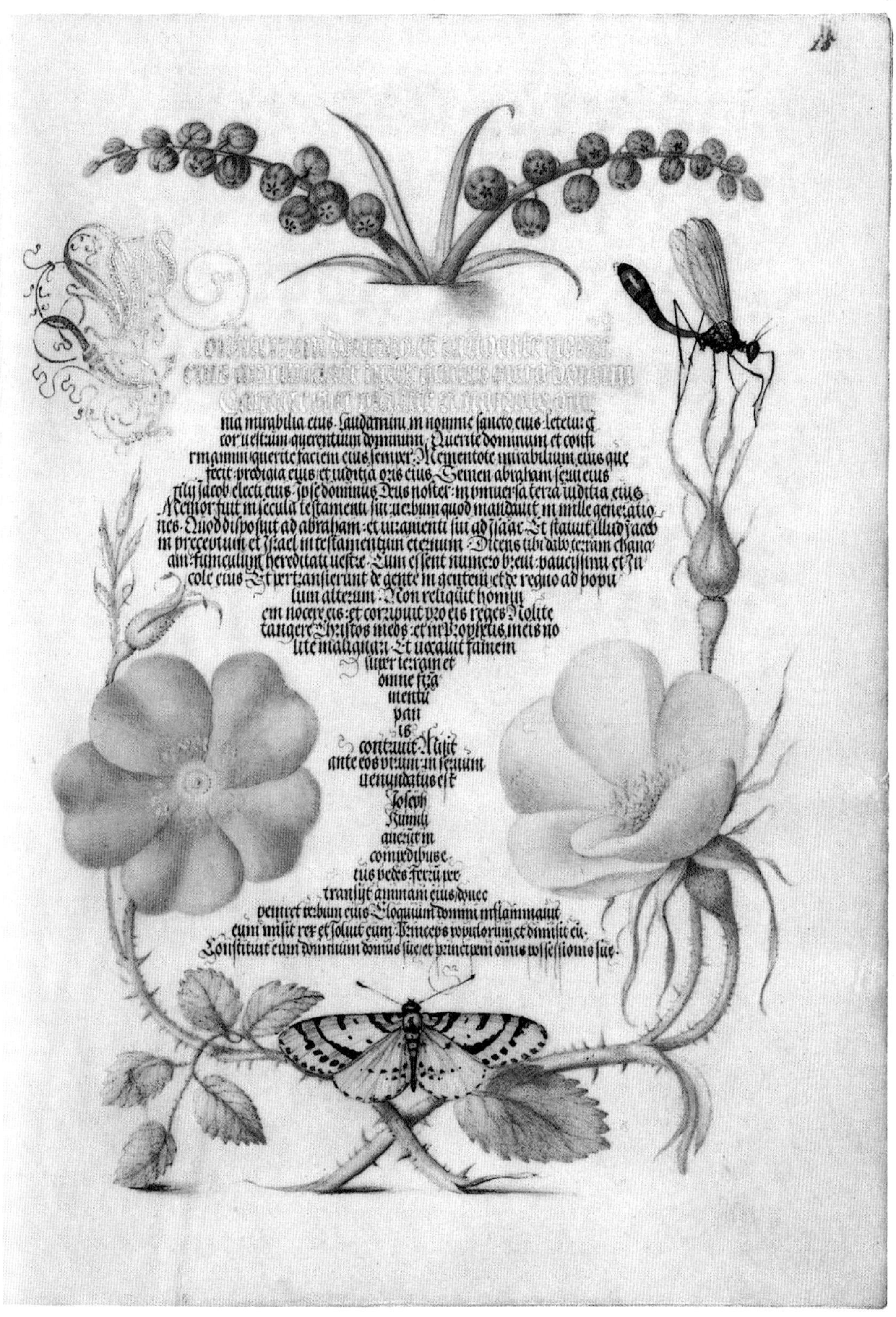

カリグラファー、ゲオルク・ボッケイ作『カリグラフィの手本』(1561-1562)に挿絵をつける仕事を、1590年頃、ルドルフ2世はフフナーヘルに依頼した。カリグラフィと絵がひびき合って、実に楽しい作品になっている。彼の絵によって、文字もアートとなって踊っている。

61.

Ominus regnauit exultet terra: lætentur Insulę multę. Nubes & caligo incircuitu eius, iustitia et iudicium correctio sedis eius. Ignis ante ipsum præcedet, & inflammabit in circuitu Inimicos eius. Alluxerunt fulgura eius orbi terrę: Vidit, & commota est terra. Montes sicut cera fluxerunt à facie domini: à facie domini omnis terra. Annuntiauerunt cœli iustitiam eius, & uiderunt omnes populi gloriam eius. Confundantur omnes qui adorant sculptilia: et qui gloriantur in simulachris suis. Adorate eum omnes angeli eius: audiuit et lętata est sion: & exultauerunt filię iudę propter iudicia tua domine. Quoniam tu dominus altissimus super omnem terram, nimis exaltatus es super omnes deos. lętamini iusti in domino: et confitemini memorię, et cetera &

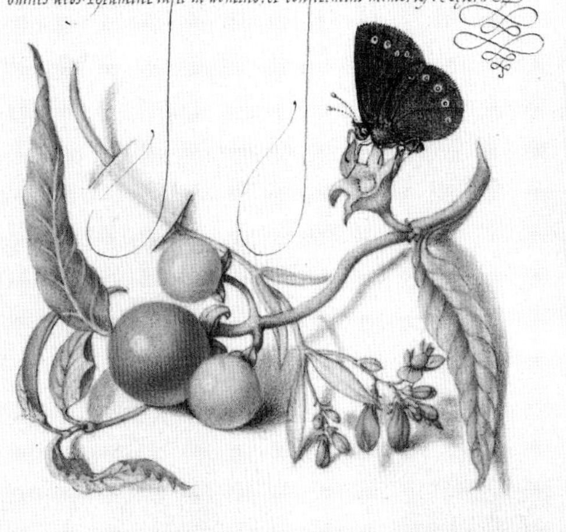

66.

74.

18.

Domine non est exaltatum cor meum, neque elati sunt oculi mei. Neque ambulaui In magnis, neque In mirabilibus Super me. Si non humiliter sentiebam, sed exaltaui Animam meam. Sicut Ablactatus est super Matrem suam, Ita retributio in anima mea. Speret Israel in Domino, ex hoc nunc, & vsque in sæculum. Memento salutis Autor, Quod nostri quondam corporis, Ex illibata virgine Nascendo formam sumpseris. Maria mater gratiæ, Mater misericordiæ, Tu nos ab hoste protege Et hora mortis suscipe. Gloria tibi domine Qui natus es de virgine, Cum patre Et sancto spiritu in sempiterna sæcula. Amen. Quia Apud Dominum misericordia, Et copiosa Apud Eum Redemptio. Et ipse Redimet Israel, ex etc.

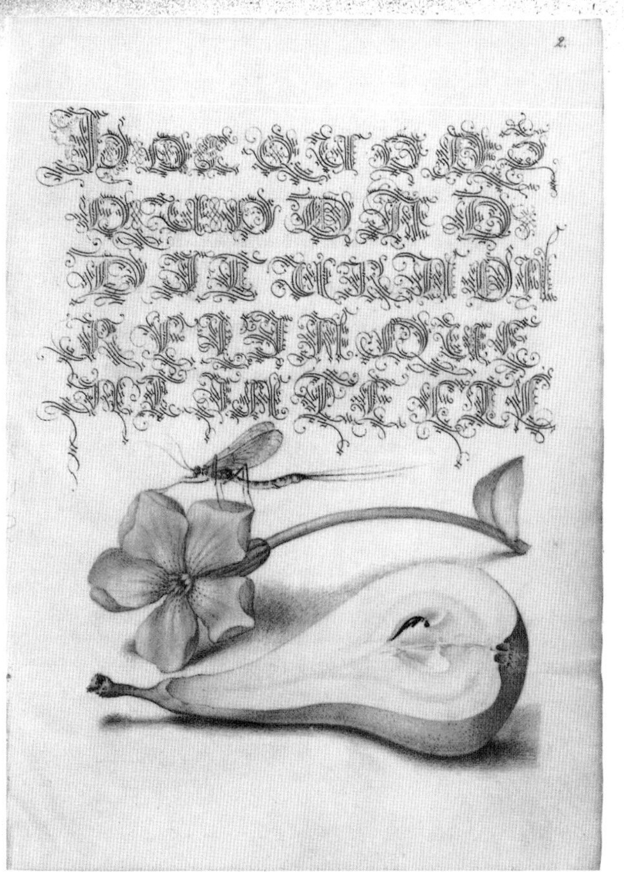

GRATIAM TVAM QVÆSVMVS DOMINE MENTIBVS NOSTRIS INFVNDE: VT QVI ANGELO NVNTIANTE CHRISTI FILII TVI INCARNATIONEM COGNOVIMVS PER PASSIONEM EIVS ET CRVCEM AD RESVRRECTIONIS GLORIAM PERDVCAMVR PER DOMINVM NOSTRVM IESVM CHRISTVM FILIVM TVVM QVI TECVM VIVIT ET REGNAT IN VNITATE SPIRITVS SANCTI DEVS PER OMNIA SÆCVLA SAECVLORVM AMEN.

Impinguat caput oleum peccatoris quum demulcet mentem favor adulantis Qui de amore non venit honor, non honor sed adulatio est. Opes impiorum deficiunt, non aliter atque ruinis ericeantur. Qua mensura metimini, eadem remecietur vobis

Nec cibus sed omnia mala ab interius procedentia coinquinant hominem Credimus te domine sed succurre incredulitati nostre. Nam omnis homo igne salietur

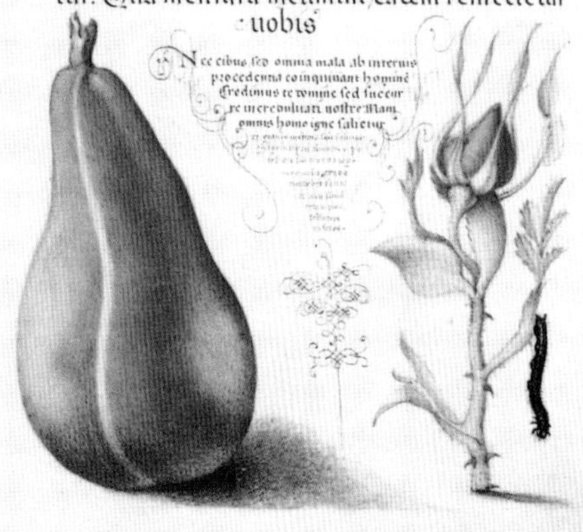



Clamaui in toto corde exaudi me Domine: iustificationes tuas requiram. Clamaui ad te saluum me fac: ut custodiam mandata tua. Præueni in maturitate et clamaui: quia in uerba tua semper speraui. Præuenerunt oculi mei ad te diluculo: ut meditarer eloquia tua. Vocem meam audi secundum misericordiam tuam Domine: et secundum iudicium tuum uiuifica me. Appropinquauerunt persequentes me iniquitati: a lege autem tua longe facti sunt. Prope es tu Domine: et omnes viæ tuæ veritas. Initio cognoui de testimonijs tuis: quia in æternũ fundasti ea. Vide humilitatem meam et eripe me domine: quia legem tuã non sum oblitus. Iudica iudicium meum et redime me: propter eloquium tuum uiuifica me. Longe a peccatoribus salus: quia iustificationes tuas non exquisierunt. Misericordię tuæ multæ Domine: secundum iudicium tuum uiuifica me. Multi qui persequuntur me et tribulant me: a testimonijs tuis non declinaui. Vidi præuaricantes et tabescebam: quia eloquia tua non custodierunt. Vide quoniam mandata tua dilexi Domine: in misericordia tua uiuifica me. Principium uerborum tuorum ueritas: in æternũ omnia iudicia iustitiæ tuæ.

NEmo bonus nisi vnus nempe Deus Quicumque uoluerit ex uobis esse primus erit omnium seruus. Necessitas amicitiam probat et intimæ charitatis ardorem splendor ex

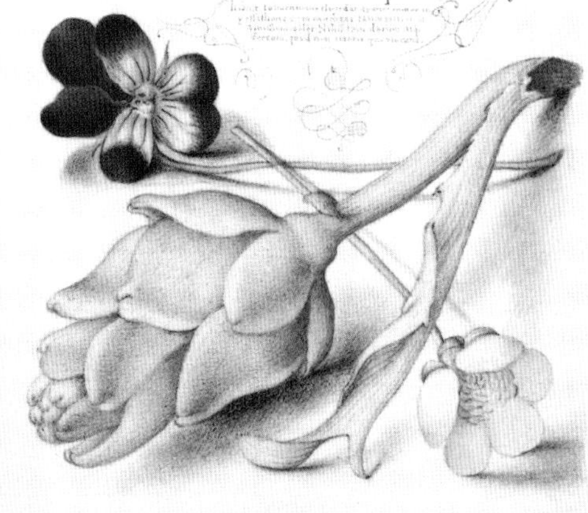



IESU CORONE CELSIOR ET VERITATIS SUBLIMIOR: QUI CONFITENTI SERUULO REDDIS PERENNE PRÆMIUM: DA SUPPLICANTI CŒTUI OBTENTU HUIUS OPTIMI REMISSIONEM CRIMINUM, RUMPENDO NEXUM UINCULI:

Afflictus sum, et humiliatus sum nimis, rugiebã à gemitu Cordis mei. Domine ante te omne desiderium meum, et gemitus meus à te non est absconditus. Cor meum conturbatum est, dereliqt me uirtus mea, & lumen oculorum meorum, & ipsum non est mecum. Amici mei & proximi mei, aduersum me appropinquauerunt, et steterunt. & qui inquirebant mala mihi locuti sunt uanitates.

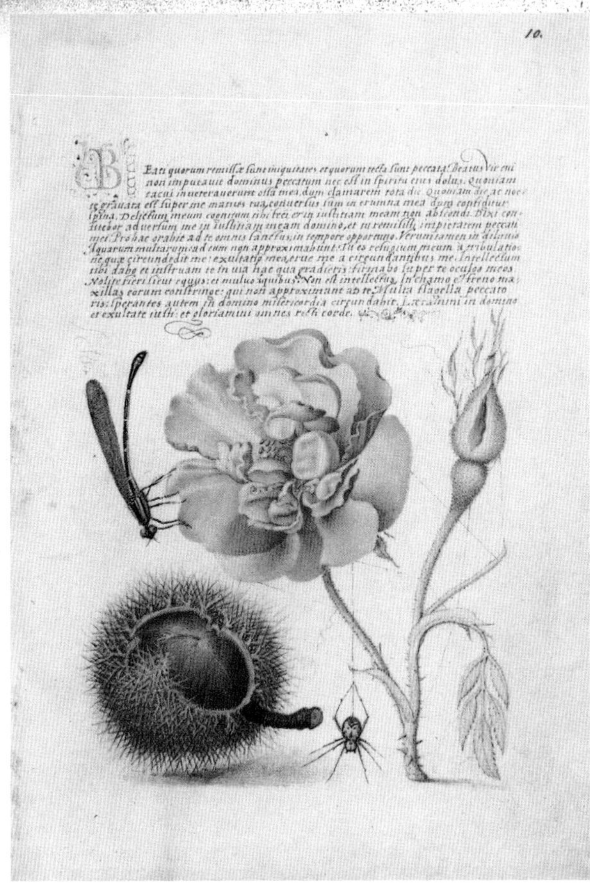

10.

28.

um appropinquaret dominus
Hierusalem: videns ciuitatē
fleuit super illam, et dixit: quia
si cognouisses et tu: quia venient di-
es in te, et circundabunt te inimici
tui vallo: et circundabunt te: et co-
angustabunt te undique: et ad ter-
ram prosternent te: eo quod non co-
gnouisti tempus visitationis tue.

102.

Chapter

# 美しく合理的に本を飾る「活字」になった花たち

**ピエール＝シモン・フルニエ**

# Flowers Become Fonts Adorning Beautiful, Rational Books

**PIERRE-SIMON FOURNIER**

1712-1768

Floral decoration has had a long history, but instead of treating text and decoration separately, Fournier transformed flowers into units, like letters, developing a way to combine them in compositions.

---

フルニエはル・べ家の活字鋳造所で働き、活字の改造を試みた。グーテンベルクは手書き文字に近いゴチック活字を使ったが、イタリアで、より機能的なローマン活字がつくられ、活字鋳造の中心はイタリアとなる。そして16世紀に入るとフランスに移り、クロード・ガラモン（P251）があらわれる。ガラモンを引き継いだギョーム・ル・べの活字鋳造所が有力となり、ここから多くの弟子が育つ。

その1人ロベール・グランジョンは、ルイ14世の命で〈王のローマン活字（ローマン・デュ・ロワ）〉をつくった。これが最初の近代的活字といわれている。

一方、フルニエは在野のル・べ活字鋳造所で、ガラモンの古い活字とグランジョンの近代的活字を折衷したフルニエ活字を1745年頃につくった。古さと新しさのバランスが好まれて、フルニエ活字は広く使われる。古典などの印刷には、あまりに機能的な活字よりも、フルニエ活字のやわらかさが好まれたのである。

彼が文字活字だけでなく、花形装飾活字の改良に力を入れたのも、見た目に楽しい本という彼の理想のあらわれからだったろう。花飾りは古くから使われてきたが、文字と飾りを別々にあつかうのではなく、花形も文字のように分節化して、組み合わせて構成していくやり方が開発される。花形のパターンの要素をアルファベットのように活字化し、活字と同じように鋳造できるようにする。そして、無限の組み合わせ、展開を可能とする。フルニエのそのような工夫は、文字が機能的に並ぶ頁に彩りを与え、視覚的喜びを与えたいという彼の夢を語っているのだ。

本とは1つの全体であり、紙、活字、頁のレイアウト、装版のすべてが統一され、調節されて、〈美しい本〉の世界ができるのだ、というウィリアム・モリスの思想はフルニエにまでさかのぼることができる。

Des faits éloignés de nos yeux
Ces Caractères nous instruisent,
Et par cet Art ingénieux,
Tous les talens s'immortalisent.

AVERTISSEMENT
PRÉLIMINAIRE.

POUR rendre cet Ouvrage plus intéressant aux yeux des GENS DE LETTRES, & pour remplir en même temps la partie qui les regarde, annoncée par le titre, je donne dans ce second Volume un exemple des différents caractères qui sont ordinairement d'usage dans l'Imprimerie, sans oublier aucune des nuances qui servent à les faire distinguer.

Cette partie de l'Art Typographique, qui entre dans l'ordre des connoissances analogues à celles des gens de Lettres, est communément fort né-

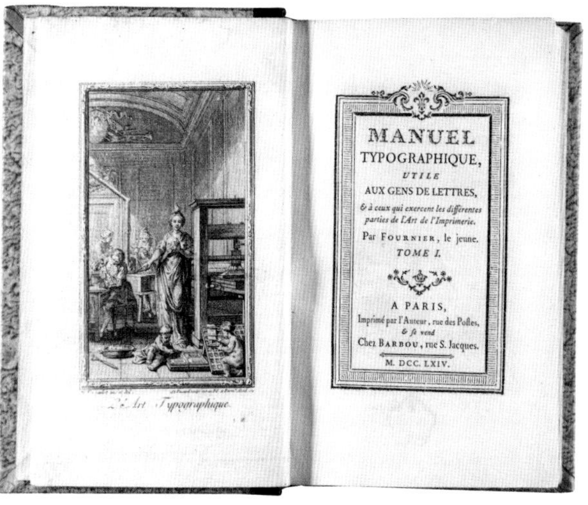
L'Art Typographique.

MANUEL
TYPOGRAPHIQUE,
*UTILE*
AUX GENS DE LETTRES,
*& à ceux qui exercent les différentes parties de l'Art de l'Imprimerie.*
Par FOURNIER, le jeune.
*TOME I.*

A PARIS,
Imprimé par l'Auteur, rue des Postes,
*& se vend*
Chez BARBOU, rue S. Jacques.
M. DCC. LXIV.

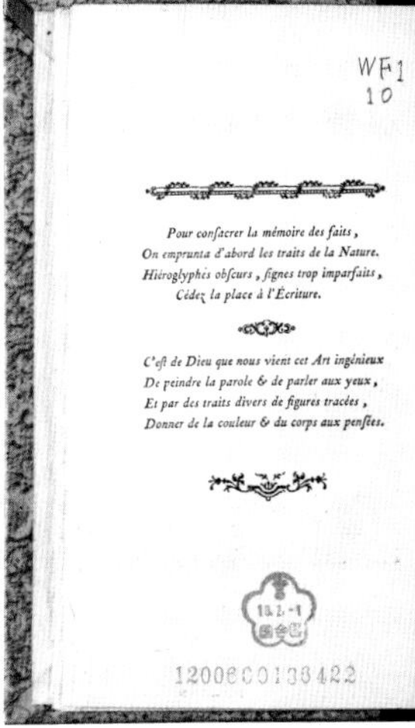
*Pour consacrer la mémoire des faits,*
*On emprunta d'abord les traits de la Nature.*
*Hiéroglyphes obscurs, signes trop imparfaits,*
*Cédez la place à l'Écriture.*

*C'est de Dieu que nous vient cet Art ingénieux*
*De peindre la parole & de parler aux yeux,*
*Et par des traits divers de figures tracées,*
*Donner de la couleur & du corps aux pensées.*



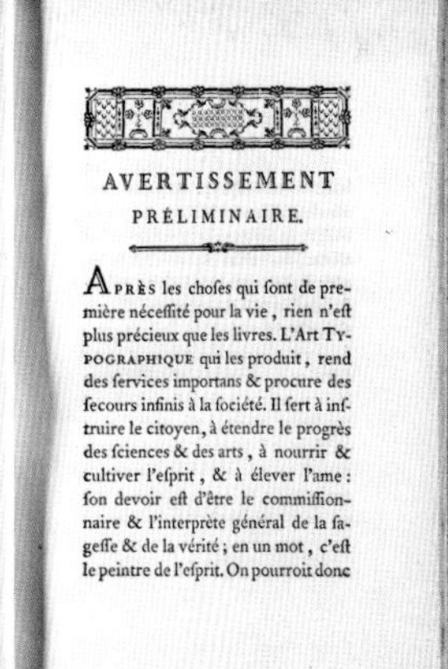
AVERTISSEMENT
PRÉLIMINAIRE.

APRÈS les choses qui sont de première nécessité pour la vie, rien n'est plus précieux que les livres. L'Art TYPOGRAPHIQUE qui les produit, rend des services importans & procure des secours infinis à la société. Il sert à instruire le citoyen, à étendre le progrès des sciences & des arts, à nourrir & cultiver l'esprit, & à élever l'ame: son devoir est d'être le commissionnaire & l'interprète général de la sagesse & de la vérité; en un mot, c'est le peintre de l'esprit. On pourroit donc

本を丸ごとつくりたい、というフルニエの夢を実現したのがこの本である。活字をつくり、頁をデザインし、装飾や挿絵を入れて、印刷する。挿絵も彼の作と思われる。後にウィリアム・モリスがケルムスコット・プレスで試みたことを、先取りしていた。花形装飾の活字の見本も入っている。フルニエはブック・デザイナーの先駆である。

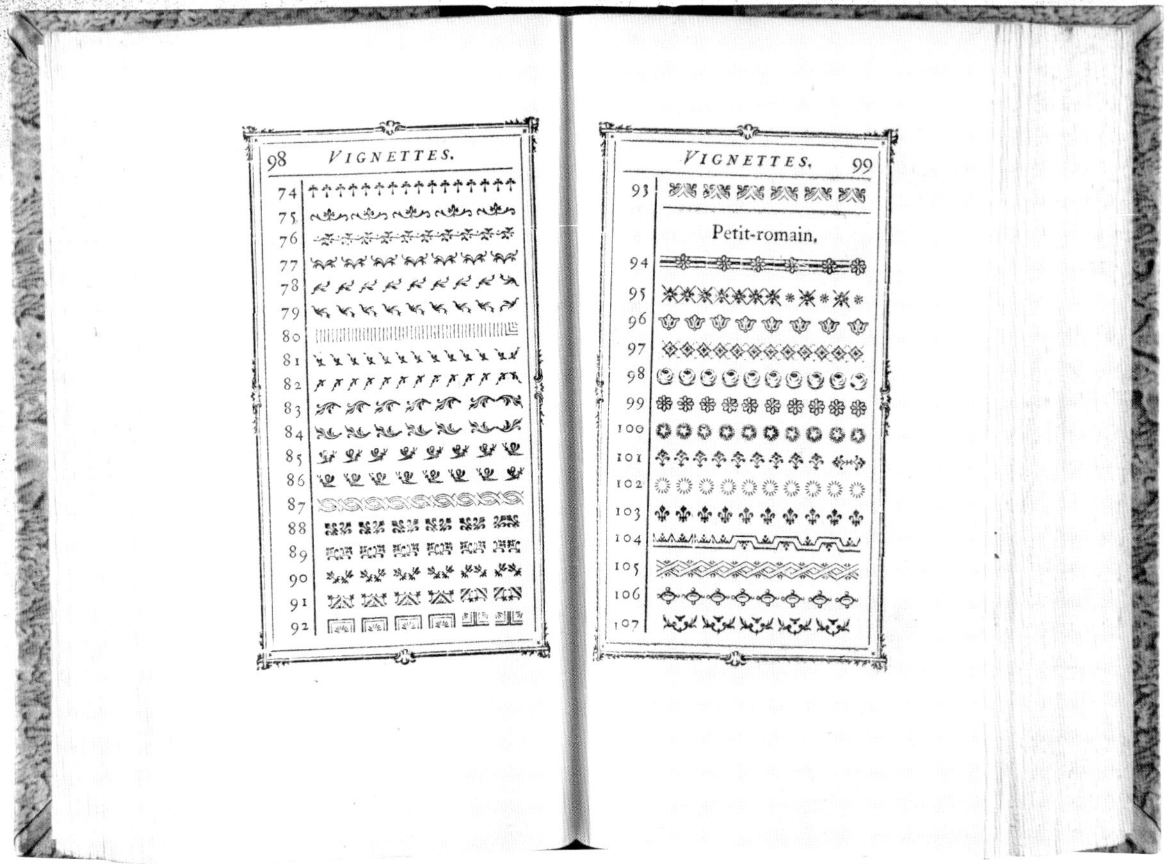

98 VIGNETTES.

74
75
76
77
78
79
80
81
82
83
84
85
86
87
88
89
90
91
92

VIGNETTES. 99

93

Petit-romain,

94
95
96
97
98
99
100
101
102
103
104
105
106
107

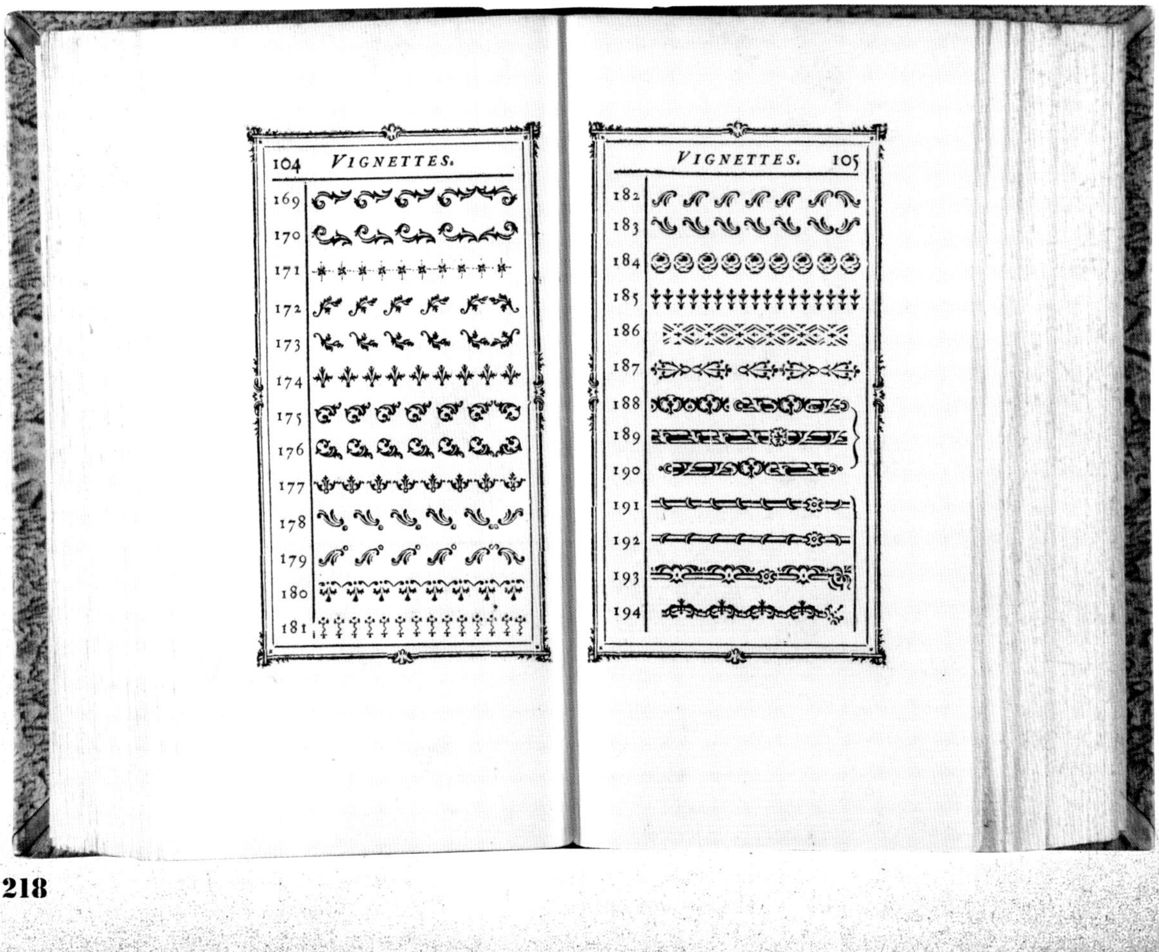

104 VIGNETTES.

169
170
171
172
173
174
175
176
177
178
179
180
181

VIGNETTES. 105

182
183
184
185
186
187
188
189
190
191
192
193
194

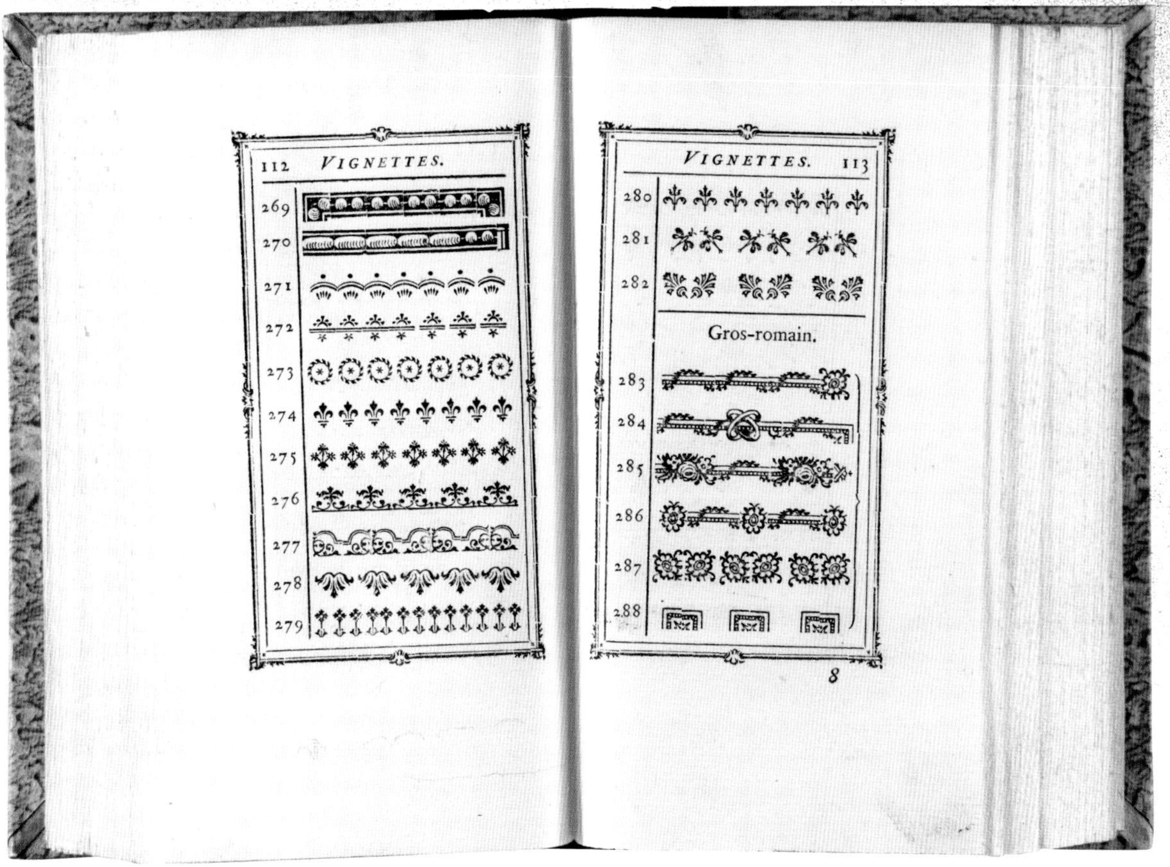

112 *VIGNETTES.*

269
270
271
272
273
274
275
276
277
278
279

*VIGNETTES.* 113

280
281
282

Gros-romain.

283
284
285
286
287
288

8

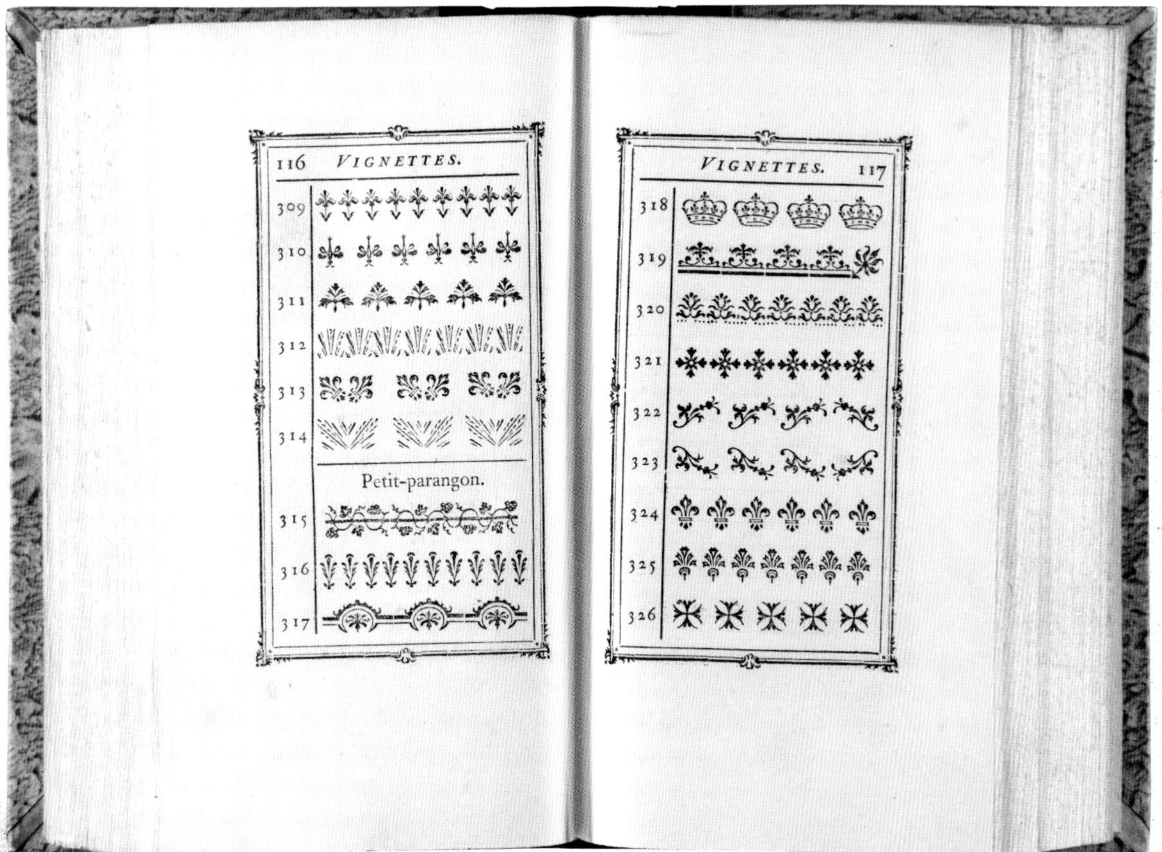

116 *VIGNETTES.*

309
310
311
312
313
314

Petit-parangon.

315
316
317

*VIGNETTES.* 117

318
319
320
321
322
323
324
325
326

Chapter

# 歴代の王妃に愛された フランス激動期の奇蹟の画家

## ピエール＝ジョゼフ・ルドゥーテ

# A Painter of Marvels, Adored by Queens, Amidst Tumultuous Times in France

## PIERRE-JOSEPH REDOUTÉ

1759-1840

While caught up in the maelstrom of the French Revolution, Redouté's work was loved by France's queens. Living in a time of crisis, this amazing artist continued to paint only flowers.

---

ひたすら美しいバラを描きつづけた植物画家というイメージを思い浮かべるのだが、ルドゥーテはフランス革命の嵐に翻弄された生涯を送っている。そのような激動期に、花だけを描いていたことは奇蹟ともいえるだろう。

ルドゥーテはベルギーのアルデンヌ県のリエージュの近くで生まれた。父は教会などに装飾画を描く、貧しい絵師であった。ルドゥーテも旅まわりの絵師としてヨーロッパを遍歴し、フランドルの画家ヤン・ファン・ハイスムの花の絵に魅せられる。1782年、パリに出て、王立植物園に雇われ、アマチュアの植物学者シャルル＝ルイ・レリチエ・ド・ブリュテルと知り合い、その本のための植物画を描く。1787年には、レリチエに連れられてロンドンに行き、キュー植物園を見ることができた。

ルドゥーテは王妃マリー・アントワネット付きの画家となり、プチ・トリアノン宮殿の庭園の花を描く。しかしフランス革命がはじまり、マリー・アントワネットは処刑される。革命の混乱の中でナポレオンが登場し、やがて皇帝となる。皇帝の最初の妻ジョゼフィーヌはマルメゾン館に見事な庭をつくり、ルドゥーテはそこに出入りするようになる。

皇帝に見捨てられたジョゼフィーヌは園芸に熱中し、ルドゥーテはその花を描いた。特にジョゼフィーヌの好きなバラは重要なレパートリーとなった。皇后の後援を受けて、『マルメゾンの庭園』(1803-1805)、『ユリ科植物図譜』(1802-1816)が出された。

1814年、ナポレオンは退位し、フランスでは王政復古があった。この年、ジョゼフィーヌも没した。彼女と自分の記念のために、ルドゥーテは『バラ図譜』全3巻を1817年から1824年にかけて出版した。しかし、出版に多額な費用をつかい果たし、財産を失い、苦しい晩年であったという。美しいバラにはとげがあったのである。

## 『バラ図譜』ピエール=ジョゼフ・ルドゥーテ画｜1817-1824年｜フランス
'Roses'

ルドゥーテといえばバラの画家として知られる。ナポレオンに捨てられたジョゼフィーヌが残る情熱を注いだバラづくりをルドゥーテはずっと見守り、花の姿を記録したのである。そのような思いで見ると、ルドゥーテのバラは、単なる美しい花ではなく、人間的な情念、エロティックな妄想などを感じさせる。

*Rosa Gallica agatha (var. Delphiniana).* *L'Enfant de France.*

P.J. Redouté pinx. Imprimerie de Rémond. Bessa sculp.

*Rosa Indica Cruenta.* *Rosier du Bengale à fleur[s] pourpre de sang.*

P.J. Redouté pinx. Imprimerie de Rémond. Langlo[is]

*Rosa Multiflora carnea.* *Rosier Multiflore à fleurs carnées.*

P.J. Redouté pinx. Imprimerie de Rémond. Talbeaux sculp.

*Rosa Indica.* *Rosier des Indes.*

P.J. Redouté pinx. Imprimerie de Rémond. Chapuy

osa Damascena subalba.
Rosier de Damas à Pétale teinte de rose.
Imprimerie de Rémond
Chapuy sculp.

Rosa Pomponia.
Rosier Pompon.
P. J. Redouté pinx.
Imprimerie de Rémond
Langlois sculp.

Rosa Indica vulgaris.
Rosier des Indes commun.
Imprimerie de Rémond

Rosa Sulfurea.
Rosier jaune de souffre.
P. J. Redouté pinx.
Imprimerie de Rémond
Langlois sculp.

Rosa centifolia Bullata
Rosier à feuilles de Lau
P. J. Redouté pinx.
Imprimerie de Rémond
Langlois scu

Rosa Noisettiana.
Rosier de Philippe Noisette.
J. Redouté pinx.
Imprimerie de Rémond
Langlois sculp.

Chapter

# ヴィクトリア朝の女性のための花の絵本

# Flower-illustrated Books for Victorian Women

In the nineteenth century, both flowers and books suddenly became democratized. Women became readers, and many picture books filled with beautiful, adorable flowers were published to appeal to them.

---

19世紀、英国のヴィクトリア朝になると花の絵、植物画をめぐる状況が大きく変わる。王侯貴族のための豪華な花を描いたルドゥーテは古い時代の最後の人であったかもしれない。19世紀には、花も本も一気に大衆化する。美しい花の本は一般の人々の手に入るものとなるのである。その新しい読者の中心は女性である。女性が本を読むようになり、花の絵を見て楽しむだけでなく、自ら花を描くようになる。

「植物学は、実際、大衆的な娯楽となる。花の絵は、おしゃれな若い女性の優雅なたしなみの中に席を占め、描き方の手引書が求められ、花言葉のカルトがセンチメンタルな花の本のよい売れゆきをもたらした。」（ウィルフリド・ブラント『植物画の美術』1950）

花の種類も多様になった。世界中の珍しい花だけでなく、なにげない野の花などが興味をひくようになったのである。

19世紀になっても女性の画家は例外だった。女性の画家は職業として認められず、アマチュアと見られたのである。絵や彫刻は女性にとって趣味であった。女性たちは身のまわりの花、野の花を描いた。しかし野の花の絵をきっかけに、女性はアートに参加しようとしていた。

そのような女性の願望にこたえて、女性のための、女性の感性にアピールする、きれいでかわいい花の本のマーケットがあらわれ、おびただしい絵本が出されるようになった。ケイト・グリーナウェイやウォルター・クレインの花の絵本は、女性にも子供にも愛された。

ヴィクトリア朝の、センチメンタルで、やさしくかわいい小さな花たちは、子どもが大人になる前の、ういういしい想像力を思い出させてくれる。

## 『友情と思い出』フレッド・ウィーズリー画｜1890年｜イギリス
'Friendship's Memories'

*Friendship is not a plant of hasty growth;*
*Though planted in esteem's deep-fixed soil,*
*The gradual culture of kind intercourse*
*Must bring it to perfection.*

*Joanna Baillie.*

絵と詩がちりばめられている。友達に名前などを書いてもらうサイン帳で、ヴィクトリア朝の娘たちの友情の記念となっている。サインするための余白を持った絵の構図で、水彩による淡い色もロマンティックだ。19世紀は水彩画が発達した時代であった。花や風景を描くのに適していた。この本をやりとりする少女たちが浮かんでくる。

## 『花とその親しき思い』オーウェン・ジョーンズ装飾｜1848年｜イギリス

'Flowers and their Kindred Thoughts'

オーウェン・ジョーンズはイギリスのモダン・デザインの先駆者で、その『装飾の文法』(1856/P109)は、アール・ヌーヴォーの起源の1つとなった。花と装飾、花と文字などの融合がこの本で試みられている。花の描き方は、より装飾的に平面化され、デザイン化されている。

DOUBLE RED CAMPION.
will soon perceive how t
sarily promoted to honour
ing the coppice and hedg
or champion-garland flowe
74

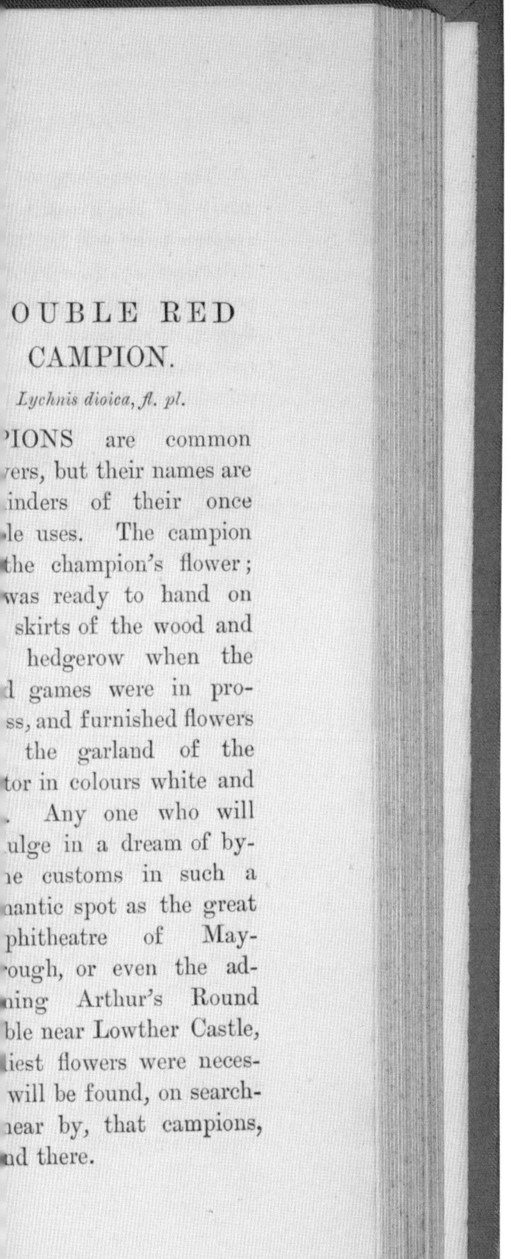

OUBLE RED
CAMPION.

*Lychnis dioica, fl. pl.*

IONS are common
vers, but their names are
inders of their once
le uses. The campion
the champion's flower;
was ready to hand on
skirts of the wood and
hedgerow when the
d games were in pro-
ss, and furnished flowers
the garland of the
tor in colours white and
. Any one who will
ulge in a dream of by-
ne customs in such a
nantic spot as the great
phitheatre of May-
ough, or even the ad-
ning Arthur's Round
ble near Lowther Castle,
iest flowers were neces-
will be found, on search-
near by, that campions,
nd there.

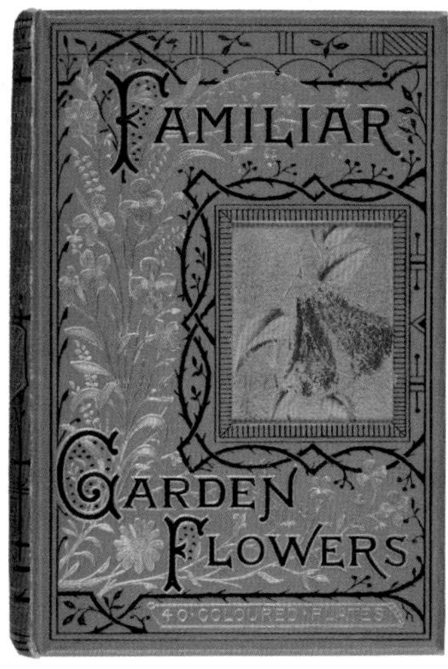


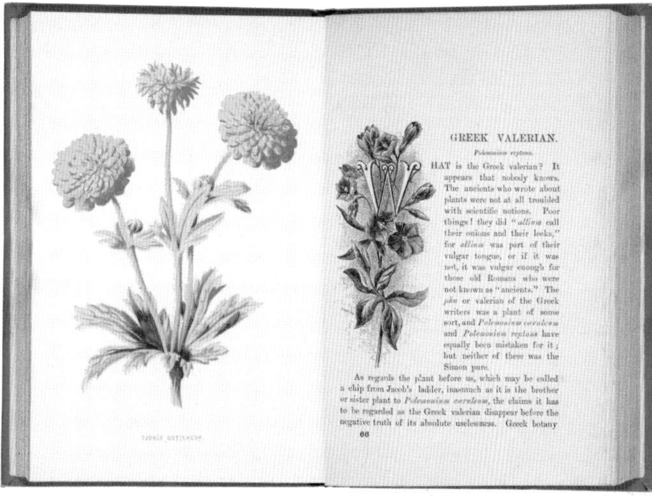

GREEK VALERIAN.

*Polemonium reptans.*

WHAT is the Greek valerian? It appears that nobody knows. The ancients who wrote about plants were not at all troubled with scientific notions. Poor things! they did "*allium* call their onions and their leeks," for *allium* was part of their vulgar tongue, or if it was not, it was vulgar enough for those old Romans who were not known as "ancients." The *phu* or valerian of the Greek writers was a plant of some sort, and *Polemonium cœruleum* and *Polemonium reptans* have equally been mistaken for it; but neither of these was the Simon pure.

As regards the plant before us, which may be called a chip from Jacob's ladder, inasmuch as it is the brother or sister plant to *Polemonium cœruleum*, the claims it has to be regarded as the Greek valerian disappear before the negative truth of its absolute uselessness. Greek botany

66

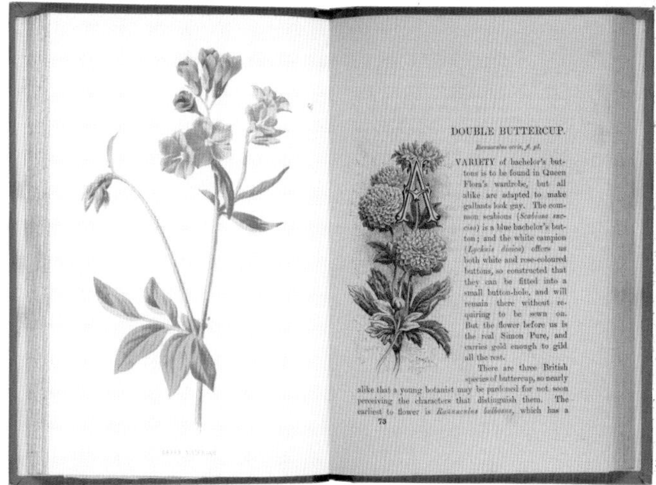

DOUBLE BUTTERCUP.

*Ranunculus acris, fl. pl.*

A VARIETY of bachelor's buttons is to be found in Queen Flora's wardrobe, but all alike are adapted to make gallants look gay. The common scabious (*Scabiosa succisa*) is a blue bachelor's button; and the white campion (*Lychnis dioica*) offers us both white and rose-coloured buttons, so constructed that they can be fitted into a small button-hole, and will remain there without requiring to be sewn on. But the flower before us is the real Simon Pure, and carries gold enough to gild all the rest.

There are three British species of buttercup, so nearly alike that a young botanist may be pardoned for not soon perceiving the characters that distinguish them. The earliest to flower is *Ranunculus bulbosus*, which has a

73

身近な庭の花を観察している。ヴィクトリア朝の典型的な花の本である。描き方はオーソドックスで、きちんとしている。標本的、教科書的ともいえるほどだ。中央と余白に３つの花を配する構図も規則的だ。まだアール・ヌーヴォーなどの影響は感じられない。表紙のアラベスクもまだ硬い。ヴィクトリア朝のストイックな感性がすがすがしい。

Chapter

# 「妖精」という存在の出現 擬人化された花たち

## Fairies as Anthropomorphic Flowers

Humans become flowers, flowers become human: Fantasies with these themes flourished in the nineteenth century. Artists perceived a human-like life force in flowers and a flower-like natural vitality in people.

花と人が混ぜ合わされる。人が花になり、花が人になる。そんな空想を私たちは楽しむ。それがはやるのは19世紀である。妖精という空想の存在が登場したことと関係しているだろう。花の中に小さな人間のような姿を幻想したのである。

もっとも、花と人の混ぜ合わせは古くからあった。中世の写本の中にも、木やつる草に人間が生えているような図を見ることができる。つる草がからみ合うアラベスク文様のうち、人間や動物が植物に混ざって生えている文様は〈グロテスク〉と呼ばれる。

19世紀の擬人化された花といえば、まず思い浮かぶのはグランヴィルである。その『フルール・アニメ(生きている、人間化された花)』(1847)は花からあらわれる幻影のような女たちを描いている。

しかし、グランヴィルが得意としたのは、人間と動物のハイブリッド(混ぜ合わせ)である。彼は人間を動物にたとえて諷刺した。『フルール・アニメ』は彼にとって例外的な作品で、死後に出されたが、あまり売れなかったという。

グランヴィルの試みは未完成に終わった。擬人化された花の絵を完成させるのは、ウォルター・クレインである。ゴシック・リヴァイヴァルの影響を受け、ウィリアム・モリスのアーツ・アンド・クラフツ運動による自然発見を吸収して、クレインは、花の中に人間的な生命力を見、人の中に花のようないきいきした自然を見出した。

グランヴィルが描いた花の女性はまだちょっと古風であるが、クレインは19世紀末にあらわれた活溌な新しい女性を描いている。クレインが登場させた花の女性は、それまで傍役であった女性画家たちに大いなる元気を与えた。彼女たちはのびのびと花咲く世界を描きはじめるのだ。

グランヴィルは花の女性を妖精のように、またはファッショナブル・レディのように描いている。鋭い諷刺画を描きつづけた彼は、晩年に、ファンタジーの世界に遊んでみたいと思ったのだろうか。それまでの諷刺画に慣れた彼のファンはとまどったようである。それでも、ユーモラスでいたずらっぽい彼の作風は失われていない。バラやダリアは女性のタイプを意味している。

Grandville dél.

Ch. Geoffroy sc.

DAHLIA

ROSE

『シェイクスピアの花園』ウォルター・クレイン画｜1906年｜イギリス

'Flowers from Shakespeare's Garden'

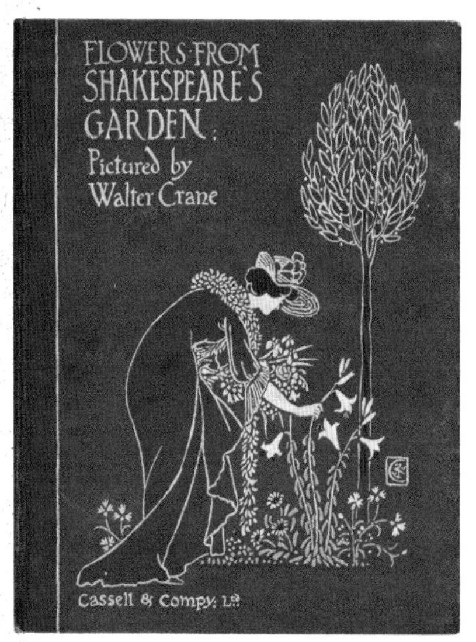


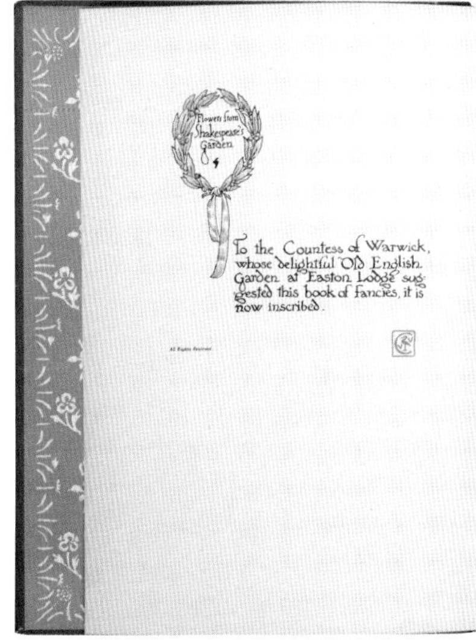


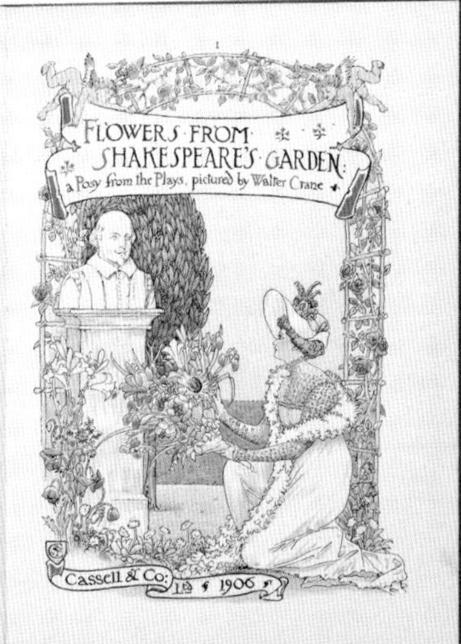

グランヴィルでは花と女はまだ合成的に見えるが、クレインにおいては木の葉やつる草の流動的な形と女性の身体が見事に融合し、共鳴している。その一体化した曲線は、アール・ヌーヴォーへと発展してゆく。髪の毛の流れも、動きの線を増殖してゆく。そして平面的なパターンがつくられ、軽快なリズムをつくっていく。

Chapter

# アール・ヌーヴォー<br>進化する花のスタイル

## Art Nouveau's Evolving Floral Styles

Art Nouveau was so fascinated by vegetation and produced so many floral patterns that it came to be known as the "Vines" style. Collections of floral patterns spread worldwide with the fashion for Art Nouveau.

19世紀の後半、文様の集成が行われ、多くの文様集が出された。それによって、世界中の文様が利用できるようになった。アール・ヌーヴォーはそこから生まれてきたともいえる。その1つのきっかけはオーウェン・ジョーンズの『装飾の文法』(P109)であった。

アール・ヌーヴォーは、一名〈つる草スタイル〉ともいわれたほど植物の生成がつくり出す形に魅せられ、花の文様を発達させた。そしてアール・ヌーヴォーの流行とともに、アール・ヌーヴォー風の花の文様集が世界中で出された。

アール・ヌーヴォーのスターであったアルフォンス・ミュシャも文様集をつくった。それによってミュシャのスタイルはさらに広まったのである。

ミュシャは1900年ごろ、モーリス・ヴェルヌイユとジョルジュ・オリオールの協力を得て、『装飾集成』という小さな文様集を出している。これが好評だったので、1902年に、さらに総合的な『装飾資料集』を出し、装飾を目指す学生のためのテキストとしている。

そこでは、平面的で曲線的なアール・ヌーヴォー・デザインの構成の仕方がわかるとともに、ミュシャがヨーロッパだけでなく、日本にいたる装飾パターンを集め、そこを彼のスタイルの源泉としていることをうかがうことができる。

他のアール・ヌーヴォー作家たちも文様集を出した。エキゾティックなミュシャに対して、フランス的なウジェーヌ・グラッセ、E・A・セギーなどが、中世やオリエンタルの文様を吸収したアール・ヌーヴォー・スタイルのパターンをまとめ、それを使いやすくした。このような文様のまとめと複製化は、モダン・デザインの発生をうながし、アール・ヌーヴォーの花の文様を世界中に親しいものとしたのである。

文様を集めて出版することは、だれでも装飾美術を学ぶことができるという、美術・デザインの大衆化を反映している。アール・ヌーヴォーはそのような時代に応えるアートであった。平面化された花やつる草の形、分割された地に配置される花文のネットワークが明快に示され、形と色彩のリズミックなくりかえしがまなざしを導いてゆく。

DOCUMENTS
DECORATIFS
PAR A. M. MUCHA
LIBRAIRIE CENTRALE DES BEAUX ARTS
RUE DE LAFAYETTE 13. PARIS

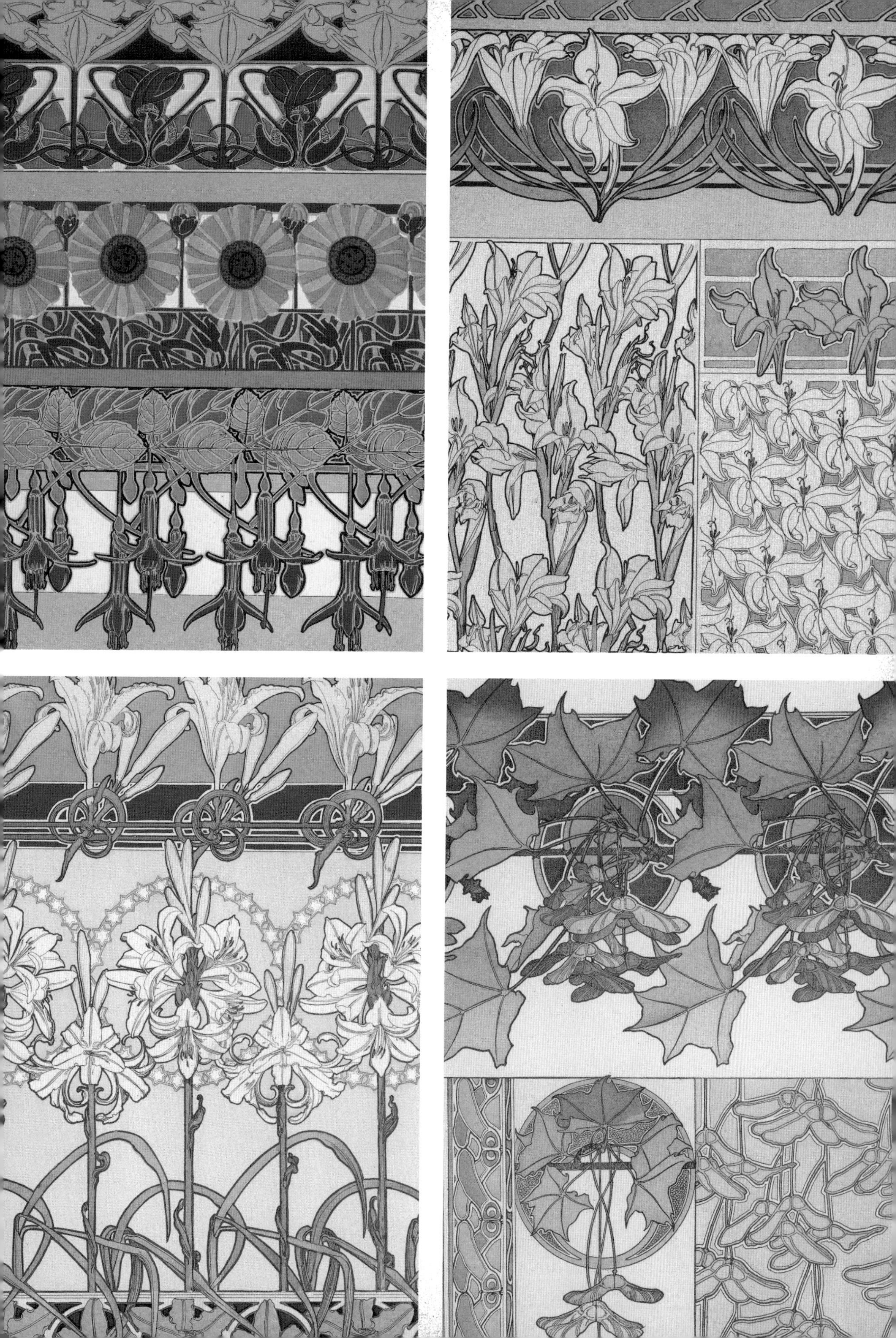

アール・ヌーヴォーの主なイメージは花と女であった。ベル・エポックのポスター画家として知られるウジェーヌ・グラッセの花文はクラシックで重厚で、建築的ともいえる。

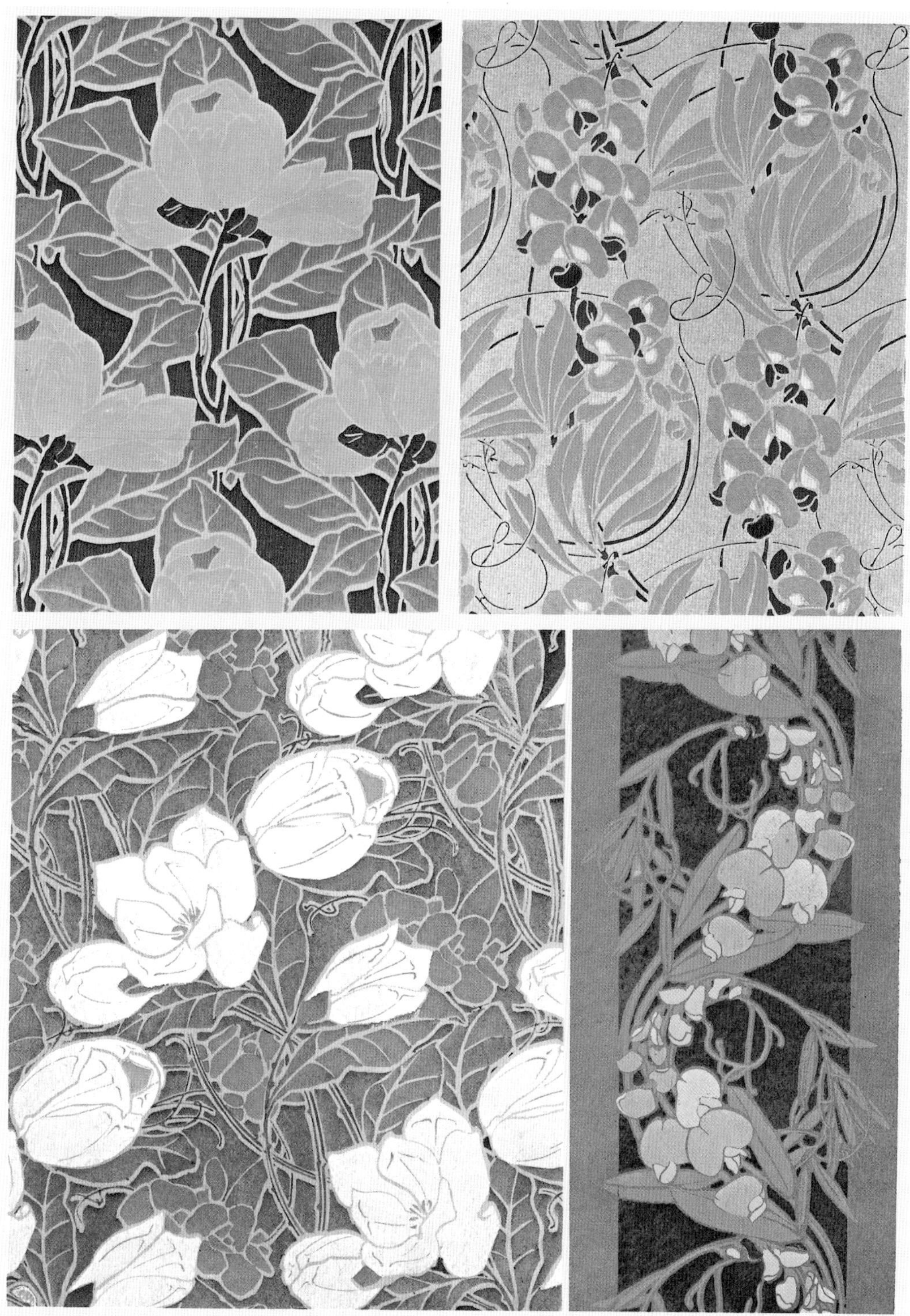

E・A・セギーの花文は、葉の地と花の図がくっきりと層分けされていてわかりやすい。どこか日本の文様を感じさせる。同じスタイルでもミュシャの花とは微妙にちがっている。

Librairie
Artistique
& Musicale
134
Rue Richelieu
PARIS
THIZA
& LAMBERT
Directeurs
Le
G. Rolant
Décor
Somptuaire
Industriel
Littéraire
& Musical
NOTES
POUR LES
ARTISTES
ET LES GENS
DU MONDE
PARIS
1900
Cie MONTMARTOISE
D'IMPRESSIONS ARTISTIQUES
Rue des Abbesses, 78
Exposition
Médaille d'Or
IMPRIMERIE
J. PELLERIN & HOU
14, rue Crampfort, 14
PARIS
Vignettes
Art
Français, grâce à leu
leurs faciles et nombreuses com
admirablement aux prolongeme
et aux sinuosités de lignes
l'habillage des
les Catal
Fonderie
G. PEIGNOT & FIL
68, Boulevard Edgar-Quinet, 68
PARIS
STAND
du Bois de Boulogne
Ouvert
de 11 h. du matin
à 6 h. du soir
OLYMPIQ
GYMNASE
245
Rue de Madrid
Ouvert
de 8 h. du matin
à 11 h. du soir
JEUNE
Carte de Membre

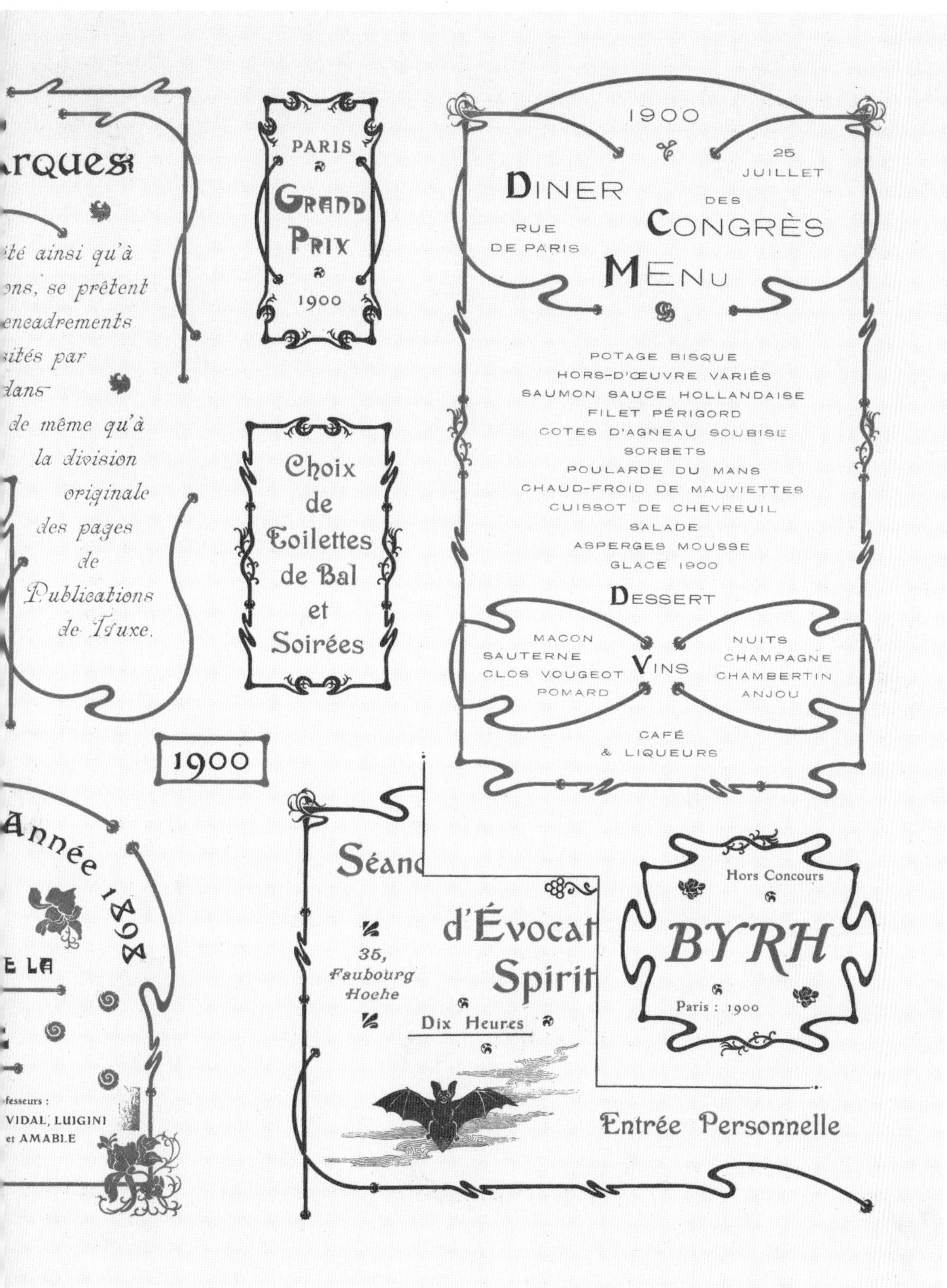


アール・ヌーヴォーはより大衆化され、〈アール・ヌーヴォー風〉となる。オリジナルな線は失われるが、よりパターン化され、様式化されたマークとして花文が氾濫する。そして手軽に、いたるところに使われる。特にアール・ヌーヴォーと呼ばれない、日常的な飾りとして親しまれる。それは世紀末アール・ヌーヴォーが残した忘れ物なのだ。

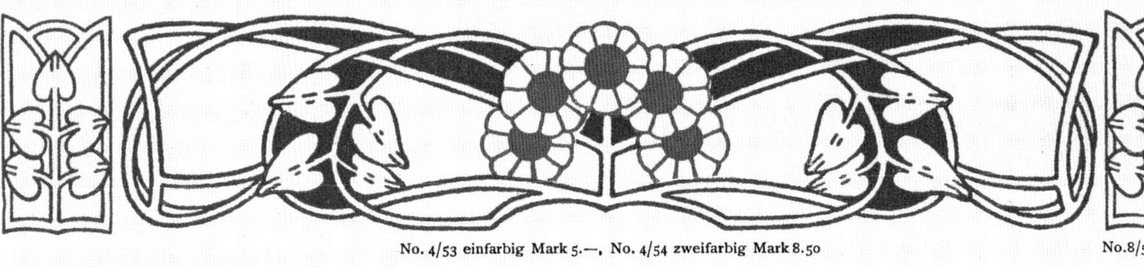

No. 4/53 einfarbig Mark 5.—, No. 4/54 zweifarbig Mark 8.50

No. 8/53. M.—.75

No. 7/53 einfarbig Mark —.75
» 7/54 zweifarbig » 1.25

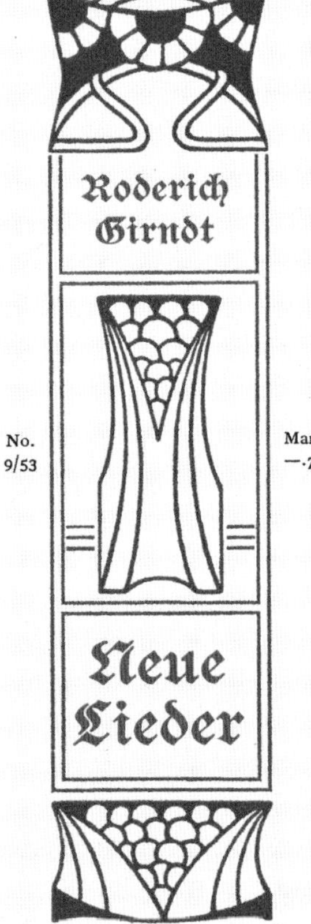


No. 9/53 Mark —.75

No. 6/53 Mark —.75

# MODERNER ZIERRAT

Original-Erzeugnis

GENZSCH & HEYSE
HAMBURG

E. J. GENZSCH
G. M. B. H.
MÜNCHEN

No. 1/59 einfarbig Mark 4.—, No. 1/60 zweifarbig Mark 6.50

## KONZERT

DES
STREICHORCHESTERS
RHEINISCHER MUSIK-
FREUNDE DIRIGENT

**MAX REIF**

SONNTAG, 8. NOVEMBER

No. 7/59 einfarbig Mark —.60
No. 7/60 zweifarbig Mark 1.—

### PROGRAMM

1. Ouverture z. Op. Martha *Flotow*
2. Adelaide . . . . . . . . . *Beethoven*
3. Schatzwalzer. . . . . . . *Strauss*
4. Kunterbunt, Potpourri . *Christern*
5. Träumerei . . . . . . . . *Schumann*
6. Ins Feld, Marsch . . . . *Reif*

PAUSE

7. Akademische Ouverture *Brahms*
8. Nocturno in Es-dur. . . *Chopin*
9. Faust-Fantasie. . . . . . *Gounod*
10. Polonaise a. Wildschütz . *Lortzing*
11. Erste Ung. Rhapsodie. . *Liszt*
12. Fatinitza-Marsch . . . . *Suppé*

No. 2/59 einfarbig Mark 3.—
No. 2/60 zweifarbig Mark 5.—

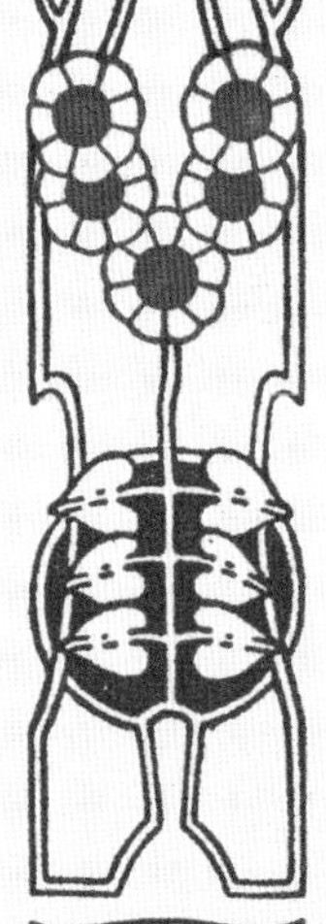

No. 3/59 einfarbig Mark 3.—
No. 3/60 zweifarbig Mark 5.—

NÄCHSTES KONZERT
DONNERSTAG, 9. NOVEMBER

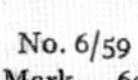

No. 6/59 Mark —.60

No. 4/59 einfarbig Mark 3.50, No. 4/60 zweifarbig Mark 6.—

**Serie 59** einfarbig komplett
(No. 1/59—5/59 je 1 Stück, No. 6/59—9/59 je 3 Stück)
Mark 15.—

**Serie 60** zweifarbig komplett
(No. 1/60—5/60 je 1 Stück, No. 6/60—9/60 je 3 Stück)
Mark 24.—

Nr. 2566 a · 72 Punkte (Hohlfuß)

Dieses Vorsatz-Muster kann auch zweifarbig verwendet werden (siehe Vorsatz-Muster Nr. 2598 a auf Seite 19)

Nr. 2535

48 Punkte

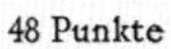

Nr. 2535 a

Nr. 2535

Nr. 2491 36 Punkte Nr. 2491

Die hier gezeigten Vorsatz-Muster werden auch einfarbig geliefert. Außerdem fertigen wir nach eingesandten, sowie nach in unserem Hause hergestellten Zeichnungen, alle Arten von Vorsatz- und Untergrundmustern in Schriftguß oder in Ätzung gegen entsprechende Berechnung an.

Chapter

# The Beautiful TYPOGRAPHY

## 美しい文字の本

字はことばの意味を伝えるものであるが、つねに美しさが求められてきた。書かれた文字の美しさの研究はカリグラフィといわれるが、ギリシア語の〈美しい〉と〈書く〉を合わせたことばからきている。そして字は印刷のための活字（タイプ）になり、それを研究するタイポグラフィが登場する。手書きの美しさを追求するカリグラフィと活字の美しいデザインを追求するタイポグラフィは互いに密接に影響を与えながら、美しい本をつくってきたのである。どちらかといえば、カリグラフィは字の美しさを、タイポグラフィは字の機能性を目指している。近代活字はより機能的な方向に向かうが、それでも時々、手書きの美しさにもどる。

たとえば、近代活字の1つにサンセリフがある。これはセリフがない字の意味で、セリフというのは、活字形についている小さなヒゲのようなもので、ペンによる書き出しや最後のハネを示している。近代活字

は、手書きの美しさを残す余分なヒゲをとって、ドライな字形をつくり出している。しかし決して実用一点張りではなく、手書きの美しさをとり入れた新しい活字のデザインがつづけられている。

近代活字は欧文だけで数千種あるといわれるが、主なのはローマン、ゴシック、サンセリフ、スクリプト、イタリックなどである。ローマンはセンチュリー・オールドともいわれ、主流である。ガラモン、バスカヴィル、ボドニなどによってつくり上げられてきた。ゴシックはグーテンベルクなどドイツでつくられたもので、アメリカではブラック・レターという。サンセリフは線の太さがどこも同じでシンプルなスタイルである。スクリプトは手書きの線を活字化している。イタリックは斜めに傾いた書体である。

産業革命による印刷の発達によって、より機能的に簡素化された活字に対して、美しい字の復活を掲げたのはウィリアム・モリスであった。モリスは中世の美しい本を甦らせようとした。その思想を受け継いだのはエリック・ギルで、20世紀前半には、モダン・アートの出発の中で、タイポグラフィの実験が行われる。未来派、ロシア・アヴァンギャルド、バウハウスなどでタイポグラフィが意識される。

未来派では、ことばが意味から解放され、自由な文字が試みられる。文字は水平、垂直の行を逸脱し、はみ出して斜めになったり、ひっくり返ったりする。ロシア・アヴァンギャルドは、文字と絵の境界をとりはずして、自由に交流させる。言語とはなにか、文字とはなにかが問い直される。新しい言語学、新しい文字のデザイン、新しい絵が同時的に豊かな表現を繰り広げる。美しい字の本が次々と開花していく。

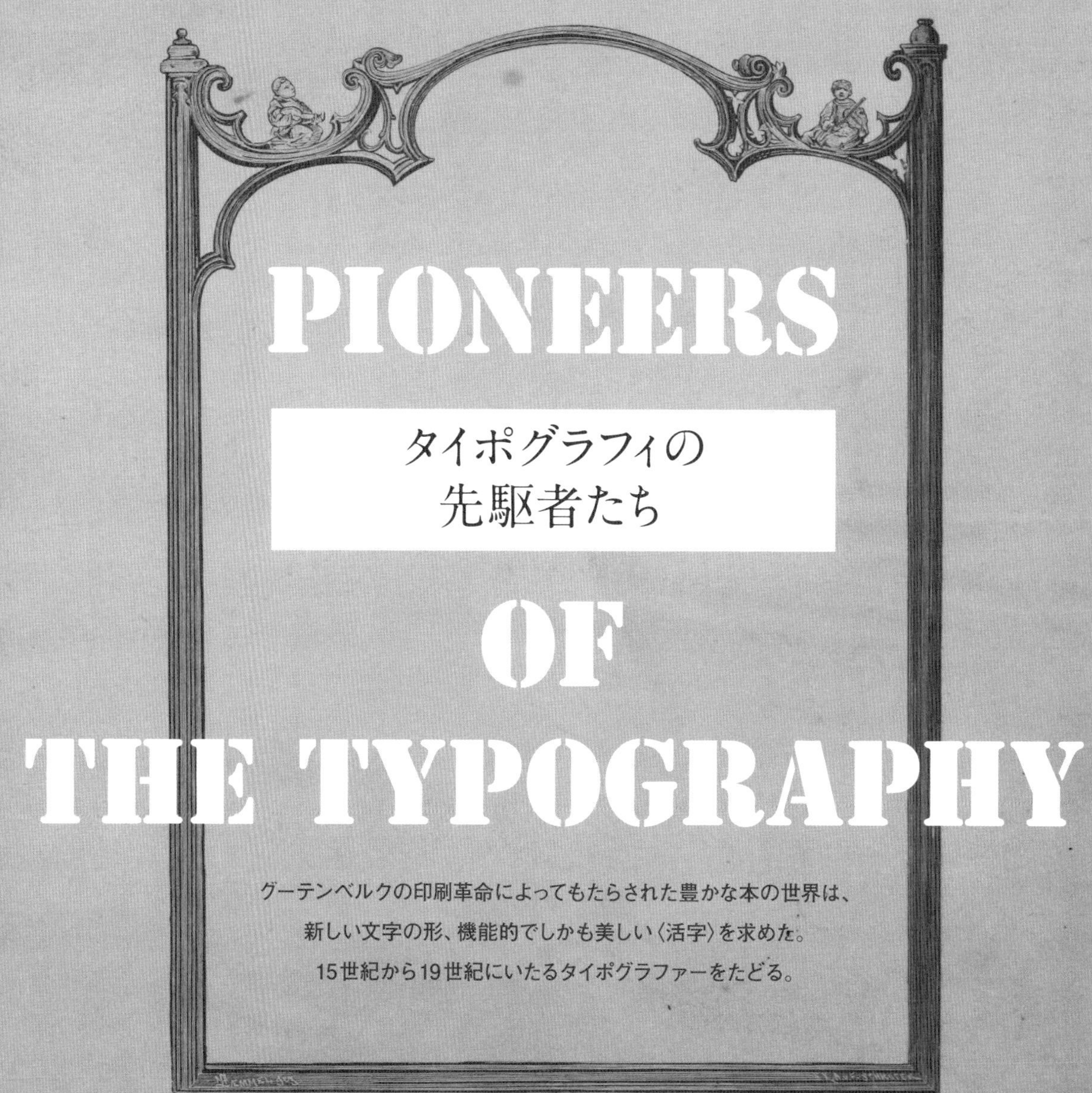

# PIONEERS OF THE TYPOGRAPHY

## タイポグラフィの先駆者たち

グーテンベルクの印刷革命によってもたらされた豊かな本の世界は、
新しい文字の形、機能的でしかも美しい〈活字〉を求めた。
15世紀から19世紀にいたるタイポグラファーをたどる。

# クロード・ガラモン

## CLAUDE GARAMOND

1500?-1561

印刷革命はドイツ、イタリアから16世紀にはフランスに入って開花する。クロード・ガラモンはその代表的なタイポグラファーである。彼はイタリアから学んだローマン体を完成させ、読みやすい近代活字の基をつくった。それまでの、ドイツでつくられた、手書き文字を写したゴシック体から活字を独立させ、明快にした先駆者である。彼は印刷所から独立して活字をつくり、印刷所に売るという、フリーのデザイナーのはじまりでもある。

ガラモンが製造した
オールド・ローマン体の活字
「ガラモン」1544年

## ウィリアム・キャスロン

## WILLIAM CASLON

1692–1766

15-16世紀の印刷革命は、17世紀にヨーロッパに普及する。そして18世紀に新しい時代に入る。新しいタイポグラフィの舞台となったのはイギリスで、キャスロンとバスカヴィルによって代表される。キャスロンはオランダから入った、太い線と細い線がくっきりと対比されて読みやすいローマン体（オールド・スタイル）をつくり、19世紀までイギリスでよく使われた。

キャスロンの
印刷活字見本
1785年

# ジョン・バスカヴィル

## JOHN BASKERVILLE

1706–1775

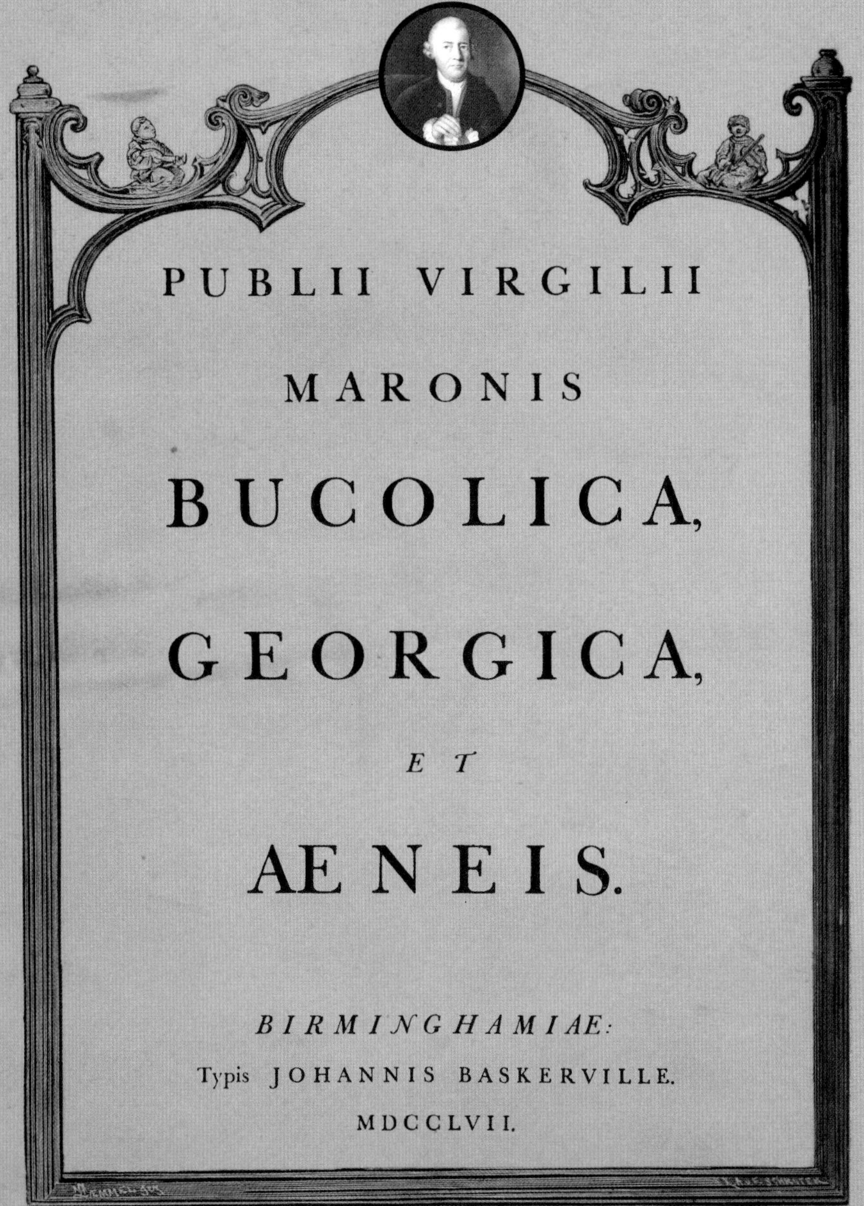

PUBLII VIRGILII

MARONIS

BUCOLICA,

GEORGICA,

*ET*

AENEIS.

*BIRMINGHAMIAE:*

Typis JOHANNIS BASKERVILLE.

MDCCLVII.

バスカヴィルによる
活字と組版の例
1907年

実用的なオランダ活字に忠実なキャスロンに対して、バスカヴィルは、いくらか装飾的で複雑な線を取り入れた柔軟なスタイルを導入した。トランジショナル・ローマンといわれ、ローマン体のオールド・スタイルからモダン・スタイルへの過渡期を示している。活字だけでなく、本全体のレイアウトなどに気を配ったバスカヴィルは、近代的なブック・デザインの先駆者の1人であった。

# ジャンバティスタ・ボドニ
## GIAMBATTISTA BODONI
1740–1813

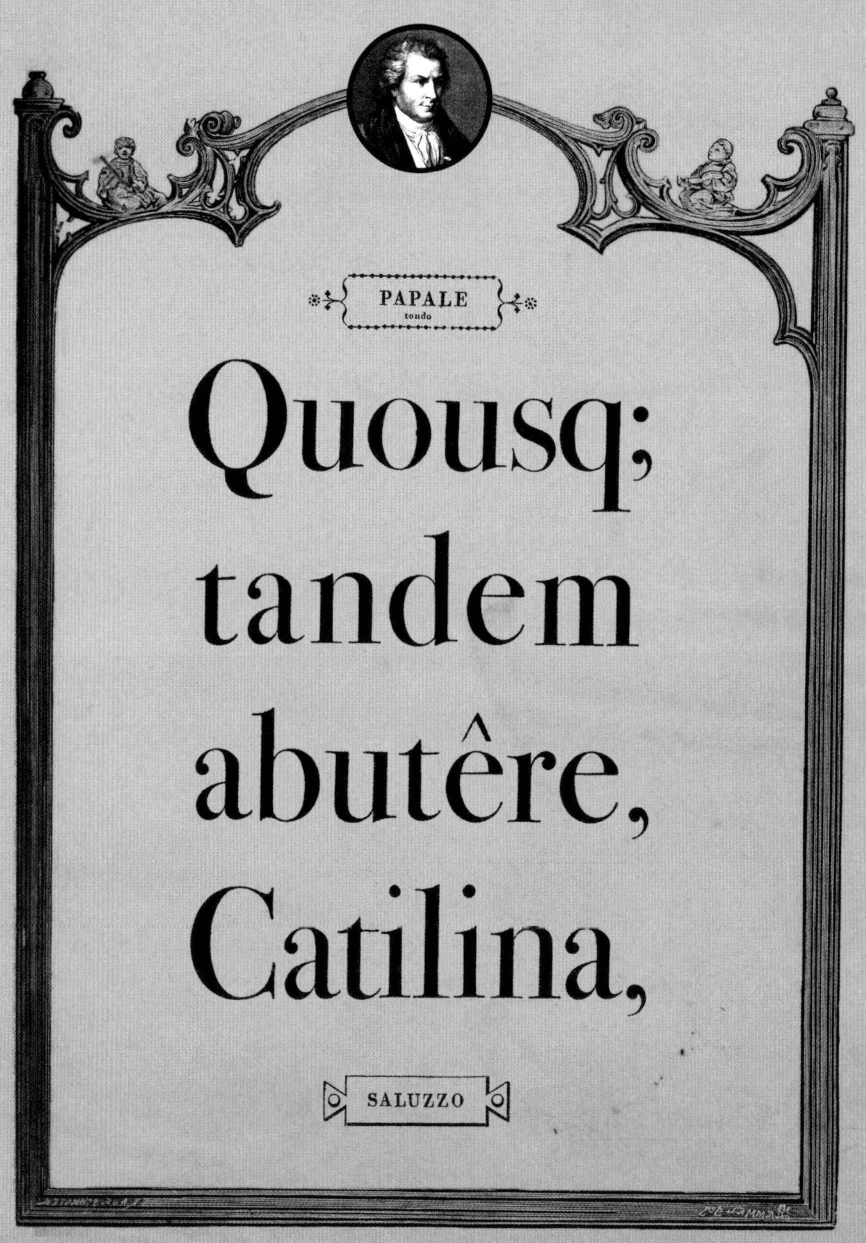


ボドニが製造した
モダンなローマン体
「ボドニ」の見本／1818年

イギリスのバスカヴィル、フランスのフルニエなどの影響を受け、ローマン体のモダン・スタイルをつくった。筆記体とははっきりちがった明快な字形と装飾性が統一されている。ボドニはおびただしい活字をデザインし、〈印刷者の王〉といわれるほど近代のタイポグラファの代表となった。字形だけでなく、字間、行間などの間の美しさなどで、ボドニ活字は世界中で愛された。

# ウィリアム・モリス

## WILLIAM MORRIS

1834-1896

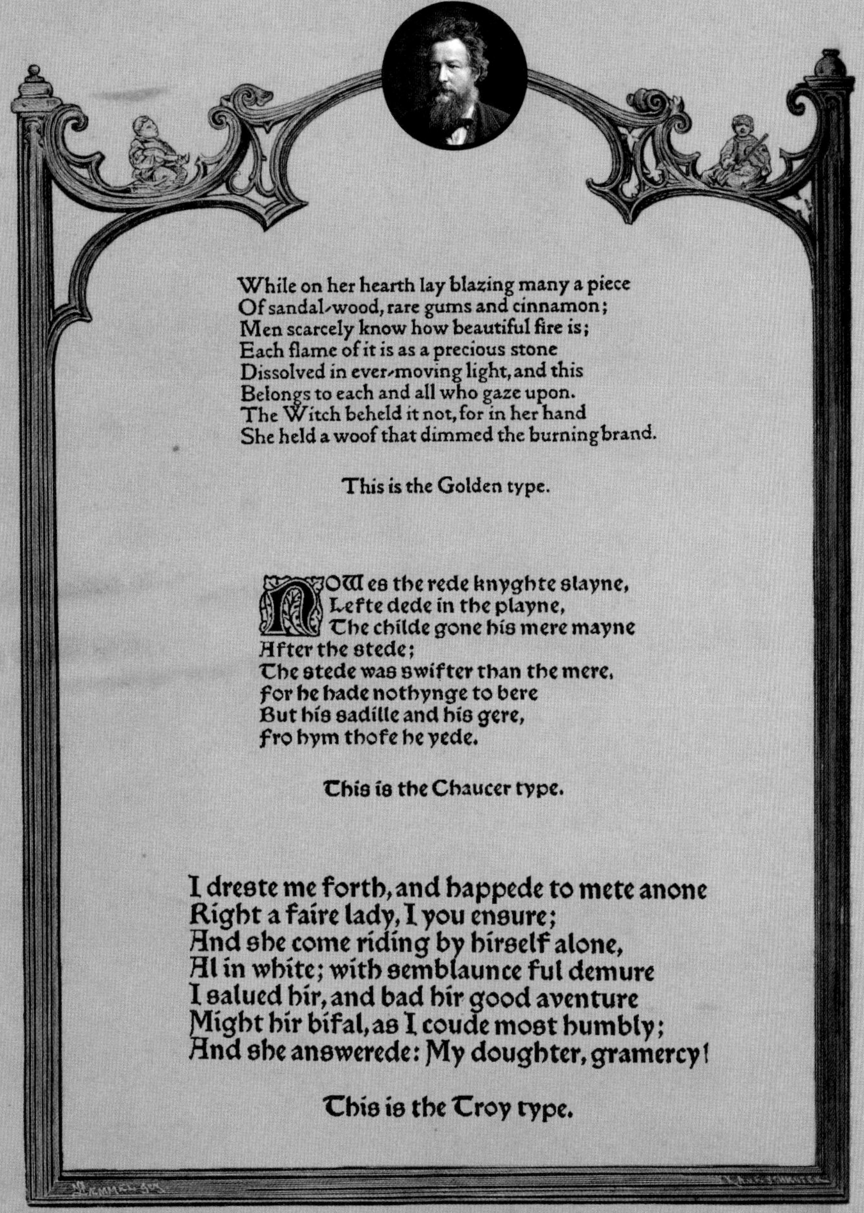

While on her hearth lay blazing many a piece
Of sandal-wood, rare gums and cinnamon;
Men scarcely know how beautiful fire is;
Each flame of it is as a precious stone
Dissolved in ever-moving light, and this
Belongs to each and all who gaze upon.
The Witch beheld it not, for in her hand
She held a woof that dimmed the burning brand.

This is the Golden type.

NOW es the rede knyghte slayne,
Lefte dede in the playne,
The childe gone his mere mayne
After the stede;
The stede was swifter than the mere,
For he hade nothynge to bere
But his sadille and his gere,
Fro hym thoſe he yede.

This is the Chaucer type.

I dreste me forth, and happede to mete anone
Right a faire lady, I you ensure;
And she come riding by hirself alone,
Al in white; with semblaunce ful demure
I salued hir, and bad hir good aventure
Might hir bifal, as I coude most humbly;
And she answerede: My doughter, gramercy!

This is the Troy type.

19世紀、産業革命とマス・メディアにより大量出版の時代となる。機械化、工業化の波で本の質が悪化する。〈美しい本〉の復活を求めて、ウィリアム・モリスは自ら本づくりをはじめ、ケルムスコット・プレスをつくる。紙づくり、活字づくりから出発する。中世の手づくり、手書きの時代にもどって、現代のローマン体に圧倒されたゴシック体が復活され、ゴールデン活字、トロイ活字、チョーサー活字などがデザインされた。

モリスの
ゴールデン活字（上）
チョーサー活字（中）
トロイ活字（下）

# TYPOGRAPHY OF THE MODERN ART

## モダン・アートのタイポグラフィ

20世紀のモダン・アートはタイポグラフィの新しい歴史を開いた。
未来派やバウハウスは、文字と絵の境界をとり払った。機能と装飾、
伝統的なナショナル・スタイルと現代的なインターナショナル・スタイルの
両極をめぐってモダン・デザインの歴史がつくられる。

## ♦モダン・アートの芸術運動とデザイナーたち♦

THE MODERN ART MOVEMENTS AND DESIGNERS

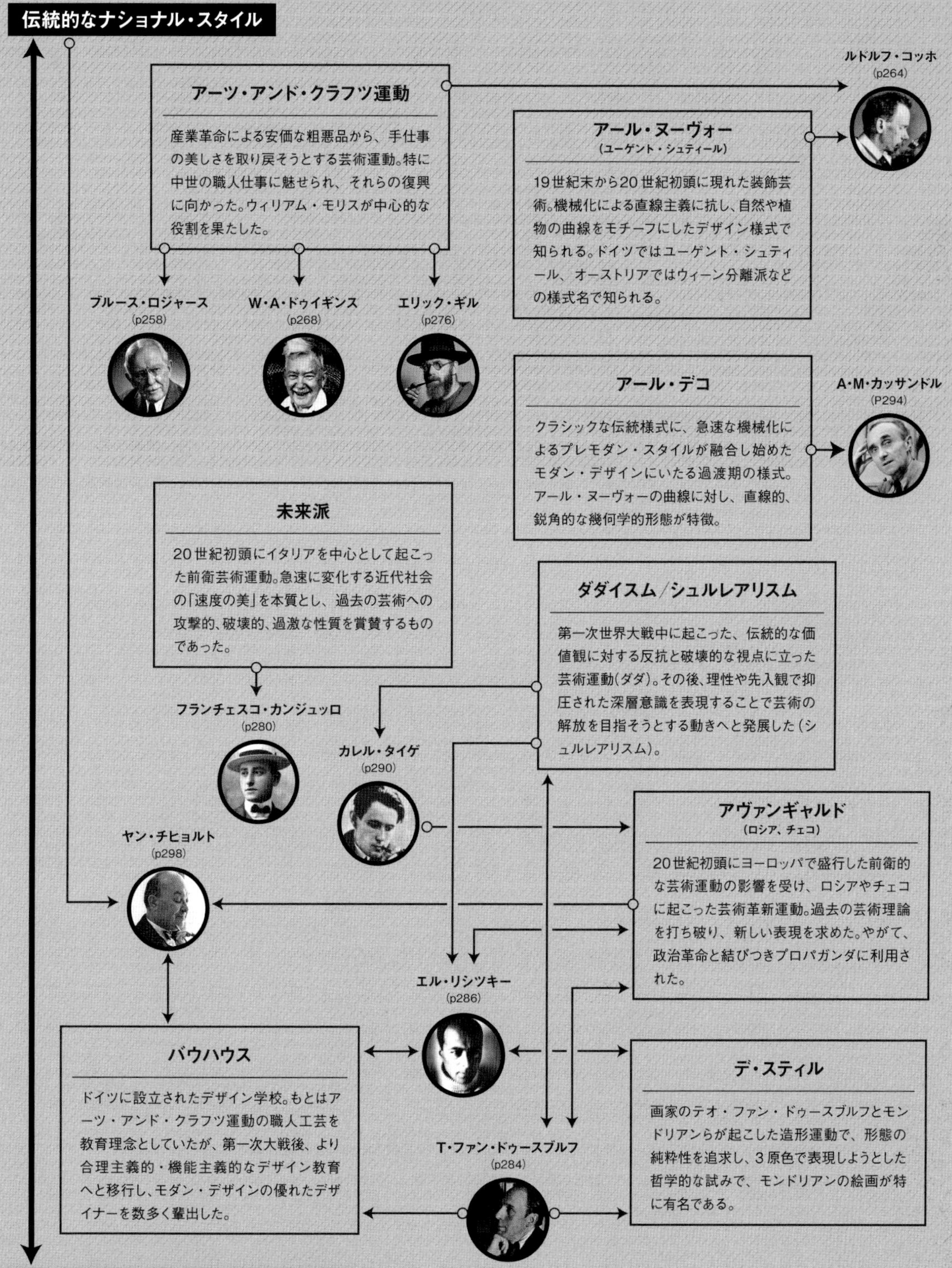

Chapter

# ブルース・ロジャース

## 大衆のための
## 美しい文字と装飾

# BRUCE ROGERS

1870-1957

## Beautiful Fonts and Decoration for the Masses

Designer of Centaur, one of typography's masterpieces. Influenced by William Morris's Arts and Crafts Movement, he spread the use of beautiful design in America.

ウィリアム・モリスのアーツ・アンド・クラフツ運動はアメリカにおいて最も広く豊かな成果をもたらした。特にブック・デザイン、タイポグラフィのすぐれた作家を生み出した。ブルース・ロジャースはその代表的なデザイナーである。

アメリカのインディアナ州生まれのロジャースは画家として出発した。友人にモリスのケルムスコット版の本を見せられて、ブック・デザインに興味を持った。1896年、マサチューセッツ州ケンブリッジにあった、リヴァーサイド・プレスに入り、モリスに影響を受けたブック・デザインをつくった。1900年からリヴァーサイドで限定版の豪華本の出版がはじまった。12年間に60点の限定版が出され、高い評価を受けた。

1912年、ロジャースはリヴァーサイド・プレスをやめてフリーとなり、1915年、彼のタイポグラフィの傑作といわれるセントール（ケンタウロス）体をデザインした。モーリス・ド・ゲラン著『ケンタウロス』(1915)に使われたのでこの名で呼ばれる。

1916年、ロジャースはイギリスに行き、ケンブリッジ・ユニヴァーシティ・プレスのコンサルタントなどの活動を1919年までした。その後も、アメリカとイギリスの両国で仕事をした。

ロジャースの特徴は、タイポグラフィだけでなく、ブック・デザイン全体に関わり、飾り罫からイニシャルにいたる装飾がすばらしいことである。フランス・ルネサンスのスタイルの優雅さが復活されている。また、モリスのアーツ・アンド・クラフツ運動を受け継ぎつつ、アメリカの大衆文化の中にそれを普及する役割を果たした。エリートのものであったアートを親しみやすいものにしたのである。歴史的スタイルとモダン・スタイルがうまく融け合っている。

# EVELINA

## LETTER ONE

*Lady Howard to the Reverend Mr. Villars*

**Howard Grove, Kent**

CAN any thing, my good Sir, be more painful to a friendly mind than a necessity of communicating disagreeable intelligence? Indeed, it is sometimes difficult to determine, whether the relater or the receiver of evil tidings is most to be pitied.

I have just had a letter from Madame Duval; she is totally at a loss in what manner to behave; she seems desirous to repair the wrongs she has done, yet wishes the world to believe her blameless. She would fain cast upon another the odium of those misfortunes for which she alone is answerable. Her letter is violent, sometimes abusive, and that of *you!* —*you*, to whom she is under obligations which are greater even than her faults, but to whose advice

ファニー・バーニーが1878年に書いた、ロンドン社交界をめぐる書簡体文学。ローマン体の明快な書体であるが、アーチ状の花飾りをちりばめることで、華やかさをかもし出している。フランス・ルネサンスからロココにいたる花柄のあしらいがロジャースは得意であった。アール・ヌーヴォーの大柄な花でなく、切りつめられた装飾のアール・デコを反映している。江戸小紋を思わせる。

THE
PIERROT
OF THE
MINUTE
BY
ERNEST DOWSON

NEW YORK
The Grolier Club
1923

細い鎖のような花文様が飾り枠を構成している。オーブリー・ビアズリーの後期にあらわれるロココ・スタイルの影響が感じられる。フランスのプチ・トリアノン宮殿のピエロの話にふさわしい。機能的なタイポグラフィにちらりと花飾りがほどこされている。シンプルな文字がぱっと華やかになり、ロココの舞台が浮かんでくる。

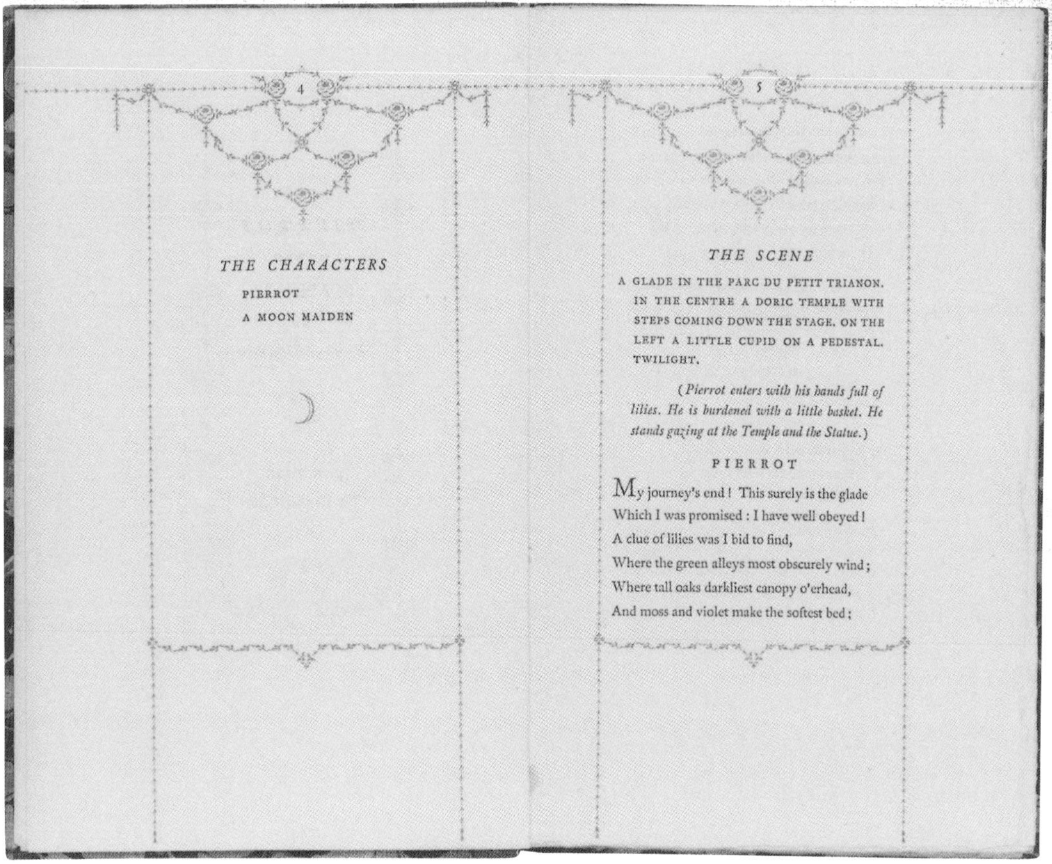

*THE CHARACTERS*

PIERROT

A MOON MAIDEN



*THE SCENE*

A GLADE IN THE PARC DU PETIT TRIANON. IN THE CENTRE A DORIC TEMPLE WITH STEPS COMING DOWN THE STAGE. ON THE LEFT A LITTLE CUPID ON A PEDESTAL. TWILIGHT.

*(Pierrot enters with his hands full of lilies. He is burdened with a little basket. He stands gazing at the Temple and the Statue.)*

PIERROT

My journey's end! This surely is the glade
Which I was promised: I have well obeyed!
A clue of lilies was I bid to find,
Where the green alleys most obscurely wind;
Where tall oaks darkliest canopy o'erhead,
And moss and violet make the softest bed;

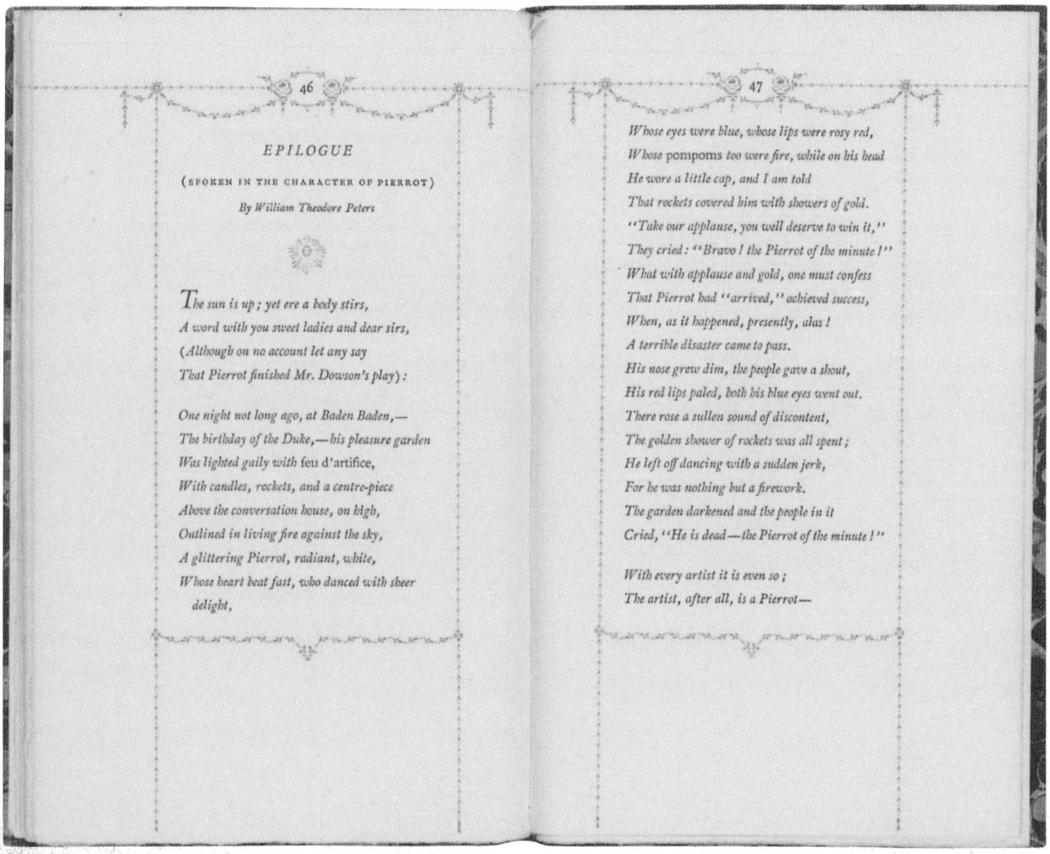

*EPILOGUE*

(SPOKEN IN THE CHARACTER OF PIERROT)

*By William Theodore Peters*

*The sun is up; yet ere a body stirs,*
*A word with you sweet ladies and dear sirs,*
*(Although on no account let any say*
*That Pierrot finished Mr. Dowson's play):*

*One night not long ago, at Baden Baden,—*
*The birthday of the Duke,—his pleasure garden*
*Was lighted gaily with* feu d'artifice,
*With candles, rockets, and a centre-piece*
*Above the conversation house, on high,*
*Outlined in living fire against the sky,*
*A glittering Pierrot, radiant, white,*
*Whose heart beat fast, who danced with sheer delight,*



*Whose eyes were blue, whose lips were rosy red,*
*Whose* pompoms *too were fire, while on his head*
*He wore a little cap, and I am told*
*That rockets covered him with showers of gold.*
*"Take our applause, you well deserve to win it,"*
*They cried: "Bravo! the Pierrot of the minute!"*
*What with applause and gold, one must confess*
*That Pierrot had "arrived," achieved success,*
*When, as it happened, presently, alas!*
*A terrible disaster came to pass.*
*His nose grew dim, the people gave a shout,*
*His red lips paled, both his blue eyes went out.*
*There rose a sullen sound of discontent,*
*The golden shower of rockets was all spent;*
*He left off dancing with a sudden jerk,*
*For he was nothing but a firework.*
*The garden darkened and the people in it*
*Cried, "He is dead—the Pierrot of the minute!"*

*With every artist it is even so;*
*The artist, after all, is a Pierrot—*

JOSEPH CONRAD: THE MAN

BY

ELBRIDGE L. ADAMS

A BURIAL IN KENT

BY

JOHN SHERIDAN ZELIE

*Together with some Bibliographical Notes*

NEW YORK
WILLIAM EDWIN RUDGE
1925

*THE MAN*

EVER since I came upon "The Nigger of the Narcissus" in tranquil ante-bellum days I had been under the spell of Conrad's art. "Typhoon," "Lord Jim" and "Chance" were read with increasing beguilement, and then "Nostromo," that most astonishing creation of the imagination. One felt that here, indeed, was a magician who could conjure up the very spirit of some Eastern river and make one smell the rank stifling jungle or feel the motion of the ship as it drives before the hurricane. Nothing quite like these stories was to be found in the entire range of English literature. One was prepared to agree with Galsworthy that such writing "is probably the only writing of the last twelve years [he was referring to 1896–1908] that will enrich the English language to any great extent." But what sort of man, one won-

3

*Decorations composed of type ornaments by Bruce Rogers*

もともと画家であったロジャースは文字と装飾のバランスにすぐれたセンスを持っていた。小さな花のパターンをつなげた連続文をあしらった頁は、ルネサンスからロココにいたるフランスの文様、そして日本の江戸小紋を思わせ、本に歴史的なアクセントを与えている。

Chapter

# ルドルフ・コッホ

## 手書きの力強さを残した 印刷のためのドイツ文字

# RUDOLF KOCH

1876-1934

## Fonts for Printing German that Retain the Strength of Handwriting

Koch retained the elegant atmosphere of the Fraktur hand in his functional, practical roman typefaces. His work epitomizes design in the transition from Art Nouveau to Art Deco.

---

コッホはニュルンベルクに生まれた。父は彫刻家であり、彼も彫刻や金属細工を学んだが、中世写本に興味を持ち、版画に向かった。ドイツのアール・ヌーヴォーである〈ユーゲントシュティール〉に大きな影響を受けた。雑誌の仕事などをした後、1906年にはオッフェンバッハのクリングスポール活字鋳造所に入り、1934年に没するまで、ここの中心的なタイポグラファーとして、多くの活字体をつくった。オッフェンバッハにはコッホを中心とした本のアートのサークルができ、ドイツのタイポグラフィの大きな流れとなった。

1911年にはコッホはルドルフ・ゲアストゥングと共に「ルドルフ工房」を設立し、「ルドルフ印刷叢書」を刊行した。活字のデザインだけでなく、自ら出版をし、本のすべてを手がけたのである。モリスのケルムスコット・プレスの精神を受け継ぐものであった。彼はここで好きな本を出した。『マルコ福音書』をはじめとする『四福音書』、『キリスト教の諸象徴』などが代表的なものである。

1908年からオッフェンバッハ美術学校で教えた。彼はアーティストであるだけでなく、すぐれた教育者でもあった。その『技術としての書法』は、タイポグラフィの教科書となった。彼はモリスと同じく、中世の工芸美術の復活を目ざした。

ドイツのタイポグラフィはフラクトゥーア体とローマン体の2つの流れからなる。ひげのあるドイツ文字であるフラクトゥーア体はしだいにセリフ(ひげ)のないローマン体に代わられていった。コッホは機能的、実用的なローマン体をとり入れつつ、フラクトゥーア体の優雅な雰囲気を伝えようとする。アール・ヌーヴォーからアール・デコへの過渡期を代表するデザイナーである。

## 『マルコ福音書』1923年｜ドイツ
'The Gospel of Mark'

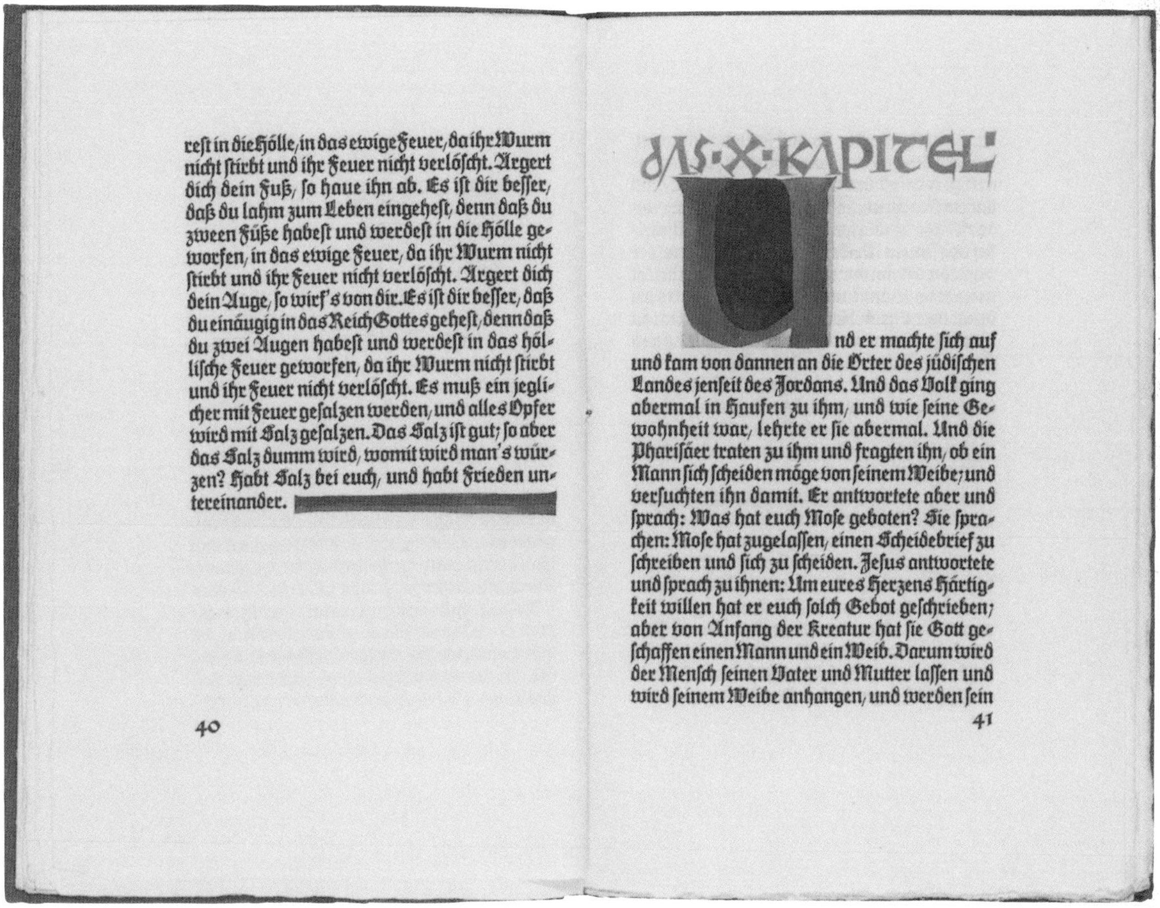

rest in die Hölle, in das ewige Feuer, da ihr Wurm nicht stirbt und ihr Feuer nicht verlöscht. Ärgert dich dein Fuß, so haue ihn ab. Es ist dir besser, daß du lahm zum Leben eingehest, denn daß du zween Füße habest und werdest in die Hölle geworfen, in das ewige Feuer, da ihr Wurm nicht stirbt und ihr Feuer nicht verlöscht. Ärgert dich dein Auge, so wirf's von dir. Es ist dir besser, daß du einäugig in das Reich Gottes gehest, denn daß du zwei Augen habest und werdest in das höllische Feuer geworfen, da ihr Wurm nicht stirbt und ihr Feuer nicht verlöscht. Es muß ein jeglicher mit Feuer gesalzen werden, und alles Opfer wird mit Salz gesalzen. Das Salz ist gut; so aber das Salz dumm wird, womit wird man's würzen? Habt Salz bei euch, und habt Frieden untereinander.

40

DAS · X · KAPITEL

Und er machte sich auf und kam von dannen an die Örter des jüdischen Landes jenseit des Jordans. Und das Volk ging abermal in Haufen zu ihm, und wie seine Gewohnheit war, lehrte er sie abermal. Und die Pharisäer traten zu ihm und fragten ihn, ob ein Mann sich scheiden möge von seinem Weibe; und versuchten ihn damit. Er antwortete aber und sprach: Was hat euch Mose geboten? Sie sprachen: Mose hat zugelassen, einen Scheidebrief zu schreiben und sich zu scheiden. Jesus antwortete und sprach zu ihnen: Um eures Herzens Härtigkeit willen hat er euch solch Gebot geschrieben; aber von Anfang der Kreatur hat sie Gott geschaffen einen Mann und ein Weib. Darum wird der Mensch seinen Vater und Mutter lassen und wird seinem Weibe anhangen, und werden sein

41

DAS · I · KAPITEL

Dies ist der Anfang des Evangeliums von Jesu Christo, dem Sohne Gottes, als geschrieben stehet in den Propheten: Siehe, ich sende meinen Engel vor dir her, der da bereite deinen Weg vor dir. Es ist eine Stimme eines Predigers in der Wüste: Bereitet den Weg des Herrn, machet seine Steige richtig! Johannes, der war in der Wüste, taufte und predigte von der Taufe der Buße zur Vergebung der Sünden. Und es ging zu ihm hinaus das ganze jüdische Land und die von Jerusalem, und ließen sich alle von ihm taufen im Jordan, und bekannten ihre Sünden. Johannes aber war bekleidet mit Kamelhaaren und mit einem ledernen Gürtel um seine Lenden und aß Heuschrecken und wilden Honig; und predigte und sprach: Es kommt einer nach mir, der ist stärker denn ich, dem ich

1

コッホは〈ルドルフ工房〉を設立し、活字だけでなく、本全体のデザインを手がけた。彼の字体は、フラクトゥーア字体の活力とローマン字体の明快さを結びつけたといわれている。アール・ヌーヴォーの曲線はアール・デコの直線に向かっているが、実用一点張りではなく、しゃれた飾りを失っていない。DやUなどのイニシャルのモダンな気分は、今もすばらしい。

Eine deutsche Schrift von
Rudolf Koch geschnitten
und herausgegeben von
Gebr. Klingspor
Offenbach
a. M.

5

Eine deutsche Schrift von Rudolf Koch

2005 4 Cicero • 48 Punkte — Satz, 18 a, 6 A, etwa 20 Kilo

Ein tiefer Sinn wohnt in den alten Bräuchen

2006 5 Cicero • 60 Punkte — Satz, 14 a, 4 A, etwa 23 Kilo

Better not be than be nothing

2007 6 Cicero • 72 Punkte • Hohlfuß — Satz, 10 a, 3 A, etwa 26 Kilo. Kleiner Satz, 5 a, 2 A, etwa 15 Kilo

Frithjofs Sage Nordland

2008 7 Cicero • 84 Punkte • Hohlfuß — Satz, 10 a, 3 A, etwa 30 Kilo. Kleiner Satz, 5 a, 2 A, etwa 18 Kilo

Pürschgang

Gebr. Klingspor in Offenbach am Main

14

Initialen zur Koch-Schrift

Spor & Zacharias

Durch die Vorbereitung für die Herbstzeit bringen alle unsere Abteilungen eine besonders reichhaltige Stoffauswahl. ✧ Wir zeigen zunächst alle Neuheiten von Kleider- und Seidenstoffen, darauf werden wir Ihnen die Herbstmode in Putz, fertigen und halbfertigen Kleidern vorführen. Jede Laune, jede Geschmacksrichtung findet in dem Stoffreichtum, den Ihnen unsere Sonderabteilung für Kleider- und Seidenstoffe bietet, ihre Erfüllung. Alle neuzeitlichen Farbentöne finden Sie vertreten. Besuchen Sie uns, ohne jeden Kaufzwang; Sie werden Beratung und Anregung finden.

Aachen und Düsseldorf

2022 • Initialen zur 9 Cicero — 24 Buchstaben — Verzeichnis auf Verlangen

Nro. 10 ✧ Edition Octobre 1910

Le Jardin

Journal botanique

2023 • Initialen zur 10 Cicero — 24 Buchstaben — Verzeichnis auf Verlangen

Gebr. Klingspor in Offenbach am Main

11

# Initialen mit Zierstrichen und Punkten zur Koch-Schrift

2016 · Initialen zur 3 Cicero · Ausklinkungen wie bei 2 Cicero · Die Zierstriche und Punkte sind zu allen Graden angefertigt

| | | |
|---|---|---|
| Aldus | Indien | Ruder |
| Cäsar | Julius | Quittung |
| Burgen | Kaiser | Staat |
| Dante | Lykurg | Theodor |
| Eckwart | Marius | Urkunde |
| Gudrun | Oktober | Verlag |
| Friedrich | Nation | Worms |
| Hoheit | Palme | Zülpich |

Gebr. Klingspor in Offenbach am Main

手書きの美しさを残したドイツ文字は、実用的なローマン体に代わられつつあった。コッホは中世写本の文字の美しさをとりもどそうとし、印刷のために機能的でありながら、しかもドイツ文字の複雑さを残す書体を追求した。残念なことに、近代では、サンセリフ（セリフのない、無装飾で機能的なローマン体）が主流となり、コッホのつくった字体は失われてしまった。

Chapter

# W·A·ドウィギンス

## 装飾排除時代の<br>活字装飾の可能性

# WILLIAM ADDISON DWIGGINS

1880-1956

## The Potential of Decorative Fonts in an Era Discarding Decoration

The principal trend in modern typography was to eliminate decoration. But its treatment in Rodger's and Dwiggins's Fleuron font preserved human warmth in book design.

---

ロジャースと同じく、ウィリアム・モリスのケルムスコット・プレスに強い影響を受け、アメリカのアーツ・アンド・クラフツ運動を展開した。

ドウィギンスはフレデリック・W・ガウディの弟子である。ガウディはモリスにならってルネサンスと中世の書体を復活し、現代の印刷所で使いやすいようにし、タイポグラフィを一般に普及した。シカゴ出身でガウディに学んだドウィギンスは1920年からアルフレッド・A・クノップフ印刷会社のブック・デザインを手がけた。グラフィック・デザイナーという肩書きを使ったのは彼が最初であるという。1938年にはアメリカで最もよく使われた活字〈カレドニア体〉をつくった。

ドウィギンスのタイポグラフィは読みやすいローマン体をアレンジしたものが主流であるが、注目すべきなのは、〈フラーロン〉(花形装飾)という小さな花文をあしらっていることである。〈フラーロン〉は装飾活字ともいわれ、小さな花文の要素が活字のようになっていて、それを組み合わせて線や面をつくっていけるのである。ドウィギンスは、〈フラーロン〉をステンシル(型紙によるプリント)を使って印刷した。これはアメリカで壁紙を貼って、ステンシルで花文様をつけるやり方に似ている。〈フラーロン〉は、モリスやアール・ヌーヴォー・スタイルの本の大きな花柄とはちがって、シンプルな小さな形の要素を活字のように並べていくのである。

スイスなどで展開されたモダン・タイポグラフィの主流は装飾を排除してしまったが、アメリカのロジャースやドウィギンスはつつましい花柄〈フラーロン〉をあしらい、ブック・デザインに人間的なあたたかみを添えようとしたのである。

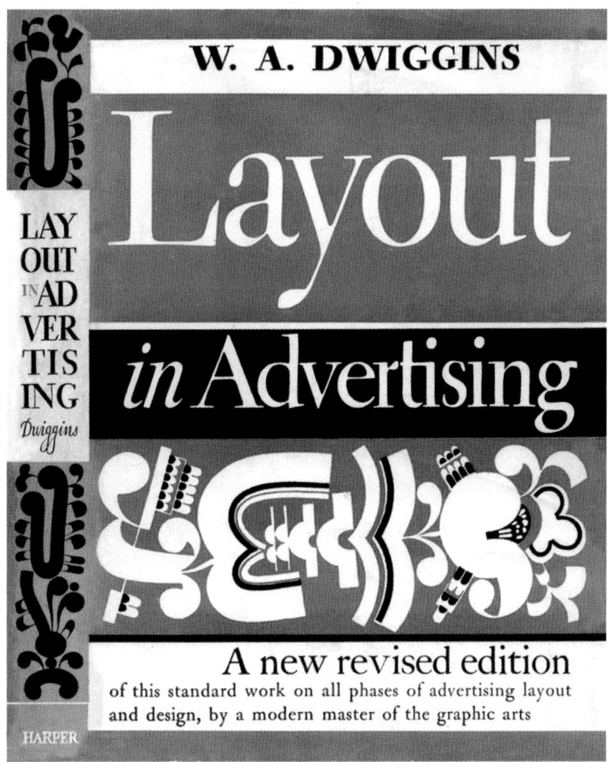


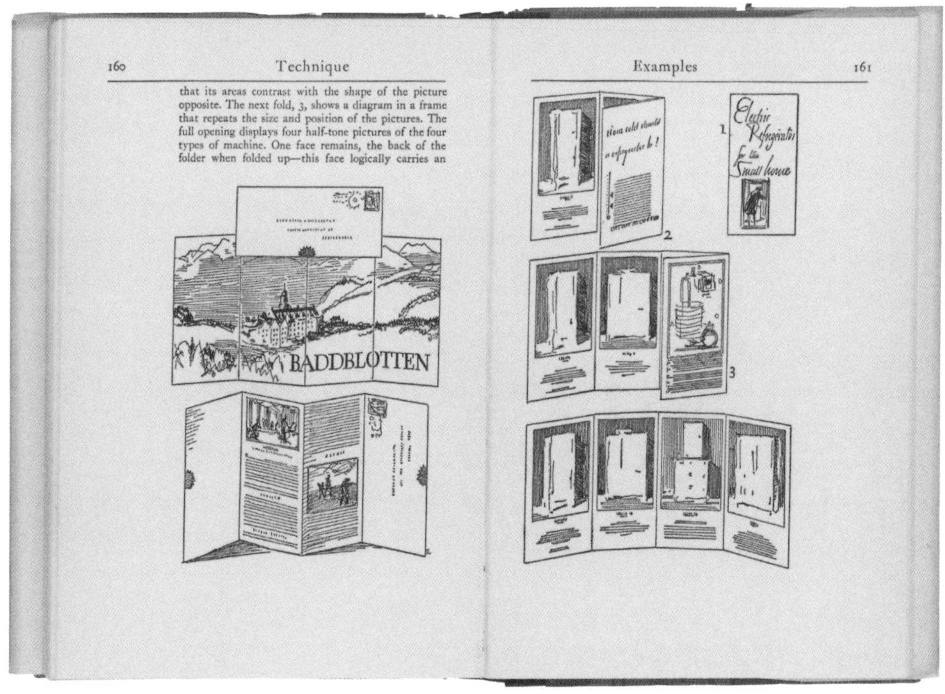
160 Technique

that its areas contrast with the shape of the picture opposite. The next fold, 3, shows a diagram in a frame that repeats the size and position of the pictures. The full opening displays four half-tone pictures of the four types of machine. One face remains, the back of the folder when folded up—this face logically carries an

BADDBLOTTEN

Examples 161

Electric Refrigerator for the Small house

ドウィギンスはブック・デザインと広告デザインの両面で活躍した。2つの分野は分離する方向にあった。読書のための本と派手な、人目をひく広告は対立する。しかし、ドウィギンスは読むことと見ることを融和させている。表紙では装飾活字を組み合わせて面白いパターンをつくり、リノカットで印刷している。活字も単なる記号ではなく、視覚的、装飾的な楽しさを持たせている。

# ドウィギンスの装飾デザイン

Ornaments designed by Dwiggins

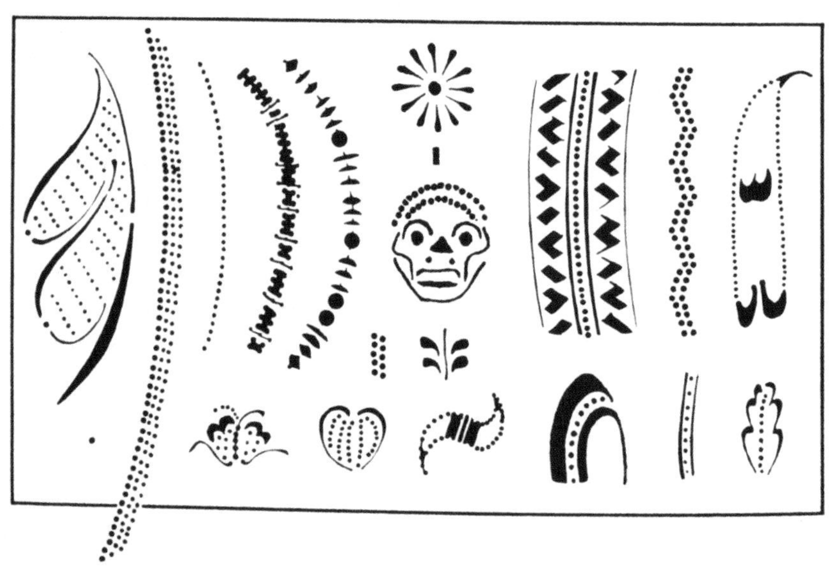

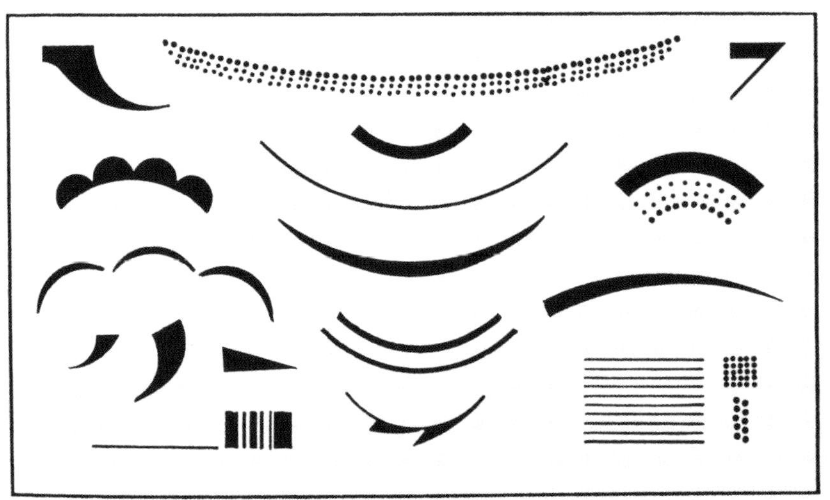

ドウィギンスは、アール・ヌーヴォーの大きな装飾の時代から、アール・デコのできるだけ節約した小さな装飾の時代への転換を示すデザイナーである。シンプルな線や点の組み合わせがステンシルで印刷され、単純明快でリズミックなアール・デコ文様がつくられる。ステンシル（型紙）はアメリカのアーツ・アンド・クラフツ運動が好んだ方法であった。

TALES

*Grotesque and Arabesque*

EDGAR ALLAN POE

ILLUSTRATED BY W. A. DWIGGINS

The Lakeside Press

R. R. DONNELLEY & SONS COMPANY

CHICAGO : 1927

Fig. 6. *Title-page from Mr W. A. Dwiggins' edition of Poe's* Tales (*Chicago, Donnelley,* 1927)

ドウィギンスは、ステンシルによるデザインを多く残したが、限られたパーツの組み合わせでデザインを作り上げる技法は、装飾活字の組版をもとにした発想である。左ページ（上）のパーツで組まれた装飾を使ってデザインされた、エドガー・アラン・ポオの小説集のタイトル・ページ。さまざまな書体と装飾、余白の配置が美しい。

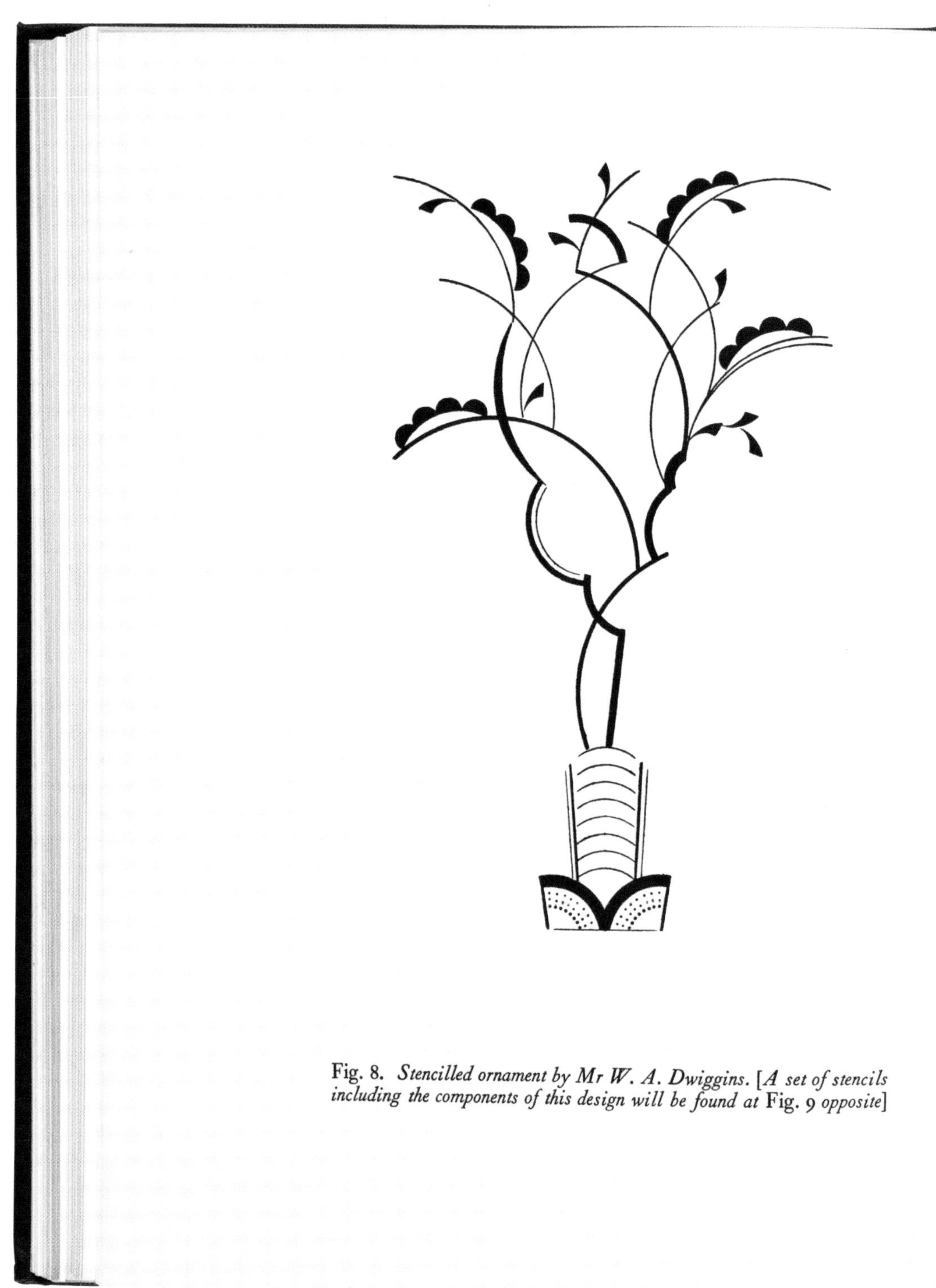

Fig. 8. *Stencilled ornament by Mr W. A. Dwiggins. [A set of stencils including the components of this design will be found at* Fig. 9 *opposite]*

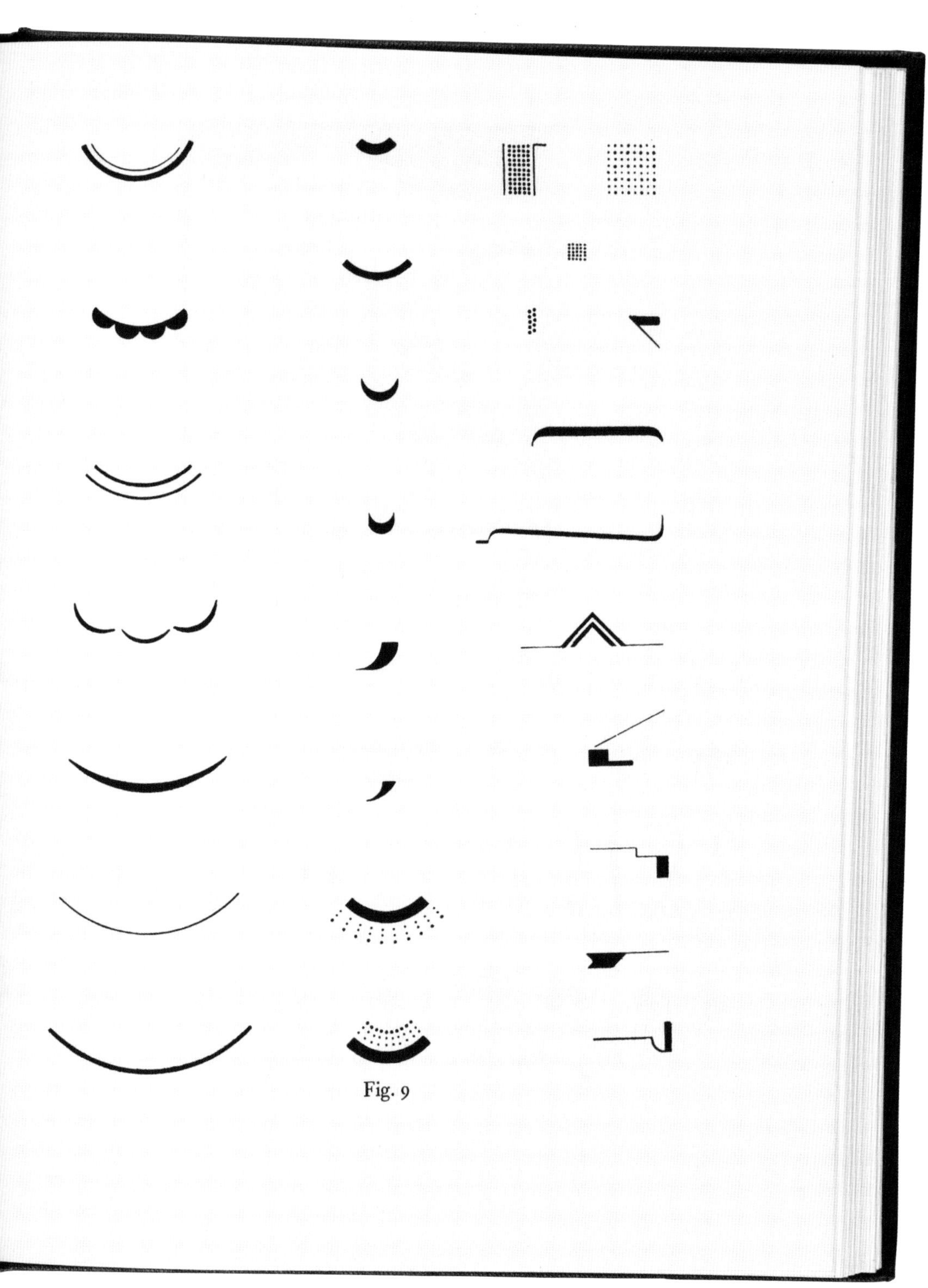

Fig. 9

形の小さな要素を独立した活字のように使う。小さな要素はハンコ（印）のように押され、その連続が花飾りの罫のようになったり、集中して大きな円花になったりする。ロジャースの〈フラーロン〉は花の姿を残すが、ドウィギンスの〈フラーロン〉はシャープでメカニックで、モダンなアール・デコ・スタイルを感じさせる。単純な記号のような要素がさまざまに展開してゆく。

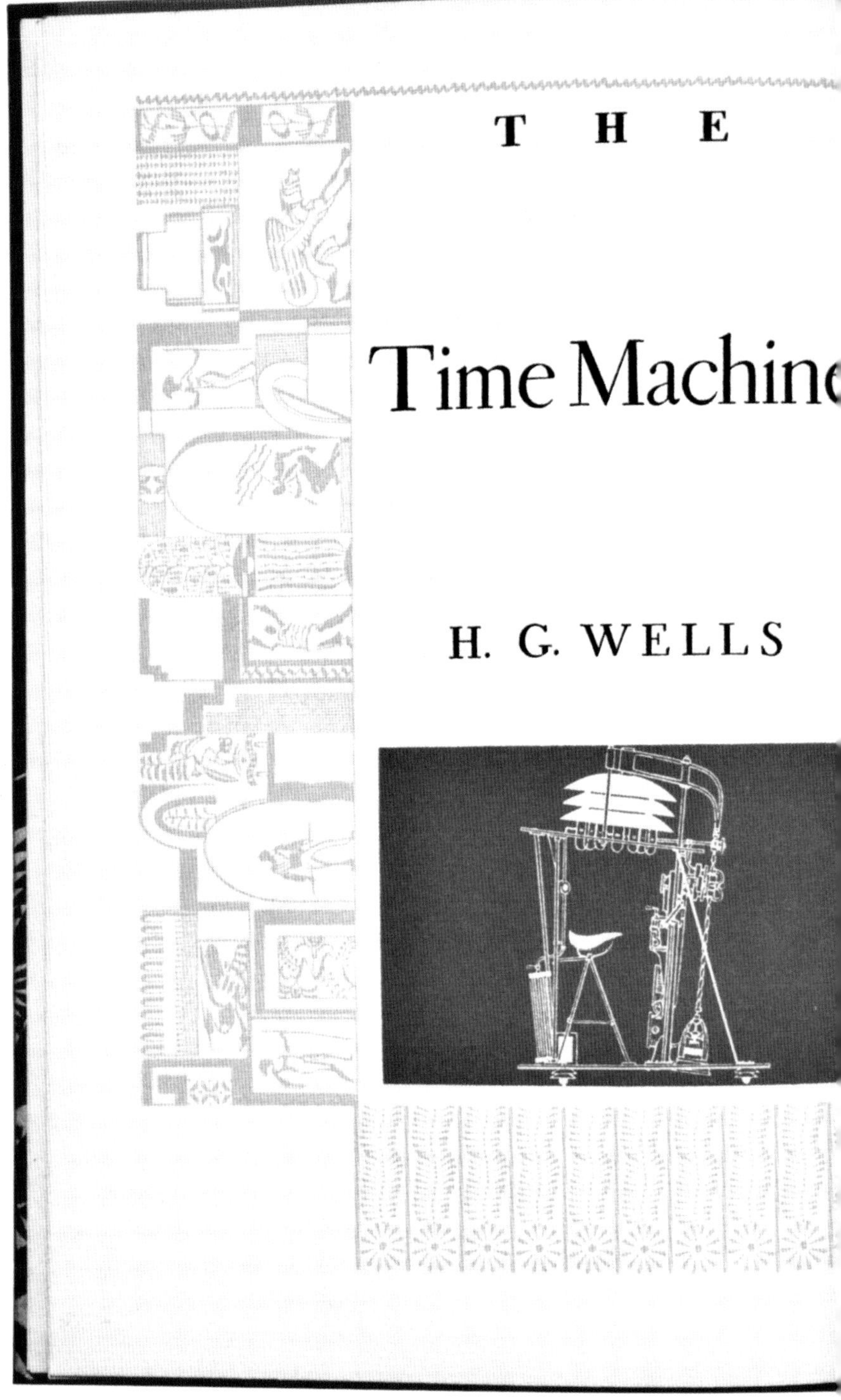
THE
Time Machine
H. G. WELLS

N INVENTION

*Vith a preface by the Author*
*ritten for this edition; and*
*esigns by* W. A. Dwiggins

ANDOM HOUSE *New York*

1931

H・G・ウェルズのSF小説にドウィギンスのメカニックなアール・デコ・スタイルがぴったりである。幾何学的で、キュビスムのようなモダン・アートが、まだ見たこともない未来世界の幻想をかきたててくれる。小さな要素の組み合わせの変化で多様な構造がつくられてゆく。SFの遊園地をめぐってゆくようだ。

Chapter

# エリック・ギル

## 不朽の名作書体を生み出した 自由奔放な思想家

# ERIC GILL

1882-1940

## Uninhibited Thinker who Produced a Famous Decomposed Typeface

The multitalented artist famous for creation of Gill Sans and many other typefaces. To Gill, art and life were one. He established a semi-religious commune where artists lived and worked together.

英国の彫刻家、グラフィック・アーティスト、銅版画家、そしてタイポグラファーである。建築家の弟子として出発するが、ロンドンのアーツ・アンド・クラフツ学校で学び、20世紀初頭のアーツ・アンド・クラフツ運動の最も重要な作家となった。彼のアートは、生き方に関わるものであった。1931年に、ローマン・カトリックに改宗し、1918年にはセント・ジョセフ・アンド・ドミニク・ギルドを結成した。半宗教的な芸術団体で、サセックス州ディッチリングに村をつくり、そこで共同生活をした。家族の枠をはずし、すべてを共有し、フリー・セックスを目ざしたコミュニティであった。

建築彫刻から出発したギルは、やがて木版画でも知られるようになった。そして1924年、ゴールデン・コッカレル・プレスと仕事をするようになり、本格的にタイポグラフィのデザインに向かう。1920年に設立されたこのプレスは1924年にロバート・ギビングスによって買い取られ、ギビングスは木版協会の仲間であるギルに依頼したのである。ギルはここで多くのタイプフェイスをつくった。1927年のパーペチュア、1928年のギル・サンなどが知られている。ヤン・チヒョルトがペンギン・ブックスのデザインをした時、出版社名に明快で同じ太さのギル・サンを使っている(P299)。

1928年にはバッキンガムシャーのピゴッツに自分の印刷所を持った。ギルは、彫刻や版画でも人気があったが、なんといってもタイポグラフィが有名で、世界中の出版社の仕事をしている。

非常に宗教心の強いアーティストでありながら性の解放者でもあった。多くの人に親しまれる書体をつくる一方、エロティックなアートを描いている。その自由奔放な生き方、その共同生活は、ウィリアム・モリスが夢見たユートピアに似ている。

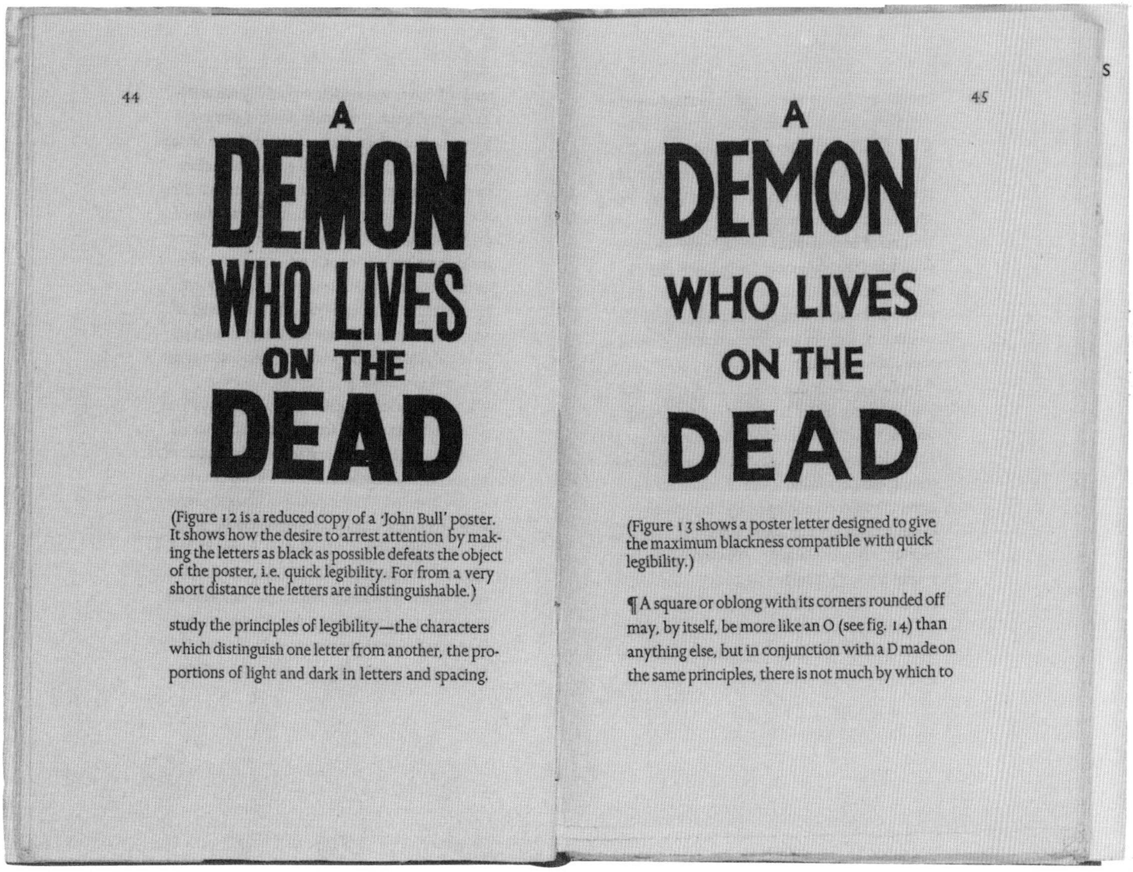

## 『タイポグラフィについてのエッセイ』エリック・ギル著｜1931年｜イギリス

'An Essay on Typography'

44

A DEMON WHO LIVES ON THE DEAD

(Figure 12 is a reduced copy of a 'John Bull' poster. It shows how the desire to arrest attention by making the letters as black as possible defeats the object of the poster, i.e. quick legibility. For from a very short distance the letters are indistinguishable.)

study the principles of legibility—the characters which distinguish one letter from another, the proportions of light and dark in letters and spacing.

45

A DEMON WHO LIVES ON THE DEAD

(Figure 13 shows a poster letter designed to give the maximum blackness compatible with quick legibility.)

¶ A square or oblong with its corners rounded off may, by itself, be more like an O (see fig. 14) than anything else, but in conjunction with a D made on the same principles, there is not much by which to

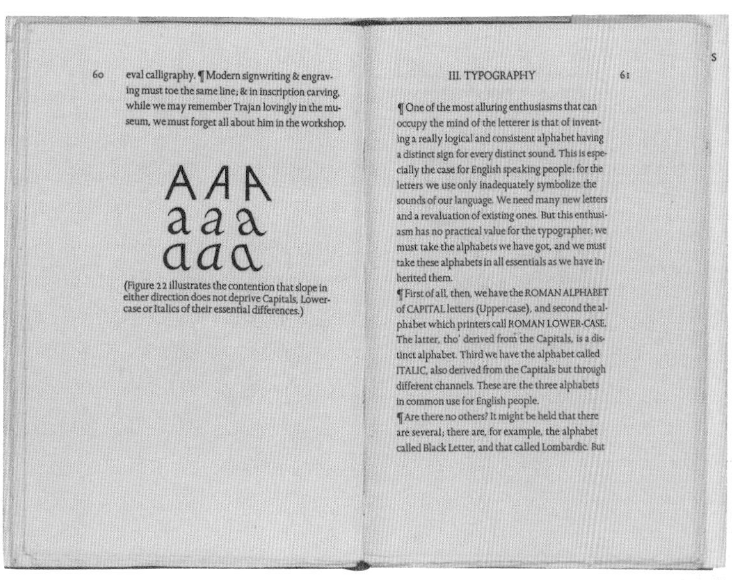

60 eval calligraphy. ¶ Modern signwriting & engraving must toe the same line; & in inscription carving, while we may remember Trajan lovingly in the museum, we must forget all about him in the workshop.

AAA
aaa
aaa

(Figure 22 illustrates the contention that slope in either direction does not deprive Capitals, Lower-case or Italics of their essential differences.)

III. TYPOGRAPHY 61

¶ One of the most alluring enthusiasms that can occupy the mind of the letterer is that of inventing a really logical and consistent alphabet having a distinct sign for every distinct sound. This is especially the case for English speaking people: for the letters we use only inadequately symbolize the sounds of our language. We need many new letters and a revaluation of existing ones. But this enthusiasm has no practical value for the typographer; we must take the alphabets we have got, and we must take these alphabets in all essentials as we have inherited them.

¶ First of all, then, we have the ROMAN ALPHABET of CAPITAL letters (Upper-case), and second the alphabet which printers call ROMAN LOWER-CASE. The latter, tho' derived from the Capitals, is a distinct alphabet. Third we have the alphabet called ITALIC, also derived from the Capitals but through different channels. These are the three alphabets in common use for English people.

¶ Are there no others? It might be held that there are several; there are, for example, the alphabet called Black Letter, and that called Lombardic. But

ギル・サンを発展させたジョアンナという書体で印刷された。ピゴッツにつくった自分の印刷所の機械に最も適したタイプであると彼はいっている。表紙には「絵画と信仰心」とあり、「1931年の英国の生活と作品、特にタイポグラフィについてのエッセイ」とある。ことばを印刷することは、神のことばを伝えること、真理を示すことだというギルの信念が示されている。

MAY 31
COLLECT FOR
THE FEAST OF S. ANGELA MERICI

DEUS, QUI NOVUM PER BEATAM ANGELAM SACRARUM VIRGINUM COLLEGIUM IN ECCLESIA TUA FLORESCERE VOLUISTI: DA NOBIS, EIUS INTERCESSIONE, ANGELICIS MORIBUS VIVERE; UT, TERRENIS OMNIBUS ABDICATIS, GAUDIIS PERFRUI MEREAMUR AETERNIS · PER DOMINUM NOSTRUM IESUM CHRISTUM FILIUM TUUM QUI TECUM VIVIT ET REGNAT IN UNITATE SPIRITUS SANCTI DEUS PER OMNIA SAECULA SAECULORUM

ABCDEFGHIJJKLMN
OPQQRRSTUV
WXYZ

276

TROILUS AND CRISEYDE BY GEOFFREY CHAUCER

*Title-page, Chaucer's* Troilus and Criseyde

279

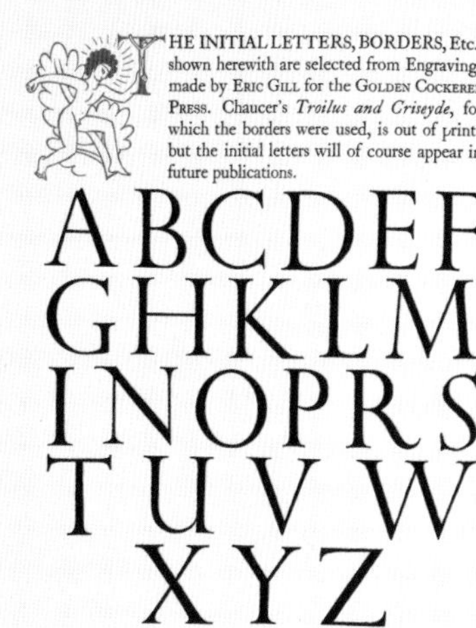

THE INITIAL LETTERS, BORDERS, Etc., shown herewith are selected from Engravings made by ERIC GILL for the GOLDEN COCKEREL PRESS. Chaucer's *Troilus and Criseyde*, for which the borders were used, is out of print; but the initial letters will of course appear in future publications.

A B C D E F
G H K L M
I N O P R S
T U V W
X Y Z

*Printed at the University Press, Cambridge from material lent by the Golden Cockerel Press 1929*

284

O BLISFUL light, of which the bemes clere
Adorneth al the thridde heuene faire!
O sonnes lief, O Ioues doughter deere,
Pleasaunce of loue, o goodly debonaire,
In gentil hertes ay redy to repaire;
O verray cause of heele and of gladnesse,
I heried be thy myght and thi goodnesse.

In heuene and helle, in erthe and salte see
Is felt thi myght; if that I wel descerne,
As man, brid, best, fisshe, herbe, and grene tree
The fele in tymes with vapour eterne,
GOD loueth, and to loue wol nat werne;
And in this world no lyues creature,
Withouten loue, is worth, or may endure.

Ye Ioues first to thilke effectes glade,
Thorugh which that thynges lyuen alle and be,
Commoeueden, and amorous hym made
On mortal thyng; and as yow list ay ye
Yeue hym in loue ese or aduersite,
And in a thousand formes down hym sente
For loue in erthe, and whom yow liste he hente.

Ye fierse Mars apaisen of his Ire,
And as yow list ye maken hertes digne;
Algates, hem that ye wol sette a fyre,
They dreden shame, and vices they resigne;
Ye don hem curteys ben, fresshe and benigne;
AND heighe or lowe, after a wight entendeth,
The Ioies that he hath youre myght hym sendeth.

Ye holden regne and hous in vnitee;
Ye sothfaste cause of frendship ben also;
Ye knowe al thilke couered qualitee
Of thynges which that folk on wondren so,
Whan they kan nought construe how it may Io
She loueth hym, or whi he loueth here,
As whi this fissh, and naught that, cometh to were

Ye folk a lawe han set in vniuerse;
And this knowe I by hem that loueres be,
That who so stryueth with yow hath the werse.
NOW, lady bright, for thi benignite,
At reuerence of hem that seruen the,
Whos clerk I am, so techeth me deuyse
Som Ioye of that is felt in thi seruyse.

Ye in my naked herte sentement
In hielde, and do me shewe of thy swetnesse.
CALIOPE, thi vois be now present,
For now is nede! Sestow nat my destresse,
How I mot telle anon right the gladnesse
Of Troilus, to venus heryinge?
To which gladnesse, who nede hath, god hym brynge!

*Prologue to Book III,* Troilus and Criseyde

中世の石工が石に神のことばを刻んだように、エリック・ギルも文字を彫刻のようにつくり出す。しかし、パーペチュア、ギル・サン、ジョアンナなどの彼の書体は、これ以上ないほどシンプルで素朴であり、だれにでもわかりやすい。したがって、豪華な限定本ではなく、一般の人々の日常的な本に使われ、現代的でもあるのだ。そしてギルの挿絵は、アール・デコのモダニズムを伝えている。

Chapter

# フランチェスコ・カンジュッロ

「雑音」と「自由詩」を
文字で表現した未来派の試み

# FRANCESCO CANGIULLO

1884-1977

## Futurist Experiments with “Noise” and “Free Verse”

The Futurist poet Cangiullo mixed words and images to create "words-in-freedom paintings." Painting, poetry, drama: his "words-in-freedom poetry" concept sought to link all forms of art.

ナポリ生まれの未来派詩人。マリネッティとともに多くのパフォーマンスに参加した。未来派は、絵画、詩、演劇などの境界をとり払い、あらゆる領域で自由な状態である言語を目指した。カンジュッロはそのような〈自由言語〉の使い手であった。1914年、ローマのスプロヴィエリ・ギャラリーで最初の「力動的・要約的朗読法の夕べ」がカンジュッロによって開かれた。未来派が詩を朗読したり、演説をしたりすると、観客がトマトを投げつけ大騒ぎになったという。1921年、マリネッティとカンジュッロは「驚異(サプライズ)の演劇宣言」を出した。そしてリプライズ劇団を結成してナポリで公演し、フィレンツェやミラノをまわった。

カンジュッロの出発点は詩であった。彼はことばと絵画を混ぜ合わせ『自由語絵画』をつくった。さまざまな色に塗られたことばが空間を乱舞した。さらにその自由語は動き出し、演劇空間に展開され、未来派のパフォーマンス、サプライズ演劇へと向かったのである。絵画や詩は現実世界にもたらされ、劇場やカフェでのパフォーマンスとなった。そして観客をおどろかせ、さらに怒らせた。パフォーマンスは未来派の表現であるだけでなく、観客を巻き込み、アーティストと観客を衝突させ、予想もしなかった混乱や狂気をひき出した。

未来派は音楽にも侵入し、〈雑音〉を持ち込んだ。未来派とバレエ・リュス(ロシア・バレエ団)の関わりも注目される。バレエ・リュスのディアギレフやレオニード・マシーンは「未来派の夕べ」にやってきた。ディアギレフはカンジュッロの自由語詩『ピエディグロッタ』を未来派のプラテッラに作曲させて上演したいと思っていた。カンジュッロは彼の自由語詩によって、あらゆるアートを結びつけたいと思っていた。

未来派の詩はキャバレーやカフェでの「未来派の夕べ」で朗読された。それはキャバレーのパフォーマンス音楽であった。カンジュッロの詩集も本のキャバレーのように、にぎやかに構成されている。著者名やタイトルはネオンサインのようだ。文字は動きはじめ、左右に揺れ、回転する。〈サプライズのアルファベット〉と書かれている。

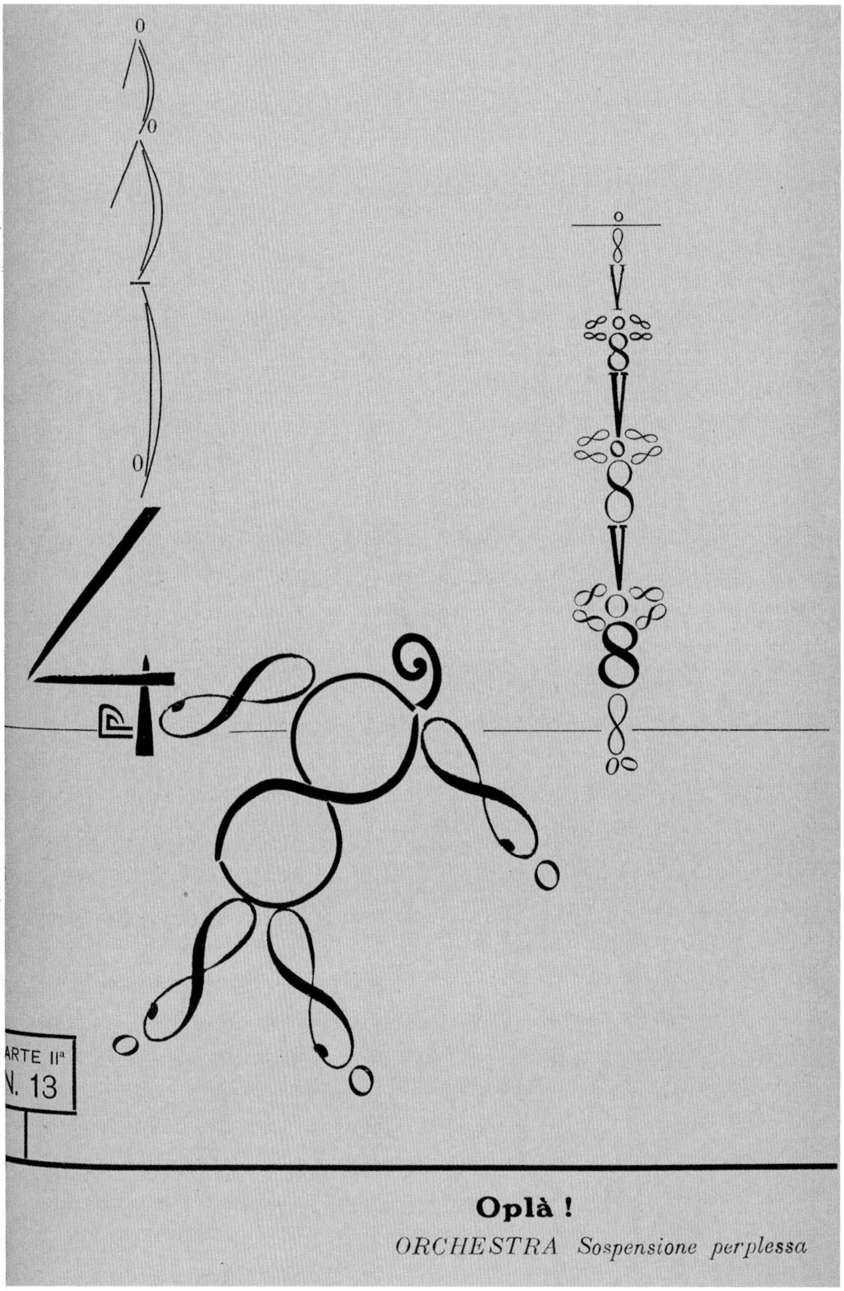

PARTE IIª
N. 13

**Oplà !**

*ORCHESTRA Sospensione perplessa*

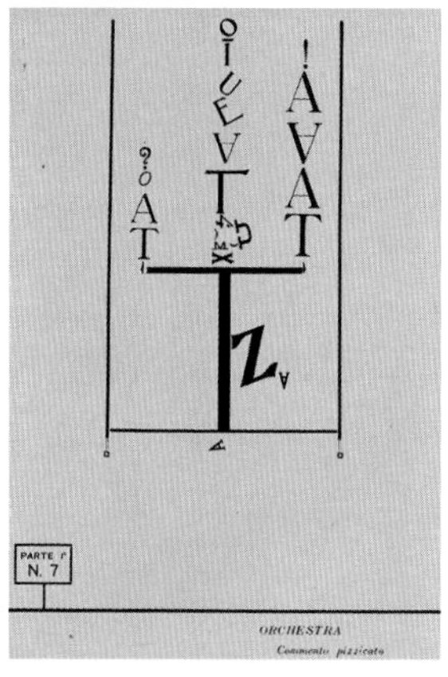


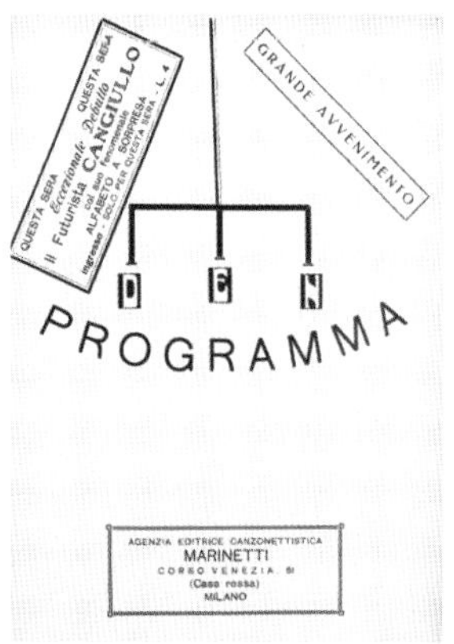


カンジュッロの自由語は、雑音をとり込んだ未来派音楽に影響を与えた。ルイジ・ルッソロは「イントナルモーリ」という雑音を発生する機械をつくった。カンジュッロの詩は雑音の音楽とともに朗読された。自由詩はあらゆる世界と交流していくのである。

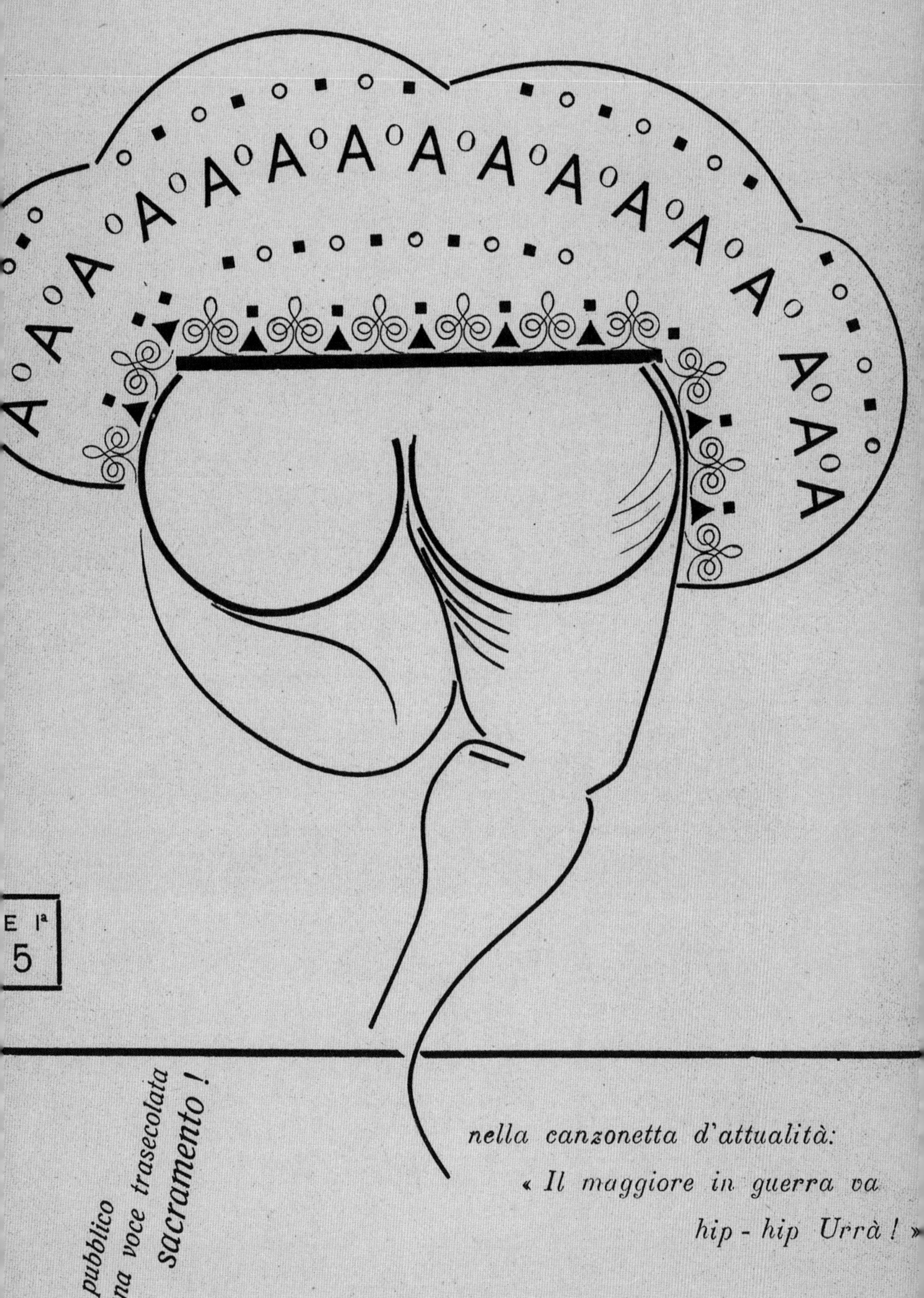
E Iª
5
dal pubblico
una voce trasecolata
sacramento !
nella canzonetta d'attualità:
« Il maggiore in guerra va
hip - hip Urrà ! »

Chapter

# T・ファン・ドゥースブルフ

文字は意味だけでなく
デザインにならなければならない

## THEO VAN DOESBURG

1883-1931

## Not Meaning Alone: Type Must be Design

Van Doesburg, editor of the magazine De Stijl, collaborated with artist Kate Steinitz in creating a new style of picture books, using letters like pictures.

オランダのユトレヒト生まれ。画家、建築家であり、美術批評家であった。カンディンスキーの影響を受け、やがてピエト・モンドリアンと知り合い、抽象的、幾何学的な平面の表現で共鳴し、1つのグループを結成する。1917年、前衛雑誌『デ・スティル』を創刊し、それがグループ名となる。1922年にベルリン、ワイマールに旅行し、バウハウスで教え、エル・リシツキー、ラスロ・モホリ=ナジなどと交流する。1922年に〈デ・スティル〉グループ展を開くが、あまりに広い仲間を集めたので、1925年、純粋主義のモンドリアンと決裂する。

ドゥースブルフの特徴は幅広い人とつき合い、グループを組織するのが得意だったことで、組織家、運動家であった。ドイツ、フランスなどを精力的にまわって、前衛グループをまとめようとした。雑誌をつくったり、グループ宣言を書いたりするのもうまかった。彼によって、建築家から詩人まで、ダダ、ロシア・アヴァンギャルド、バウハウスなどのばらばらの前衛グループの間がつながれた。そのように社交的であることが、モンドリアンは気に入らなかったらしい。

そして、社交的なドゥースブルフはどこに行っても、女性たちに人気があった。

ドゥースブルフは雑誌『デ・スティル』の編集において、タイポグラフィに強い関心を持っていた。文字は意味だけでなくデザインにならなければならなかった。『デ・スティル』は新しいタイポグラフィのための舞台となった。オランダやロシアでのタイポグラフィの実験がそこで紹介された。

1925年、ハノーヴァーにクルト・シュヴィッタースを訪ねた時、そこでケイト・シュタイニッツに会った。すぐにケイトと親しくなったドゥースブルフは彼女と絵本『かかし』をつくった。文字だけを使った絵本であった。

## 『かかし』T・ファン・ドゥースブルフ＆ケイト・シュタイニッツ著｜1925年｜ドイツ
'The Scarecrow Fairytale'

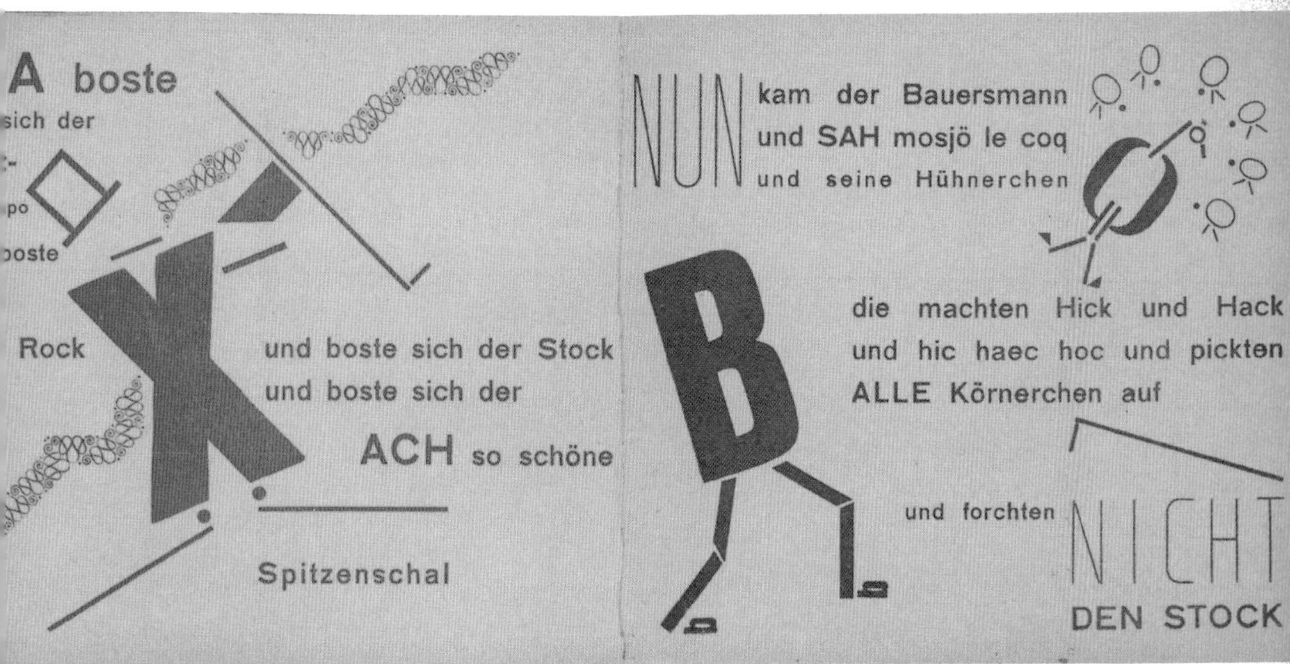


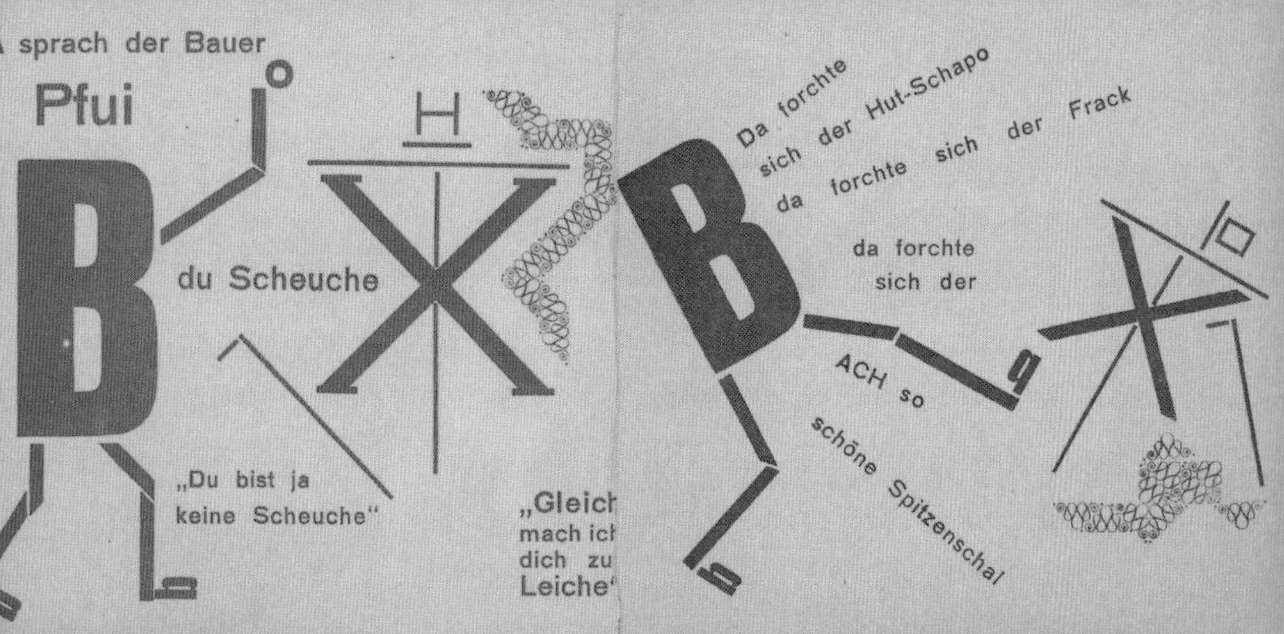


ケイト・シュタイニッツはシュヴィッタースと一緒におとぎ話の絵本をつくっていた。ドゥースブルフは彼女に、文字を絵のように使った新しいスタイルの絵本をつくろうと誘い、『かかし』が生まれた。シュヴィッタースが話を書いた。ドゥースブルフはリシツキーの文字だけの絵本にならったが、まったく新しいものとなった。X（シルクハットの旦那）とB（農民）の物語である。

Chapter

# エル・リシツキー

## ヨーロッパに衝撃を与えた ロシアの新しいデザイン

# EL LISSITZKY

1890-1941

## The New Russian Design's Powerful Impact on Europe

While touring Germany and Switzerland from 1922 to 1925, the Russian artist Lissitzky played a key role in linking modern art in isolated revolutionary Russia with modern art in Europe.

ロシアのスモレンスク生まれ。1909～1914年、ダルムシュタット技術学校で建築を学んだ。ロシア革命の中でアヴァンギャルドの運動に参加し、マルク・シャガールに招かれて、1917～1919年、ヴィテプスクで建築を教え、ここでカジミール・マレーヴィチと出会い、〈ウノヴィス〉グループに入った。マレーヴィチのシュプレマティスムの影響を受け、〈プルーン〉シリーズを描いた。1921年、モスクワのヴフテマス（ソヴィエト国立デザイン学校）で教えた。1922～1925年にかけてはドイツやスイスなどをめぐり、ソヴィエト・ロシアと外国との文化交流の仕事をした。孤立した革命ロシアとヨーロッパのモダン・アートをつなぐ役割を果たしていたのである。ベルリンでドゥースブルフと会い、デ・スティルやダダのグループと知り合い、バウハウスに招かれた。ダダ、デ・スティル、バウハウスとロシア・アヴァンギャルドの回路を開いた。ロシアの新しいデザインはヨーロッパに大きな衝撃を与えた。

1925年にはモスクワにもどり、ヴフテマスでデザインを教え、ヨーロッパの新しい傾向を伝えている。その後も、国際的な活動をつづけた。やがてロシア・アヴァンギャルドは、ロシア国内でしだいに圧迫され、多くのアーティストは亡命するか、国内で沈黙した。しかし、最もヨーロッパのアーティストと親しかったリシツキーはロシアにもどってきて、亡命することなく、1941年、ロシアで没している。アヴァンギャルドが禁止されてゆく状況を彼はどう思っていたろうか。

リシツキーはグラフィック・デザインで特にすばらしい作品をつくった。抽象的、幾何学的でありながら、詩的で、楽しい雰囲気が彼の特徴である。円や四角がまるで踊るように浮遊している。そのタイポグラフィは、文字が歌っているかのようだ。

## マヤコフスキー詩集『声のために』1923年｜ロシア

'For the Voice'

革命の戦いをマヤコフスキーが高らかにうたい上げている。13の詩にそれぞれ絵記号がつくられ、右端に並んだ記号を押さえると、その詩の頁があらわれる。ことばと絵がこんなにも楽しくひびき合っていることにおどろかされる。赤や黒といったシンプルな色彩も鮮やかだ。見て読んで遊ぶという、ことばと絵の戯れに、喜びがあふれる本だ。

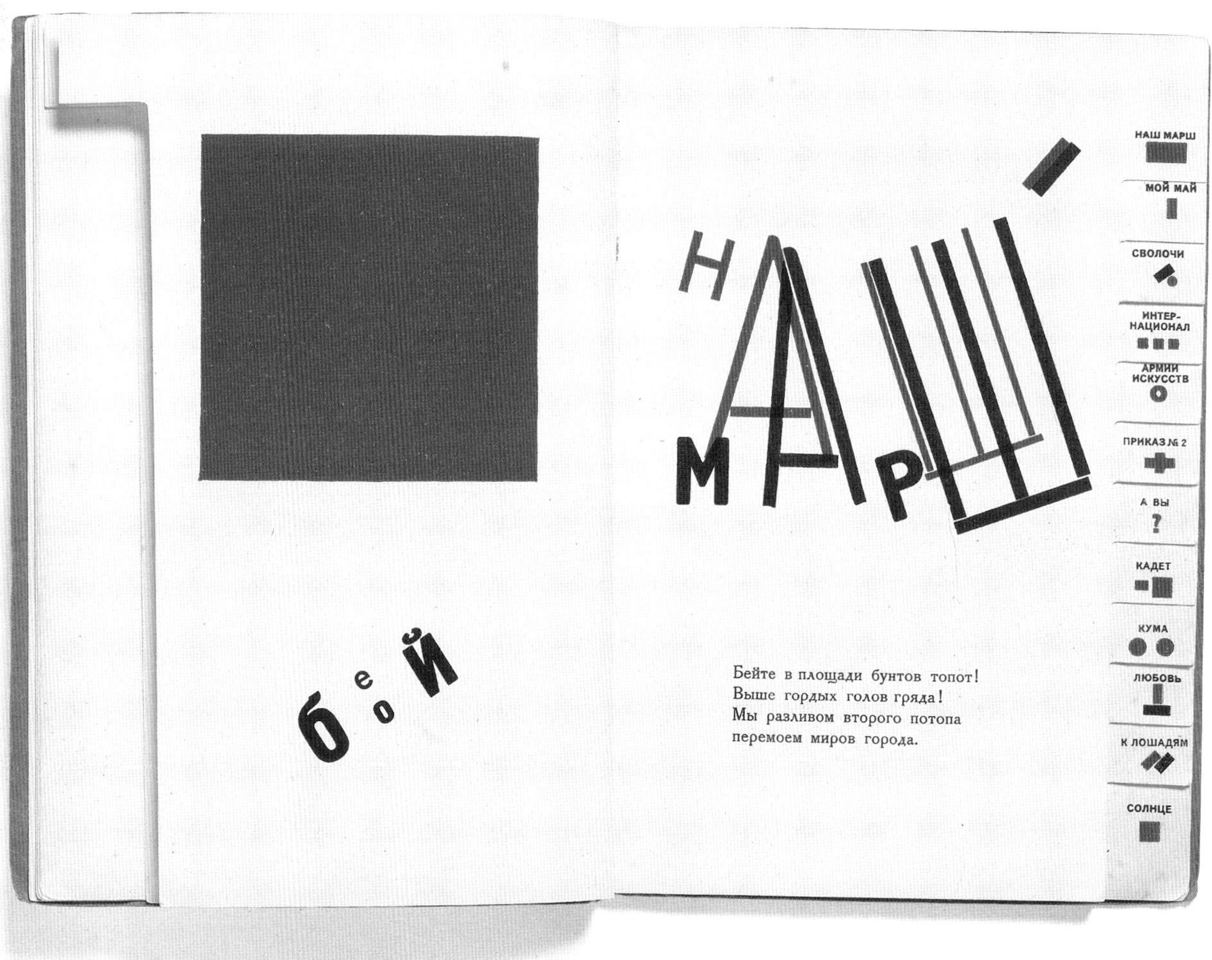
бой
НАШ МАРШ
Бейте в площади бунтов топот!
Выше гордых голов гряда!
Мы разливом второго потопа
перемоем миров города.
НАШ МАРШ
МОЙ МАЙ
СВОЛОЧИ
ИНТЕР-
НАЦИОНАЛ
АРМИИ
ИСКУССТВ
ПРИКАЗ № 2
А ВЫ
КАДЕТ
КУМА
ЛЮБОВЬ
К ЛОШАДЯМ
СОЛНЦЕ

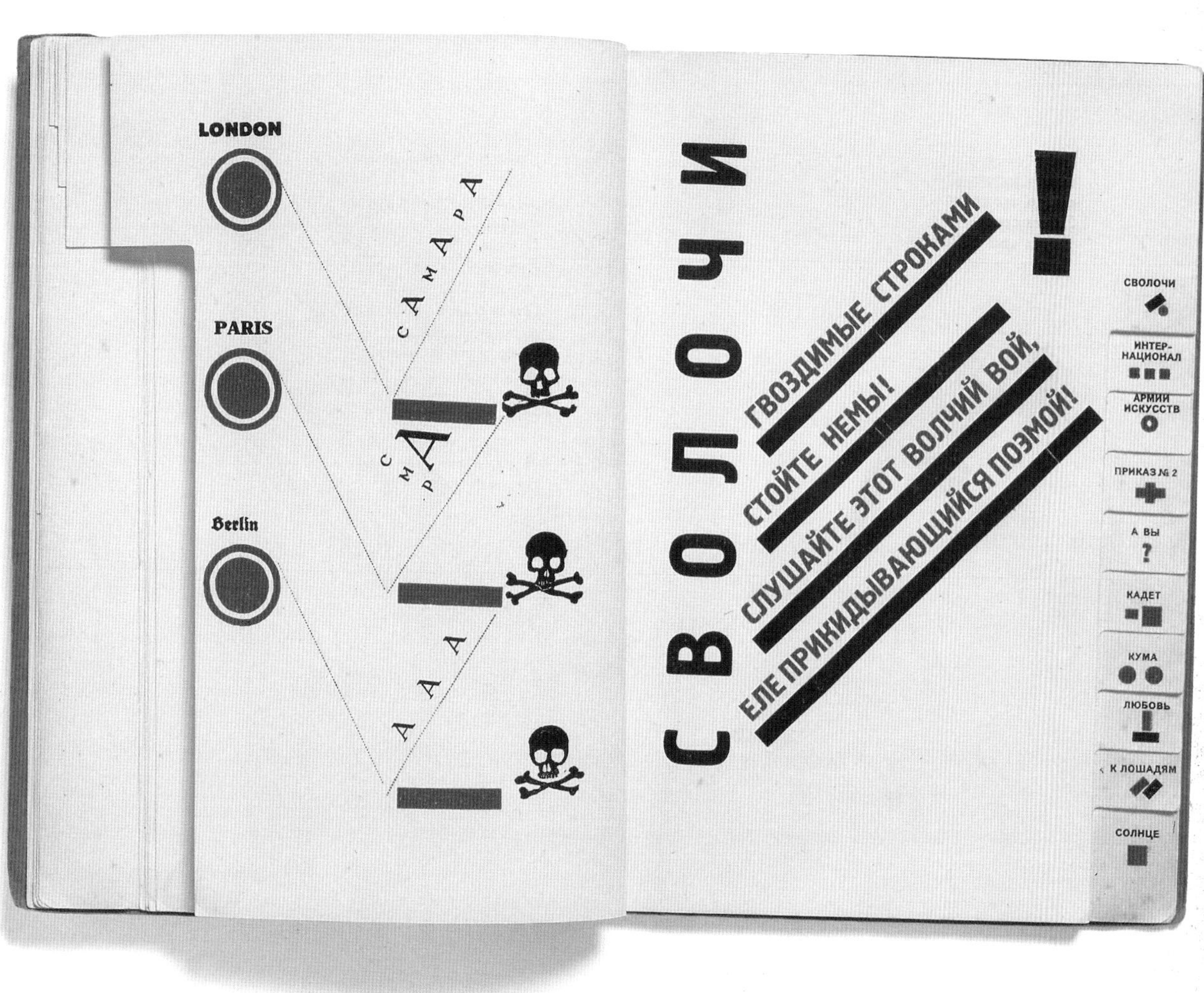
LONDON
PARIS
Berlin
САМАРА
А А А
СВОЛОЧИ
!
ГВОЗДИМЫЕ СТРОКАМИ
СТОЙТЕ НЕМЫ!
СЛУШАЙТЕ ЭТОТ ВОЛЧИЙ ВОЙ,
ЕЛЕ ПРИКИДЫВАЮЩИЙСЯ ПОЭМОЙ!
СВОЛОЧИ
ИНТЕР-
НАЦИОНАЛ
АРМИИ
ИСКУССТВ
ПРИКАЗ № 2
А ВЫ
?
КАДЕТ
КУМА
ЛЮБОВЬ
К ЛОШАДЯМ
СОЛНЦЕ

Chapter

# カレル・タイゲ

ことばと絵画の
新しい結びつきを求めて

# KAREL TEIGE

1900-1951

## Searching for New Connections between Word and Image

A leading theorist in the Czech avant-garde during the 1920s. While launching a series of new magazines and introducing cutting-edge thinking in art, Teige also experimented with avant-garde typography.

---

1920年代のチェコ・アヴァンギャルドの理論的指導者であった。プラハに生まれ、学生の時から同人誌を出したり、新しい運動に参加していた。1920年、〈デヴィエトスィル〉グループを結成し、雑誌『オルフェウス』を創刊した。ことばと絵画の新しい結びつきが求められた。〈デヴィエトスィル〉宣言を書き、彼は次々と新しい雑誌を出してゆく。

タイゲは映画に魅せられ、『フィルム』(1925)を出し、〈ポエティズム〉を掲げる。映像による詩を求め、ことばとイメージの総合を唱える。タイポグラフィに魅せられ、『アルファベットの本』(1926)のタイポグラフィをデザインする。バウハウスで講演し、多くのブック・デザインを手がける。1930年には『チェコスロヴァキアの現代建築』を書き、1931年にはブック・カヴァーとタイポグラフィのデザイン展をエッセンで開いている。

1930年代に入ると、シュルレアリスムに影響を受け、雑誌『ドバ』を1934～1935年に出す。チェコ・シュルレアリストの機関誌となった。そして、マックス・エルンストなどの作品に刺激された写真コラージュを制作した。1935年にはアンドレ・ブルトン、ポール・エリュアールというフランスのシュルレアリストがプラハを訪れている。しかし1930年末にはヒトラーのファシズム・ドイツがチェコに侵入し、チェコのアーティストを弾圧し、タイゲも仕事ができなくなってゆく。

第二次世界大戦が終わっても、チェコの新しいアートは自由にならなかった。ドイツは去っても、ソ連のスターリンによるチェコ文化の検閲がきびしかったのである。厳しい監視の下に、1951年、タイゲは不遇のうちに没した。タイゲとチェコ・アヴァンギャルドが再発見されるのは、20世紀末になってからであった。

## 雑誌『レッド』の表紙デザイン 1927-1928年｜チェコ

'ReD'

『RED』はタイゲが出した雑誌のうちで最も重要なものといわれる。彼はこの雑誌を編集し、書き、デザインした。REDは〈レヴュ・デヴェトスィル〉の略である。創刊号にタイゲは「マルセル・プルースト」を書いている。この時代の先端的な思潮とアートを紹介するとともに前衛的なタイポグラフィの実験が行われている。

## 『アベセダ(アルファベット)』1926年|チェコ

'Abeceda'

詩人ヴィテスラフ・ネズヴァルの詩とミルシャ・マイエロヴァーのモダン・ダンスを組み合わせて、タイゲがブック・デザインをしている。タイゲの〈ポエティスム〉(映像詩)の実験である。アルファベットとダンサーのポーズがシンクロされている。モダンなボドニ体を使ったレイアウトの空間構成が見事である。

Chapter

# A・M・カッサンドル

## 時代に愛され、苦しめられた
## フランスのスター・デザイナー

# ADOLPHE MOURON CASSANDRE

1901-1966

## French Designer
## Beloved and Afflicted by His Times

A designer who exemplified the Art Deco age, he designed Bifur and other typefaces. With the passing of the era of modern design, he was unable to find a style of his own and committed suicide.

---

本名アドルフ・ジャン=マリー・ムーロン。ウクライナのハリコフで生まれた。父はフランス人のワイン商で母はロシア人であった。第一次世界大戦がはじまり、一家はパリで暮らすようになった。パリで絵を学んだが、油絵に向かず、ポスターで認められ、1922年からカッサンドルのペン・ネームを使い、人気ポスター作家となる。

1925年、パリの装飾博覧会(アール・デコ展)の時、活字鋳造会社ドゥベルニィ&ペニョー社のシャルル・ペニョーと知り合い、タイポグラフィ・デザインの機会を与えられた。1927年には「ビフュール体」をつくる。ぎりぎりまで省略した字に色を加えて、字をパターン化したもので、アール・デコ・スタイルを反映している。1930年には「アシエ体」をつくる。文字通りアシエ(鋼鉄)のように、シンプルで直線的な字体である。1930年代には、カッサンドルのポスターの名声はピークに達する。しかし、第二次世界大戦後、デザインの行きづまり、迷いが彼を苦しめるようになる。2度の離婚など、家庭的なストレスも重なった。

1960年代に入ると、自分はもう時代遅れではないかという不安から、うつ病の状態にあったようだ。1966年、67歳で彼は自殺する。彼がつくった「メトープ体」があまりに現代風だとしてことわってきたドイツの会社の手紙が机の上にあったという。

なぜカッサンドルの新しい字体はドイツで受け入れられなかったのだろう。1960年代に入って、抽象化、機能化、純粋化していったモダン・デザインへの反動で、よりオーソドックスで装飾的なスタイルがもどってきた。アール・ヌーヴォー・リヴァイヴァルもその徴候であった。アール・デコからモダン・デザインへ進んだカッサンドルはその反動とすれちがってしまったのかもしれない。

## 『ビフュール体と広告文字』1929年｜フランス

'Typeface for Advertising'

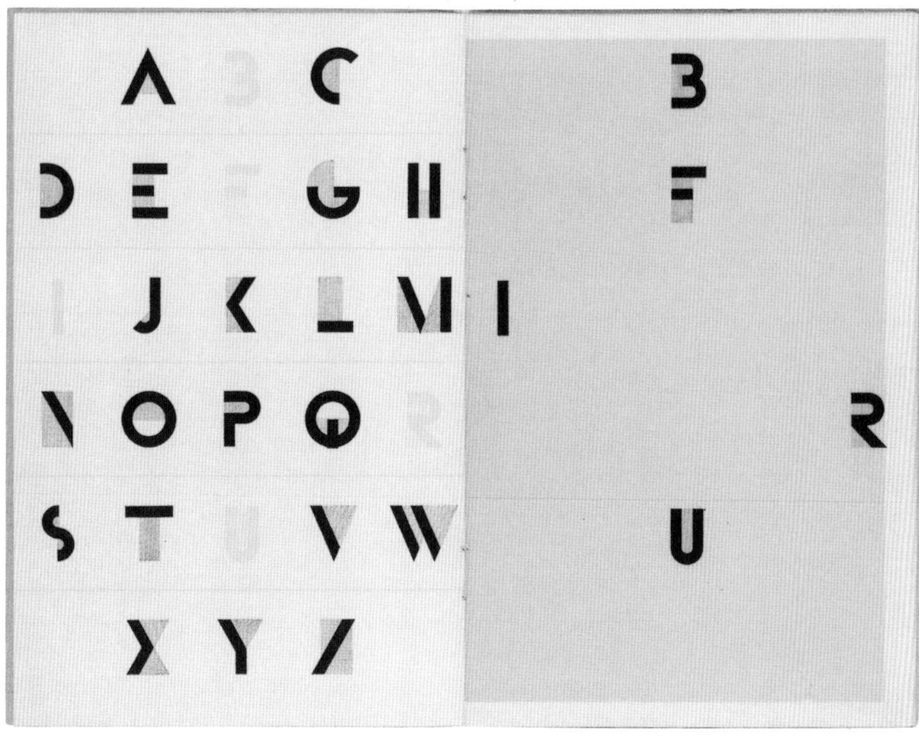

２色を使うビフュール体は、シンプルな機能性に極限化されながらも装飾性を失わない、というアール・デコの理想を代表している。視覚のメカニズム、イリュージョンを巧みに利用して、人々のまなざしを引きつけ、おどろかせるという現代の広告術のトリックを見せてくれるのだ。そのような娯楽性が、あまりにコマーシャル的だ、として、ドイツの出版社にきらわれたのだろうか。

## ビフュール体（『ヨーロッパの書体』1930年より）

Bifur from 'Specimen Book of Continental'

BIFUR
ONE-COLOR

| | |
|---|---|
| 24 Point 6A $7.40 | A NEW NOVELTY FRENCH TYPE 52 |
| 36 Point 5A $15.80 | LIGHT FIRE CONTINUED |
| 48 Point 4A $21.60 | BURNING |
| 60 Point 3A $21.60 | PLUME |

[76]

BIFUR
TWO-COLOR

| | |
|---|---|
| HAS NO EQUAL! SCORES A HIT 24 | 24 Point 4A $12.20 |
| BEST YEAR IN HISTORY | 36 Point 4A $19.80 |
| EXPLAIN | 48 Point 3A $29.80 |
| ENTIRE | 60 Point 3A $36.80 |

[77]

| | |
|---|---|
| 36 Point 5A $15.80 | LIGHT FIRE CONTINUED |

ビフュール体はカッサンドルのタイポグラフィでも最も知られている。特徴は2色で構成されていることで、「ビ」は2を「フュール」は調子を意味している。2色を使うことで、主色による線は極限まで省略できる。たとえばBは左のたて棒を省略し、地色があるのでBと読める。単純だがうまいやり方である。字形はシンプルになるが、2色であるからしゃれて見える。

# BIFUR

AMERICAN HEIGHT TO PAPER · AMERICAN BODY

ORIGINAL AND ONLY TWO-COLOR TYPE

IMPORTED EXCLUSIVELY BY

## CONTINENTAL

TYPEFOUNDERS ASSOCIATION, INC.

216 EAST 45th STREET · NEW YORK CITY

Chapter

# ヤン・チヒョルト

## 機能性の追求から<br>より人間的な感性の追求へ

# JAN TSCHICHOLD

1902-1974

## Looking beyond Function in Pursuit of Human Feeling

Tschichold was attacked by the Nazis for pursuing modern design. After the war, he developed a more historical style in which he tried to recapture greater human feeling and decorative design.

ドイツのライプツィヒで生まれた。父は看板の文字を描く職人であった。ライプツィヒ、ドレスデンの工芸アカデミーで学び、1920年代にタイポグラファ、カリグラファとして活動をはじめた。1923年、ワイマールで開かれた第一回バウハウス展を見て、特にエル・リシツキーのロシア構成主義デザインに魅せられ、ロシアにあこがれて、ヤンをロシア風にイワンとするほどであった。1925年からベルリンで活動し、1928年、最初の著書である『新しいタイポグラフィ』を刊行した。1920年代後半から1930年代のはじめまでは、バウハウスとの交流で生まれた、無装飾で抽象的なチヒョルトの〈ニュー・タイポグラフィ〉のピークで、モダン・タイポグラフィの主流となる。しかし1933年にドイツはヒトラーが政権をとり、バウハウスは追放される。チヒョルトも妻とともにミュンヘンで捕えられ、ドイツを追われ、スイスのバーゼルに行く。そしてチヒョルトを中心に、スイスは新しいタイポグラフィの拠点となる。

第二次世界大戦後、1946年～1949年にかけて、ロンドンのペンギン・ブックスのデザインの仕事をした。それによって、チヒョルトのブック・デザインは世界的に親しまれるようになった。1946年には活字書体サボンを制作した。タイポグラフィには歴史的デザインと現代的なデザインの2つの流れがあるといわれる。古い時を薫らせる歴史的スタイルは過去のものとなったかに見えて、また甦ってくる。チヒョルトは〈ニュー・タイポグラフィ〉の権化と見られたが、戦後には歴史的スタイルへともどったとされる。そのためかつてのバウハウスのメンバー、マックス・ビルなどから、モダン・アートを裏切った、といわれた。

彼の変化は、ナチズムの衝撃が影響しているといわれる。あまりにも厳密な合理主義、機能主義はナチの全体主義とつながるのではないかと疑い、人間的な感性、装飾などをデザインにとりもどそうとした。ペンギン・ブックスなどの大衆的な楽しいデザインにその傾向があらわれている。

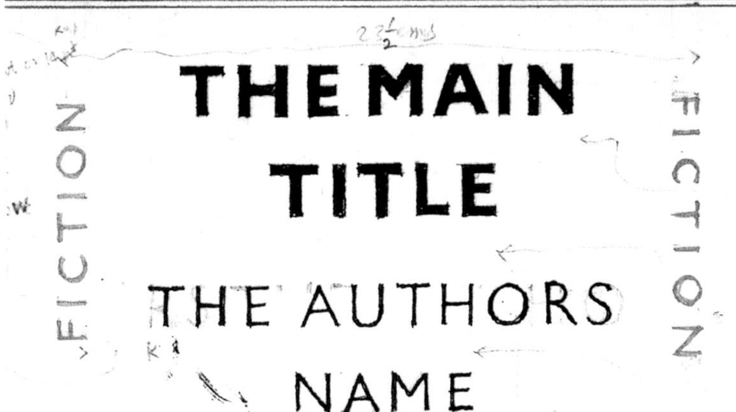

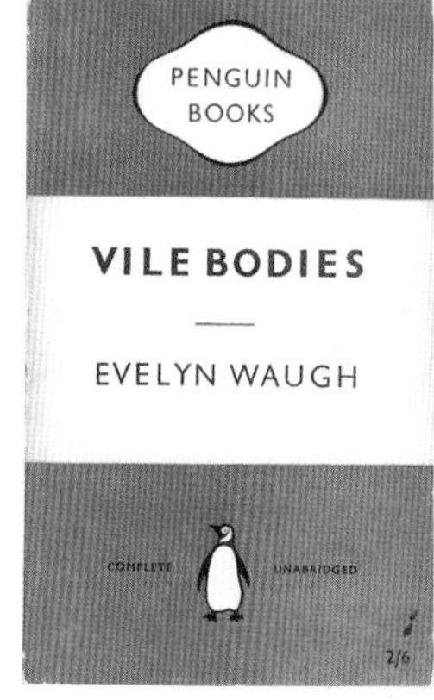


1949年、チヒョルトはペンギン・ブックスに招かれ、そのデザインの全体的見直しを引き受けた。1920年代の彼だったら、はっきりとわかるデザインの変化をもたらしたろう。しかし成熟した彼は、前のパターンを尊重しつつ、すべての部分をブラッシングして微調整し、だれにも親しみやすい、わかりやすいデザインをつくり上げている。

Der DIREKTOR des STAATLICHEN BAUHAUSES zu WEIMAR

Ehemalige Großherzoglich Sächsische Hochschule für bildende Kunst und ehemalige Großherzoglich Sächsische Kunstgewerbeschule in Vereinigung

L. Moholy-Nagy: Briefkopf

# DIE REKLAME

206

MART STAM – EL LISSITZKY

Die Reklame ist in der heutigen Gemeinschaftsordnung eine Notwendigkeit geworden, eine Folge des Konkurrenztriebes. Die Reklame wirkt auf das Publikum durch die *Mitteilung,* — stärker noch durch *Propaganda,* — noch stärker selbst durch *Suggestion.*
Für eine zielbewusste Reklame ist ausser einem klaren Einblick in das gegebene Material, vor allem psychologisches Erkennen notwendig.

DAS PLAKAT.

**a)** *Die Ware wird genannt.*

Die Mitteilung geschieht durch den Text. Der dynamische Ausdruck des gegebenen Wortmaterials muss eindeutig ausgebaut werden. Alles Nebensächliche ist wegzulassen. Kenntnis des Publikums gibt die Gewähr, dass kurze Aussprüche und Namen im Gedächtnis haften bleiben, während ein Überfluss an Worten nur schadet.
Wie man den Text zu setzen, über das Plakatfeld zu verteilen hat, wird man wissen, sobald man sich Rechenschaft gegeben hat über das *Lesen* und über das *Wie* des Lesens selbst; darüber, ob überhaupt gelesen wird, oder ob Worte, Namen oder Marke bloss erkannt werden.
Die Farbe und die Form dienen dazu, den Text lesbar zu machen, sie haben das in richtiger Weise zu tun, d. h.

jedes Preisgeben der Lesbarkeit um der Farbe willen *ist ein Fehler,*
jedes Preisgeben der Lesbarkeit um der Form willen *ist ein Fehler.*

Jede reizvolle Linie, jede Zierlichkeit und Farbennuancierung sind dem Zweck der Reklame vollkommen fremd und können nur schaden.

**b)** *Die Ware wird gezeigt.*

Es ist zu beachten, dass der moderne Mensch (besonders der Grosstadt) von Aufschriften und Plakaten überflutet ist; darum ist es höchst zweckmässig, anstatt die Ware zu nennen, sie zu zeigen. Neben dem Plakat mit mitteilendem Text entsteht eine ganz andre Form, deren Mittel die Darstellung ist. Die photographische Darstellung des reklamierenden Gegenstandes selbst, oder seiner Wirkung, oder beides zusammen, füllen allein die ganze Plakatfläche aus. Der Gegenstand trägt auf sich die Firma oder die Fabrikmarke, durch die Anschaulichkeit allein prägt er sich stumm in das Gedächtnis Vorbeieilender. Für diesen Zweck ist eine photomechanische Reproduktion, mit einem markanten Signet versehen, jeder mehr oder weniger geschickt gezeichneten oder gemalten Abbildung vorzuziehen. Auch hier geht reklametechnisch und künstlerisch

DAS EXAKTE ÜBER DAS VERSCHWOMMENE,
DIE WIRKLICHKEIT ÜBER DIE NACHAHMUNG.

Auf diesen zwei Wegen:

**1.** der äussersten Organisation des lesbaren Textes, der Farbe und der Form zu funktioneller Kraft,
**2.** der photomechanischen Reproduktion des Gegenstandes (Abb. Seite 204 und 206), wird das moderne Plakat sich entwickeln. Für die moderne Reklame und für den modernen Gestalter ist das individuelle Element (des Künstlers »eigener Strich«) total belanglos. Die *Schnörkel der Reklamekalligraphen* sind sehr zierlich, aber
die Schrift der `Standart Typewriter` ist eindeutiger und darum überzeugender.
Das wachsende kollektive Verständnis für die elementaren Mittel ist wertvoller als die individualistische Zufälligkeit. Die Gegebenheiten des modernen Lebens reichen dem Künstler ein ungeheures Material, aus dem er mit seiner Einbildungskraft eine neue Mannigfaltigkeit gestalten soll. Deshalb wird die moderne Plakatkunst sich der entwickeltsten technischen Möglichkeiten bedienen, sowohl in der Typographie wie in der Reproduktion. (Aus »ABC«, Zürich.)

Molnár F. Farkas: Umschlag der Zeitschrift Ma ➡

O. Baumberger: Plakat

ALKOTNI – NEM ALAKITANI!

207

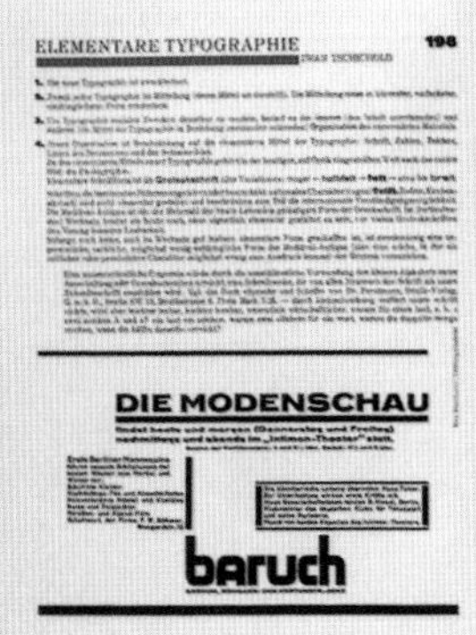

ELEMENTARE TYPOGRAPHIE

198

DIE MODENSCHAU

baruch

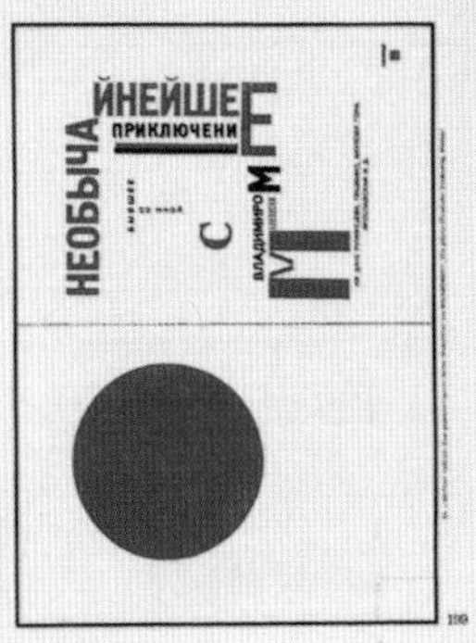

200

DIE SPAR-DEKADE

fängt Montag morgen an.

baruch

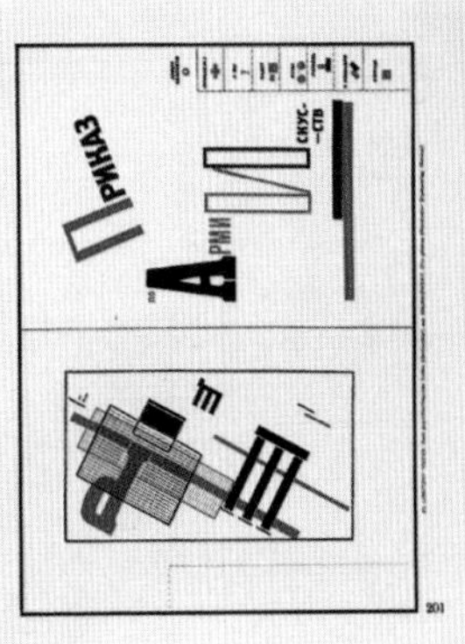



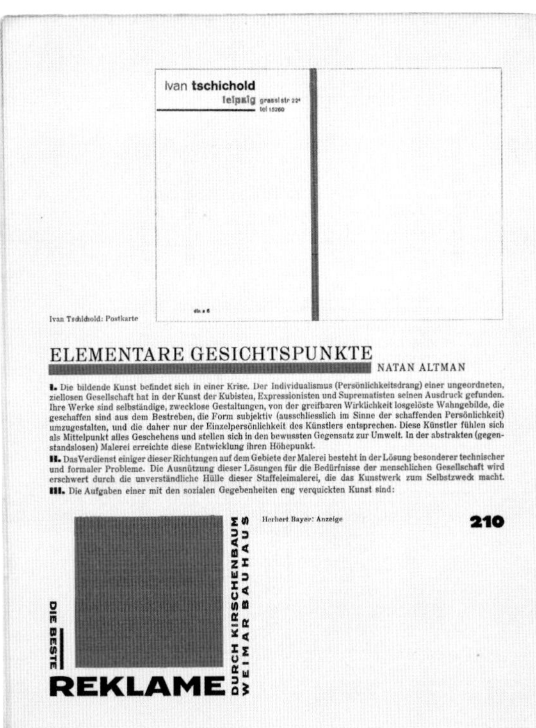



Ivan Tschichold: Postkarte

ELEMENTARE GESICHTSPUNKTE

NATAN ALTMAN

I. Die bildende Kunst befindet sich in einer Krise. Der Individualismus (Persönlichkeitsdrang) einer ungeordneten, ziellosen Gesellschaft hat in der Kunst der Kubisten, Expressionisten und Suprematisten seinen Ausdruck gefunden. Ihre Werke sind selbständige, zwecklose Gestaltungen, von der greifbaren Wirklichkeit losgelöste Wahngebilde, die geschaffen sind aus dem Bestreben, die Form subjektiv (ausschliesslich im Sinne der schaffenden Persönlichkeit) umzugestalten, und die daher nur der Einzelpersönlichkeit des Künstlers entsprechen. Diese Künstler fühlen sich als Mittelpunkt alles Geschehens und stellen sich in den bewussten Gegensatz zur Umwelt. In der abstrakten (gegenstandslosen) Malerei erreichte diese Entwicklung ihren Höhepunkt.

II. Das Verdienst einiger dieser Richtungen auf dem Gebiete der Malerei besteht in der Lösung besonderer technischer und formaler Probleme. Die Ausnützung dieser Lösungen für die Bedürfnisse der menschlichen Gesellschaft wird erschwert durch die unverständliche Hülle dieser Staffeleimalerei, die das Kunstwerk zum Selbstzweck macht.

III. Die Aufgaben einer mit den sozialen Gegebenheiten eng verquickten Kunst sind:



Herbert Bayer: Anzeige

210

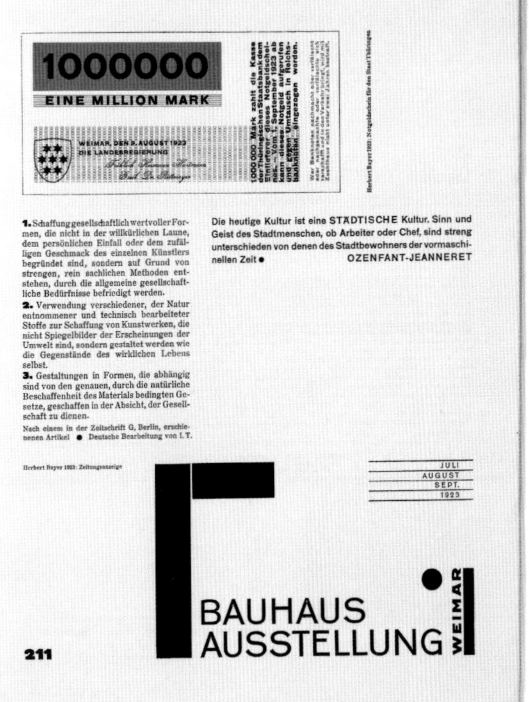



Herbert Bayer 1923: Notgeldschein für den Staat Thüringen

1. Schaffung gesellschaftlich wertvoller Formen, die nicht in der willkürlichen Laune, dem persönlichen Einfall oder dem zufälligen Geschmack des einzelnen Künstlers begründet sind, sondern auf Grund von strengen, rein sachlichen Methoden entstehen, durch die allgemeine gesellschaftliche Bedürfnisse befriedigt werden.

2. Verwendung verschiedener, der Natur entnommener und technisch bearbeiteter Stoffe zur Schaffung von Kunstwerken, die nicht Spiegelbilder der Erscheinungen der Umwelt sind, sondern gestaltet werden wie die Gegenstände des wirklichen Lebens selbst.

3. Gestaltungen in Formen, die abhängig sind von den genauen, durch die natürliche Beschaffenheit des Materials bedingten Gesetze, geschaffen in der Absicht, der Gesellschaft zu dienen.

Nach einem in der Zeitschrift G, Berlin, erschienenen Artikel ● Deutsche Bearbeitung von I. T.

Die heutige Kultur ist eine STÄDTISCHE Kultur. Sinn und Geist des Stadtmenschen, ob Arbeiter oder Chef, sind streng unterschieden von denen des Stadtbewohners der vormaschinellen Zeit ●

OZENFANT-JEANNERET

Herbert Bayer 1923: Zeitungsanzeige



211

専門誌『タイポグラフィ通信』の特別号にチヒョルトは「タイポグラフィの基礎」を編集し、バウハウスのエル・リシツキーなど構成主義的ブック・デザインを取り上げた。この新しい傾向こそが新しいタイポグラフィの出発点であることを宣言していた。ロシア・アヴァンギャルド、バウハウス、デ・スティルなどの実験がまとめられて大きな流れとなった。

FLOWERS
OF THE MEADOW

*A King Penguin Book*

to progress to set courses. In writing *a*, *c*, *e*, and *d*, for instance, there are somewhat similar (counter-clockwise) motions involved. Charles Snell regarded i, o, u, h, and y as the leading letters of the round hand and relates all the other members of the alphabet to one or two of these letters. Thomas Weston of Greenwich in his *Copy Book* (1726) showed an alphabet of minuscules, each letter of which was based upon the form of the letter o. J. H. Lewis, possibly influenced by an American penman, John Jenkins, unified the alphabet and simplified teaching (too much, perhaps, for letters are entities) by building up letters with a few elements (Plate 50).

The consistent incidence of thicks, thins, and gradations of strokes makes for harmony; and another important factor in creating unity in the script is the regular spacing of letters, words, and lines. In the writing masters' models we may look for equal spacing of letters (or the appearance of it), whilst in free individual hands the rhythmical spacing would be governed rather more by the fingers than the eyes and be less regular.

Not only should letters go well together and belong, but the letters and words and the inscription as a whole should have good construction and form. Included in form will be pen-character. Edward Johnston's view was that 'It is the broad nib that gives the pen its constructive and educational value. It is essentially the letter-making tool. ... It may therefore be relied on largely to determine questions of form in letters. ... In fact a broad-nibbed pen actually controls the hand of the writer and will create alphabets out of their skeletons, giving harmony and proportion and character to the different letters.' The roundness of the script in Plate 5 and the narrowness of the italic in Plate 19 are each to some extent an expression of a certain sort of pen held and moved in a certain way. Form also includes proportion: for example, a P should not be as wide as a D, for the two bows should have some relationship in shape. Letterers often

30

tend to lay down geometrical rules for the shaping of alphabets and particularly of capitals. Geometry, of course, may be allowed to give helpful hints, and the calligrapher is at an advantage if he has an image in his mind of the desired alphabet, but he writes freely and cannot, therefore, achieve perfected geometrical form.

Fig. 9. From *Champ Fleury* by Geofroy Tory. (First issued in Paris, 1529.) Letters related to geometrical and human proportions.

Edward Cocker in his *Pen's Transcendencie* confessed that his Italian Hand 'wholly depends on the Eye-charming Form of an oval'. To some the o that is eye-charming is round (Roman) and to others angular (Gothic). (For quite other reasons than charm, an oval seems right for a cursive hand.) Often a preference will be expressed for Roman (static and clear) rather than for italic (dynamic and elegant) and *vice versa*. Some letters of

31

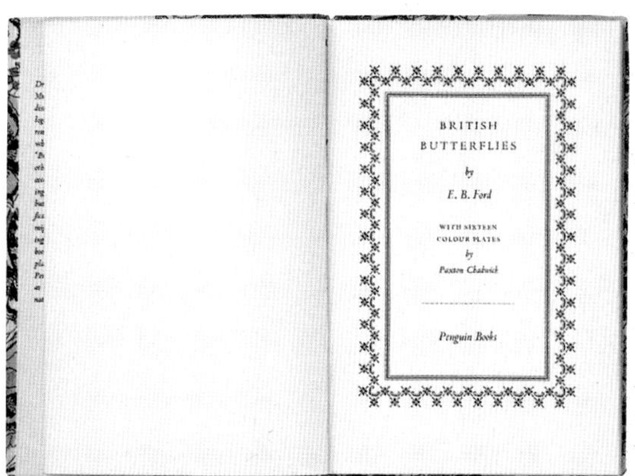


一番ポピュラーなペンギン・ブックスの他にクラシックス、ペリカン、そしてちょっと高級なキング・ペンギンのシリーズがつくられた。キング・ペンギンでは花形装飾が使われ、表紙も色鮮やかな装飾的パターンがデザインされている。〈ニュー・タイポグラフィ〉のリーダーとされたチヒョルトがこのような豊かな装飾に回帰したことに人々はおどろいたのである。

Topics
7

# 読書する人 海辺の読書

READING PEOPL

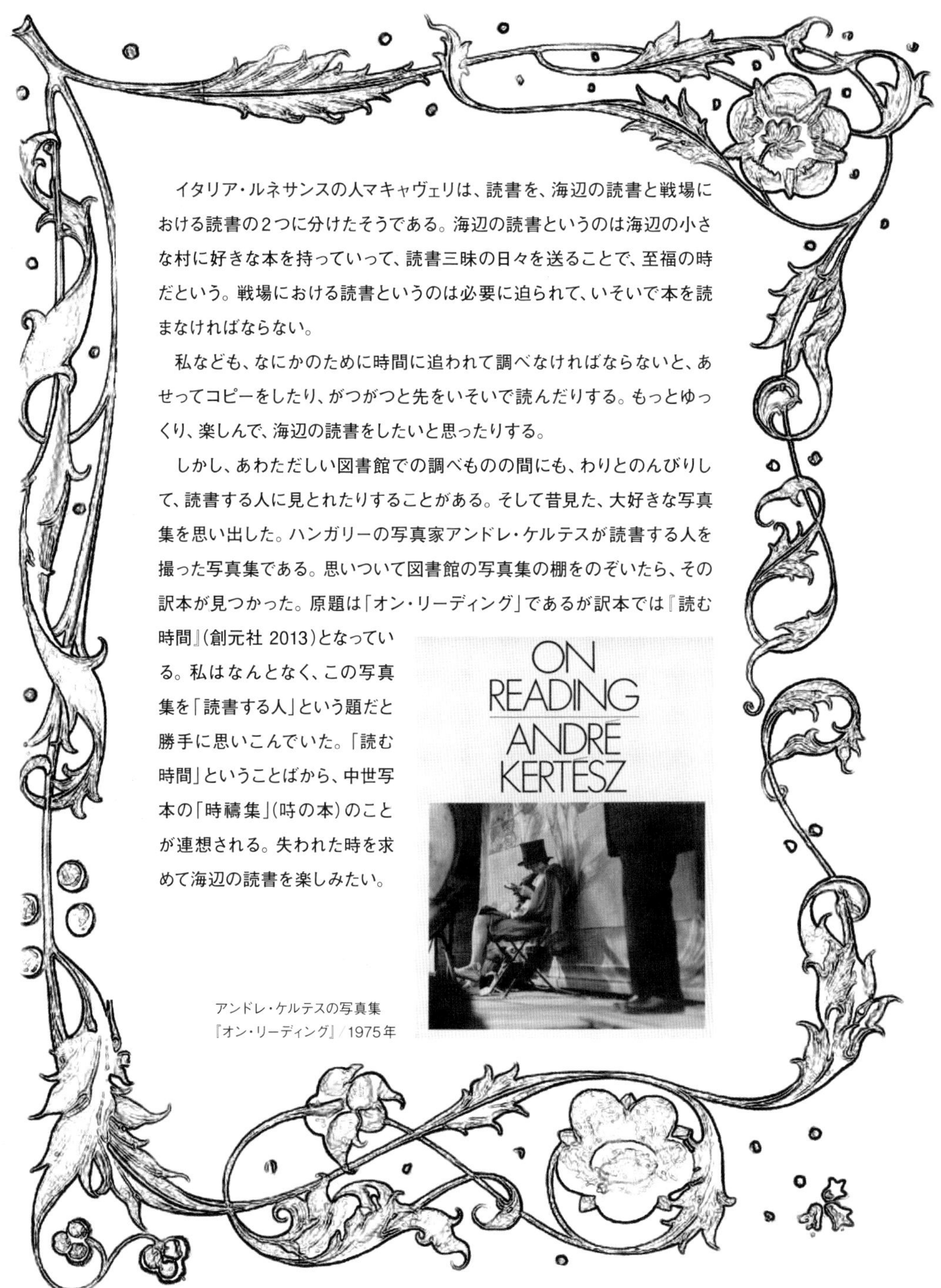


イタリア・ルネサンスの人マキャヴェリは、読書を、海辺の読書と戦場における読書の2つに分けたそうである。海辺の読書というのは海辺の小さな村に好きな本を持っていって、読書三昧の日々を送ることで、至福の時だという。戦場における読書というのは必要に迫られて、いそいで本を読まなければならない。

私なども、なにかのために時間に追われて調べなければならないと、あせってコピーをしたり、がつがつと先をいそいで読んだりする。もっとゆっくり、楽しんで、海辺の読書をしたいと思ったりする。

しかし、あわただしい図書館での調べものの間にも、わりとのんびりして、読書する人に見とれたりすることがある。そして昔見た、大好きな写真集を思い出した。ハンガリーの写真家アンドレ・ケルテスが読書する人を撮った写真集である。思いついて図書館の写真集の棚をのぞいたら、その訳本が見つかった。原題は「オン・リーディング」であるが訳本では『読む時間』(創元社 2013)となっている。私はなんとなく、この写真集を「読書する人」という題だと勝手に思いこんでいた。「読む時間」ということばから、中世写本の「時禱集」(時の本)のことが連想される。失われた時を求めて海辺の読書を楽しみたい。

アンドレ・ケルテスの写真集
『オン・リーディング』/1975年

## ◆書籍リスト



## 第1章 CHAPTER 1

### I. 中世写本 MEDIEVAL PERIOD

List of Books

P51-53
『金羊毛騎士団の大馬上槍試合紋章図鑑』
1430-1461年/フランス
フランス国立図書館蔵

**P51-53**
***Grand Armorial équestre de la Toison d'Or***
1430-1461/France
National Library of France

P54-55
『フッガー家繁栄史』
1545-1799年頃/ドイツ
アメリカ議会図書館蔵

**P54-55**
***Das Geheime Ehrenbuch der Fugger***
around 1545-1799/Germany
America, Library of Congress

P56-57
『ブラティスラヴァ修道院のプロトコル』
1710-1763年頃/スロヴァキア
アメリカ議会図書館蔵

**P56-57**
***Protocollum Venerabilis Conventus Posoniensis, Ad Divam Virginem Annunciatam Fratrum Minorum Reformatorum In quo omnium Dominorum Patronorum Domus Divae Matris Lauretanae Nomina et Insignia praesentantur***
around 1710-1763/Slovakia
America, Library of Congress

P59
『フェデリーコ・ダ・モンテフェルトロの聖書』
1476-1478年/イタリア
ヴァチカン図書館蔵

**P59**
***Biblia di Federico da Montefeltro***
1476-1478/Italy
Vatican Library

P60-61
『ザルツブルク大司教のミサ典書』
1478-1489年頃/オーストリア
ドイツ、バイエルン州立図書館蔵

**P60-61**
***Salzburger Missale***
around 1478-1489/Austria
Germany, Bavarian State Library

P62-63
『ロレンツォ・デ・メディチの時禱書』
1485年/イタリア
ドイツ、バイエルン州立図書館蔵

**P62-63**
***Gebetbuch des Lorenzo de' Medici***
1485/Italy
Germany, Bavarian State Library

P64-67
『ベリー公のいとも豪華なる時禱書』
1410-1416年、1485-1489年/フランス
フランス、コンデ美術館蔵

**P64-67**
***Les Très Riches Heures du Duc de Berry***
1410-1416 and 1485-1489/France
France, Conde Museum

P69
『黒い時禱書』
1475年頃/ベルギー
アメリカ、モルガン図書館蔵

**P69**
***The Black Hours***
around 1475/Belgium
America, Pierpont Morgan Library

P70-71
『ジャン・ド・ラノワの時禱書』
15世紀/ベルギー
ベルギー、リエージュ大学図書館蔵

**P70-71**
***Livre d'Heures de Jean de Lannoy***
15th century/Belgium
Belgium, University of Liege

P72-73
『パリ人の時禱書』
1475-1500年/フランス
フランス国立図書館蔵

**P72-73**
***Horae ad Usum Parisiensem, dites Heures de Charles VIII***
1475-1500/France
National Library of France

P74-75
『福音書を書く聖ヨハネ』
1520年/イタリア
アメリカ、ニューヨーク公共図書館蔵

**P74-75**
***Miniature of John the Evangelist writing his Gospel, with border design, initial, rubrics, rustic capitals***
1520/Italy
America, New York Public Library

## II. 初期印刷本
## THE DAWN OF THE PRINTED BOOK

P79-80
『グーテンベルク42行聖書』
1455年頃/ドイツ
写真:株式会社PPS通信社

**P79-80**
***Gutenberg 42-line Bible***
around 1455/Germany
Photo: Pacific Press Service

P82-83
『優雅なラテン語』
[著]ロレンツォ・ヴァッラ
[装飾]ピコ・マスター
[印刷]ニコラ・ジェンソン
1471年/イタリア
アメリカ、ボストン美術館蔵

**P82-83**
***Elegantiae Linguae Latinae***
Author: Lorenzo Valla
Illuminator: Pico Master
Printer: Nicolas Jenson
1471/Italy
America, Museum of Fine Arts, Boston

P85
『ウェルギリウス』
[出版者]アルドゥス・マヌティウス
1501年/イタリア
イギリス、マンチェスター大学図書館蔵

**P85**
***Vergilius***
Producer: Aldus Manutius
1501/Italy
England, University of Manchester Library

## III. 17-18世紀
## THE 17TH AND 18TH CENTURIES

P91-93
『無垢と経験の歌』
[著]ウィリアム・ブレイク
1794年/イギリス
写真:株式会社PPS通信社

**P91-93**
***Songs of Innocence and of Experience***
Author: William Brake
1794/England
Photo: Pacific Press Service

P95-97
『アイヒシュテット庭園植物誌』
[画]バシリウス・ベスラー
1613年/ドイツ
イギリス、キュー王立植物園蔵
写真:株式会社PPS通信社

**P95-97**
***Hortus Eystettensis***
Illustrator: Basilius Besler
1613/Germany
England, The Royal Botanic Gardens, Kew
Photo: Pacific Press Service

P98-101
**『キュー王立植物園の外来植物』**
[画]マーガレット・ミーン
1790年/イギリス
イギリス、キュー王立植物園蔵
写真：株式会社PPS通信社

**P98-101**
***Exotic Plants from the Royal Gardens at Kew***
Illustrator: Margaret Meen
1790/England
England, The Royal Botanic Gardens, Kew
Photo: Pacific Press Service

P103-105
**『鉱物学』**
[画]フランソワ・ルイ・スウェバック・デフォンテーヌ
1790年/フランス
写真：株式会社PPS通信社

**P103-105**
***Minéralogie***
Illustrator: Françoise Louis Swebach Desfontaines
1790/France
Photo: Pacific Press Service

## Ⅳ. 19世紀
## THE 19TH CENTURY

P109
**『装飾の文法』**
[著]オーウェン・ジョーンズ
1856年/イギリス
写真：株式会社PPS通信社

**P109**
***The Grammar of Ornament***
Author: Owen Jones
1856/England
Photo: Pacific Press Service

P110-111
**『アルハンブラ』**
[著]オーウェン・ジョーンズ
1836-1842年/イギリス
写真：株式会社PPS通信社

**P110-111**
***Plans, Elevations, Sections and Details of the Alhambra***
Author: Owen Jones
1836-1842/England
Photo: Pacific Press Service

P112-113
**『書体集』**
[著]ジャン・ミドル
1834年/フランス
フランス国立大学図書館蔵

**P112-113**
***Spécimen des Écritures Modernes Comprenant les Romaines fleuronnées, Gothiques Nouvelles, Fractures, Françaises, Anglaises, Italiennes et Allemande***
Author: Jean Midolle
1834/France
France, National and University Library of Strasbourg

P114-117
**『中世装飾集』**
[著]ジャン・ミドル
1836年/フランス

**P114-117**
***L'Album du Moyen-Âge***
Author: Jean Midolle
1836/France

P118-119
**『英国の吟遊詩』**
[画]ホスキンス・アブラハル
1872年/イギリス
日本、アートハーベスト蔵

**P118-119**
***English Minstrelsy***
Author: Hoskyns Abrahall
1872/England
Japan, Art Harvest Collection

P120
**『ソング、マドリガル、ソネット集』**
[編]ジョセフ・クンドール
[デザイン]ヘンリー・ショー
1849年/イギリス
日本、アートハーベスト蔵

**P120**
***Songs, Madrigals and Sonnets***
Editor: Joseph Cundall
Designer: Henry Shaw
1849/England
Japan, Art Harvest Collection

P121(上)
**『祈禱書』**
[出版者]オックスフォード大学出版局
1842年/イギリス
日本、松尾淳蔵

**P121(above)**
***The Book of Common Prayer***
Publisher: Oxford, Printed at the University Press
1842/England
Japan, Atsushi Matsuo collection

P121(下)
**『カトリック教本』**
1862年/フランス
日本、アートハーベスト蔵

**P121(below)**
***Manuel des Catéchismes***
1862/France
Japan, Art Harvest Collection

P122-123
**『キリスト教徒の女性のための祈禱書』**
1860年/フランス
日本、アートハーベスト蔵

**P122-123**
***Heures Choisies des Dames Chrétiennes***
1860/France
Japan, Art Harvest Collection

## Ⅴ. 19世紀末
## LATE 19TH CENTURY

P127(上)/P128-129
**『ジェフリー・チョーサー作品集』**
[編] F・S・エリス
[装飾]ウィリアム・モリス
[画]エドワード・バーン=ジョーンズ
[印刷]ケルムスコット・プレス
1896年/イギリス
日本、ミズノ・プリンティング・ミュージアム所蔵(P127)
写真：株式会社PPS通信社(P128)

**P127(above)/P128-129**
***The Works of Geoffrey Chaucer***
Editor: F.S.Ellis
Illuminator: William Morris
Illustrator: Edward Burne-Jones
Printer: Kelmscott Press
1896/Engrand
Japan, Mizuno Printing Museum(P127)
Photo: Pacific Press Service(P128)

P132-135
**『詩の本』**
[詩・装飾]ウィリアム・モリス
[画]エドワード・バーン=ジョーンズ
チャールズ・フェアファクス・マリー
[装飾]ジョージ・ウォードル
1870年/イギリス
イギリス、ヴィクトリア&アルバート博物館蔵

**P132-135**
***A Book of Verse***
Author & Illuminator: William Morris
Illustrator: Edward Burne-Jones
Illustrator: Charles Fairfax Murray
George Wardle
1870/England
England, Victoria and Albert Museum

P138-139
**『オマル・ハイヤムのルバイヤート』**
[著]エドワード・フィッツジェラルド
[画・装飾]ウィリアム・モリス
1872年/イギリス
ロンドン、大英図書館蔵

**P138-139**
***Rubaiyat of Omar Khayyam***
Author: Edward FitzGerald
Illustrator & Illuminator: William Morris
1872/England
England, British Library

P140-141
『アエネーイス』
[著]ウェルギリウス
[装飾]ウィリアム・モリス
[画]エドワード・バーン=ジョーンズ
　チャールズ・フェアファクス・マリー
1874-1875年／イギリス

**P140-141**
***Aeneid***
Author: Virgil
Illuminator: William Morris
Illustrator: Edward Burne-Jones
　Charles Fairfax Murray
1874-1875／England

**P142-143**
『頌詩』
[著]ホラティウス
[装飾]ウィリアム・モリス装飾
[画]エドワード・バーン=ジョーンズ
　チャールズ・フェアファクス・マリー
1874年／イギリス
イギリス、ボドリアン図書館蔵

**P142-143**
***The Odes of Horace***
Author: Quintus Horatius Flaccus
Illuminator: William Morris
Illustrator: Edward Burne-Jones
　Charles Fairfax Murray
1874／England
England, Bodleian Library

P149
『サロメ』
[著]オスカー・ワイルド
[画]オーブリー・ビアズリー
[出版者]ジョン・レイン
1894年／イギリス
日本、アートハーベスト蔵

**P149**
***Salome***
Author: Oscar Wilde
Illustrator: Aubrey Beardsley
Publisher: John Lane
1894／England
Japan, Art Harvest Collection

P150-151
雑誌『イエロー・ブック』
[出版者]エルキン・マシュー&ジョン・レイン
1894-1897年／イギリス
写真：株式会社PPS通信社(P150下)

**P150-151**
***The Yellow Book***
Publisher: Elkin Mathews & John Lane
1894-1897／England
Photo: Pacific Press Service (P150 below)

## VI. 20世紀
## THE DAWN OF THE PRINTED BOOK

P157-159
『主の祈り』
[画]アルフォンス・ミュシャ
1899年／フランス
日本、アートハーベスト蔵

**P157-159**
***Le Pater***
Illustrator: Alfons Maria Mucha
1899／France
Japan, Art Harvest Collection

P160-163
『トリポリの姫君 イルゼ』
[画]アルフォンス・ミュシャ
1901年／フランス

**P160-163**
***Ilsée, Princesse de Tripoli***
Illustrator: Alfons Maria Mucha
1901／France

P164-165
『ミサ典』
[画]エリザベス・ソンレル
1909年／フランス
日本、松尾淳蔵

**P164-165**
***Missel***
Illustrator: Mlle Elizabeth Sonrel
1909／France
Japan, Atsushi Matsuo collection

P166-167
『グリム童話集』
[画]ハインリヒ・レフラー
　ヨーゼフ・ウルバン
1905年／オーストリア
日本、国立国会図書館国際子ども図書館蔵

**P166-167**
***Grimm's Märchen***
Illustrator: Heinrich Lefler
　Joseph Urban
1905／Austria
Japan, International Library of Children's Literature

P169
『太陽の東、月の西』
[画]カイ・ニールセン
1914年／イギリス

**P169**
***East of the Sun and West of the Moon: Old Tales from the North***
Illustrator: Kay Nielsen
1914／England

P175
雑誌『ヴォーグ』
1913年11月号／アメリカ

**P175**
***Vogue***
November 1913／America

P176-179
『ラ・ギルランド・デ・モワ』
[画]ジョルジュ・バルビエ
1917-1921年／フランス

P176-179
***La Guirlande des Mois***
Illustrator: Gorge Barbier
1917-1921／France

P180
雑誌『アール・グー・ボーテ』
1922年クリスマス号／フランス

**P180**
***Art Goût Beauté***
Noël 1922／France

P181
雑誌『アール・グー・ボーテ』
1924年1月号／フランス

**P181**
***Art Goût Beauté***
January 1924／France

P189-190
『2つの正方形の物語』
[著]エル・リシツキー
1922年／ドイツ

**P189-190**
***Про 2 квадрата***
Author: El Lissitzky
1922／Germany

P191
雑誌『新レフ』
1927-1928年／ロシア

**P191**
***новый леф***
1927-1928／Russia

P193
『世界の終わり
　―ノートルダムの天使によって撮影された』
[詩]ブレーズ・サンドラルス
[画]フェルナン・レジェ
1919年／フランス

**P193**
***La Fin du Monde Filmée par l'Ange N,-D.***
Author: Blaise Cendrars
Illustrator: Fernand Léger
1919／France

P194
『死の歌―ピエール・ルヴェルディ詩集』
[詩]ピエール・ルヴェルディ
[画]パブロ・ピカソ
1948年／フランス

**P194**
***Le Chant des Morts***
Author: Pierre Reverdy
Illustrator: Pablo Picasso
1948／France

P195-197
『ジャズ』
［著］アンリ・マティス
1947年／フランス

**P195-197**
***Jazz***
Author: Henri Matisse
1947 / France

## 第2章 CHAPTER 2

### 美しい花の本 THE BEAUTIFUL FLOWERS

P205
**『ギーズ公の時禱書』**
1350-1400年頃／フランス
フランス、コンデ美術館蔵

**P205**
***Heures de François de Guise***
around 1350-1400 / France
France, Conde Museum

P206
**『シュテファン・ロッホナーの時禱書』**
1451年／ドイツ
ドイツ、ヘッセン州立大学図書館蔵

**P206**
***Gebetbuch des Stephan Lochner***
1451 / Germany
Germany, University and State Library

P207
**『ラ・テセイダ（テセウス物語）』**
［著］ジョヴァンニ・ボッカッチョ
1468年／フランス
オーストリア国立図書館蔵
写真：株式会社PPS通信社

**P207**
***La Théséide***
Author: Giovanni Boccaccio
1468 / France
Austrian National Library
Photo: Pacific Press Service

P208（左上）
**『ヘイスティングスの時禱書』**
1483年／ベルギー
イギリス、大英図書館蔵

**P208（above left）**
***Livre d'Heures d'Hastings***
1483 / Belgium
England, British Library

P208（右上）
**『インホフの祈禱書』**
［装飾］シモン・ベニング
1511年／ベルギー
アメリカ、ペンシルベニア大学蔵
写真：株式会社PPS通信社

**P208（above right）**
***The Imhof Prayerbook***
Illuminator: Simon Bening
1511 / Belgium
America, University of Pennsylvania
Photo: Pacific Press Service

P208（下）
**『カトリーヌ・ブレイの時禱書』**
1480-1490年頃／ベルギー
イギリス、ストーニーハースト大学蔵
写真：株式会社PPS通信社

**P208（below）**
***Hours of Katherine Bray***
around 1480-1490 / Belgium
England, Stonyhurst College
Photo: Pacific Press Service

P209
**『黒い祈禱書』**
［装飾］フィリップ・ド・マゼロール
1466-1476年／ベルギー
オーストリア国立図書館蔵

**P209**
***Das Schwarze Gebetbuch***
Illuminator: Phillipe de Mazerolles
1466-1476 / Belgium
Austrian National Library

P211-215
**『カリグラフィの手本』**
［画］ヨリフ（ゲオルク）・フフナーヘル
［カリグラフィ］ゲオルク・ボッケイ
1590年頃／チェコ
アメリカ、J・ポール・ゲティ美術館蔵

**P211-215**
***Mira Calligraphiae Monumenta***
Illuminator: Joris(Georg) Hoefnagel
Scribe: Georg Bocskay
around 1590 / Czech
America, J. Paul Getty Museum

P217-219
**『タイポグラフィの手引き』**
［著］ピエール＝シモン・フルニエ
1764-1766年／フランス
日本、国立国会図書館蔵

**P217-219**
***Manuel Typographique***
Author: Pierre-Simon Fournier
1764-1766 / France
Japan, National Diet Library

P221-225
**『バラ図譜』**
［画］ピエール＝ジョゼフ・ルドゥーテ
1817-1824年／フランス
ドイツ、エアランゲン・ニュルンベルク大学図書館蔵

**P221-225**
***Les Roses***
Illustrator: Pierre-Joseph Redouté
1817-1824 / France
Germany, University Library
in Erlangeg-Nuremberg

P227
**『友情と思い出』**
［著］フレッド・ウィーズリー
1890年／イギリス
日本、アートハーベスト蔵

**P227**
***Friendship's Memories***
Author: Fred E.Weatherly
1890 / England
Japan, Art Harvest Collection

P228-229
**『花とその親しき思い』**
［詩］メアリー・アン・ベーコン
［画・装飾］オーウェン・ジョーンズ
1848年／イギリス
東京、アートハーベスト蔵

**P228-229**
***Flowers and their Kindred Thoughts***
Author: Mary Ann Bacon
Illuminator: Owen Jones
1848 / England
Japan, Art Harvest Collection

P230-231
**『親しき庭の花』**
［著］シャーリー・ヒバード
1890年／イギリス
日本、アートハーベスト蔵

**P230-231**
***Familiar Garden Flowers***
Author: Shirley Hibberd
1890 / England
Japan, Art Harvest Collection

P233-235
**『花の幻想』**
［文］タクシル・ドゥロール
［画］J・J・グランヴィル
1847年／フランス
日本、アートハーベスト蔵

**P233-235**
***Les Fleurs Animées***
Author: Taxile Delord
Illustrator: J.J.Grandville
1847 / France
Japan, Art Harvest Collection

P236-237
**『シェイクスピアの花園』**
［画］ウォルター・クレイン
1906年／イギリス
日本、アートハーベスト蔵

**P236-237**
***Flowers from Shakespeare's Garden***
Illustrator: Walter Crane
1906 / England
Japan, Art Harvest Collection

P239-241
**『装飾資料集』**
［画］アルフォンス・ミュシャ
1902年／フランス

**P239-241**
***Documents Décoratifs***
Illustrator: Alphonse Mucha
1902 / France

P242
**『植物と装飾文様』**
[監修]ウジェーヌ・グラッセ
1896年／フランス

**P242**
***La Plante et ses***
***Applications Ornementales***
Director: M. Eugène. Grasset
1896／France

P243
**『花と装飾文様』**
[著] E・A・セギー
1901年／フランス

**P243**
***Les Fleurs et***
***Leurs Applications Décoratives***
Author: E.A.Séguy
1901／France

P244-245
**『ペニョー鋳造所の見本帳』**
1901年／フランス

**P244-245**
***Cravure & Founderie de***
***G.Peignot & Fils***
1901／France

P246
**『現代の装飾(Genzsch & Heyse社の見本帳)』**
1904年／ドイツ

**P246**
***Moderner Zierrat, Genzch & Heyse***
1904／Germany

P247
**『クリングスポール鋳造所のパターン見本帳』**
1922年／ドイツ

**P247**
***Muster für Untergründe,***
***Gebr. Klingspor***
1922／Germany

## 美しい文字の本
## THE BEAUTIFUL TYPOGRAPHY

P259
**『フラーロン』第6号所収**
**「アメリカの装飾印刷」**
[著]ポール・ボージョン
[出版者]ケンブリッジ大学出版局
1928年／イギリス

**P259**
***Fleuron, Vol.Ⅵ***
**'On Decorative Printing in America'**
by Paul Beaujon
Publisher: Cambridge University Press
1928／England

P260-261
**『はかなき恋のピエロ』**
[著]アーネスト・ダウスン
[デザイン]ブルース・ロジャース
[出版者]グロリアクラブ
1923年／アメリカ

**P260-261**
***The Pierrot of the Minute***
Author: Ernest Dowson
Designer: Bruce Rogers
Publisher: The Grolier Club
1923／America

P262
**『フラーロン』第4号所収**
**「ブルース・ロジャースの仕事」**
[著]フレデリック・ウォード
[出版者]ケンブリッジ大学出版局
1928年／イギリス

**P262**
***Fleuron, Vol.Ⅳ***
**'On the Work of Bruce Rogers'**
by Frederic Ward
Publisher: Cambridge University Press
1925／England

P263
**『ブルース・ロジャース―書籍のデザイナー』**
[著]フレデリック・ウォード
[出版者]ケンブリッジ大学出版局
1925年／イギリス

**P263**
***Bruce Rogers, Designer of Books***
Author: Frederic Ward
Publisher: Cambridge University Press
1925／England

P265
**『マルコ福音書』**
[カリグラフィ]ルドルフ・コッホ
1923年／ドイツ
アメリカ、ウルフソニアン図書館蔵

**P265**
***Das Evangelium des Markus***
Calligrapher: Rudolf Koch
1923／Germany
America, The Wolfsonian FIU Library

P266-267
**『ドイツの書体見本帳』**
**(クリングスポール鋳造所)**
[著]ルドルフ・コッホ
1910年／ドイツ

**P266-267**
***Eine Deutsche Schrift***
Gebr. Klingspor,
by Rudolf Koch
1910／Germany

P269
**『広告のレイアウト』**
[著] W・A・ドウィギンス
[出版者]ハーパー＆ブラザーズ社
1948年／アメリカ

**P269**
***Layout in Advertising***
Author: William Addison Dwiggins
Publisher: Harper and Brothers Publishers
1948／America

P270-273
**『フラーロン』第6号所収**
**「アメリカの装飾印刷」**
[著]ポール・ボージョン
[出版者]ケンブリッジ大学出版局
1928年／イギリス

**P270-273**
***Fleuron, Vol.Ⅵ***
**'On Decorative Printing in America'**
by Paul Beaujon
Publisher: Cambridge University Press
1928／England

P274-275
**『タイムマシン』**
[著] H・G・ウェルズ
[出版者]ランダムハウス
1931年／アメリカ

**P274-275**
***The Time Machine***
Author: H.G.Wells
Publisher: Random House
1931／America

P277
**『タイポグラフィについてのエッセイ』**
[著]エリック・ギル
[出版者]シード＆ウォード
1931年／イギリス

**P277**
***Essay on Typography***
Author: Eric Gill
Publisher: Sheed & Ward
1931／England

P278-279
**『フラーロン』第7号所収**
**「エリック・ギル―彫刻と文字」**
[著]ポール・ボージョン
[出版者]ケンブリッジ大学出版局
1930年／イギリス

**P278-279**
***Fleuron, Vol.Ⅶ***
**'Eric Gill: Sculptor of Letters'**
by Paul Beaujon
Publisher: Cambridge University Press
1930／England

P281-283
**『カフェコンチェルト』**
[著]フランチェスコ・カンジュッロ
1919年／イタリア

**P281-283**
***Caffeconcerto***
Author: Francesco Cangiullo
1919／Italy

P285
**『かかし』**
[著]テオ・ファン・ドゥースブルフ
　ケイト・シュタイニッツ
　クルト・シュヴィッタース
1925年／ドイツ

**P285**
***Die Scheuche***
Author: Theo Van Doesburg
Kate Steinitz
Kurt Scheuche
1925/Germany

P287-289
**『声のために』**
[詩]ウラジーミル・マヤコフスキー
[デザイン]エル・リシツキー
1923年／ロシア
日本、武蔵野美術大学 美術館・図書館蔵

**P287-289**
***для голоса***
Author: Vladimir Mayakovsky
Designer: El Lissitzky
1923/Russia
Japan, Musashino Art University Museum & Library

P291
**雑誌『レッド』**
1927-1928年／チェコ

**P291**
***ReD***
1927-1928/Czech

P292-293
**『アベセダ(アルファベット)』**
[詩]ヴィテスラフ・ネズヴァル
[デザイン]カレル・タイゲ
1926年／チェコ
日本、武蔵野美術大学 美術館・図書館蔵

**P292-293**
***Abeceda***
Author: Vítězslav Nezval
Designer: Karel Teige
1926/Czech
Japan, Musashino Art University Museum & Library

P295
**『ビフュール体と広告文字』**
[著] A・M・カッサンドル
1929年／フランス

**P295**
***Bifur: Caractère de Publicité***
Author: A.M.Cassandre
1929/France

P296-297
**『ヨーロッパの書体』**
[出版者]欧州活字鋳造者組合
1930年／アメリカ

**P296-297**
***Specimen Book of Continental Types***
Publisher:
Continental Typefounders Association
1930/America

P299(左)
**ペンギン・ブックス・シリーズのための**
**カバー・デザイン(試作)**
ヤン・チヒョルト作
1948年

**P299(left)**
Design for the ***'Penguin Books'*** Series
by Jan Tschichold
1948

P299(右上)
**『白孔雀』**
[著] D・H・ロレンス
1950年／イギリス

**P299(above right)**
***The White Peacock***
Author: D.H.Lawrence
1950/England

P299(右中央)
**『浪漫的亡命者たち』**
[著] E・H・カー
1949年／イギリス

**P299(center right)**
***The Romantic Exiles***
Author: E.H.Carr
1949/England

P299(右下)
**『卑しい肉体』**
[著]イーヴリン・ウォー
1938年／イギリス

**P299(below right)**
***Vile Bodies***
Author: Evelyn Waugh
1938/England

P300-301
**『タイポグラフィ通信』特別号**
**「タイポグラフィの基礎」**
1925年／ドイツ

**P300-301**
***Typographische Mitteilungen Sonderheft: Elementare Typographie***
1925/Germany

P302(左)
**『牧草地の花』**
[著]ジェフリー・グリグソン
1950年／イギリス

**P302(left)**
***Flowers of the Meadow***
Author: Geoffrey Grigson
1950/England

P302(右上)
**『ロムニー・マーシュ』**
[著]ジョン・パイパー
1950年／イギリス

**P302(above right)**
***Romney Marsh***
Author: John Piper
1950/England

P302(右中央)
**『ハイランド・ドレス』**
[著]ジョージ・F・コリー
1948年／イギリス

**P302(center right)**
***Highland Dress***
Author: George F. Collie
1948/England

P302(右下)
**『英国の時計の本』**
[著] R・W・シモンズ
1950年／イギリス

**P302(below right)**
***A Book of English Clocks***
Author: R.W.Symonds
1950/England

P303(上)
**『文字の本』**
[著]アルフレッド・フェアバンク
1949年／イギリス

**P303(above)**
***A Book of Scripts***
Author: Alfred Fairbank
1949/England

P303(下)
**『英国の蝶』**
[著] E・B・フォード
1951年／イギリス

**P303(below)**
***British Butterflies***
Author: E.B.Ford
1951/England

海野 弘 Hiroshi Unno

1939年東京生まれ。評論家、作家。
早稲田大学ロシア文学科卒業。平凡社に勤務。
『太陽』編集長を経て、独立。
美術、都市論、文学、映画、音楽、ファッションなど
幅広い分野で執筆を行う。著作多数。

［海野 弘の本（パイ インターナショナル）］

『おとぎ話の幻想挿絵』
『優美と幻想のイラストレーター ジョルジュ・バルビエ』
『夢みる挿絵の黄金時代 フランスのファッション・イラスト』
『野の花の本 ボタニカルアートと花のおとぎ話』
『おとぎ話の古書案内』
『ロシアの挿絵とおとぎ話の世界』
『クラシカルで美しいパターンとデザイン ウィリアム・モリス』
『ヨーロッパの図像 神話・伝説とおとぎ話』
『ヨーロッパの装飾と文様』
『世紀末の光と闇の魔術師 オーブリー・ビアズリー』
『アイルランドの挿絵とステンドグラスの世界 ハリー・クラーク』
『チェコの挿絵とおとぎ話の世界』
『ロシア・アヴァンギャルドのデザイン 未来を夢見るアート』
『北欧の挿絵とおとぎ話の世界』
『マティスの切り絵と挿絵の世界』
『世界の美しい本』
『アルフォンス・ミュシャの世界 2つのおとぎの国への旅』
『オリエンタル・ファンタジー アラビアン・ナイトのおとぎ話ときらめく装飾の世界』
『ヨーロッパの幻想美術 世紀末デカダンスとファム・ファタール（宿命の女）たち』
『ヨーロッパの図像 花の美術と物語』
『ファンタジーとSF・スチームパンクの世界』
『日本の装飾と文様』
『グスタフ・クリムトの世界 女たちの黄金迷宮』
『おとぎ話のモノクロームイラスト傑作選』
『華麗なる「バレエ・リュス」と舞台芸術の世界 ロシア・バレエとモダン・アート』

協力：
アートハーベスト
国立国会図書館
株式会社 PPS 通信社
松尾 淳
ミズノプリテック株式会社
武蔵野美術大学 美術館・図書館

世界の美しい本
2016年3月18日　初版第1刷発行
2020年10月8日　　第4刷発行

解説・監修　海野 弘

アートディレクション　原条令子
デザイン　八田さつき
撮影　藤本邦治
　　　北郷 仁
翻訳　マクレリー ルシー（ザ・ワード・ワークス）
編集　根津かやこ

発行人　三芳寛要
発行元　株式会社 パイ インターナショナル
〒170-0005　東京都豊島区南大塚2-32-4
TEL 03-3944-3981
FAX 03-5395-4830
sales@pie.co.jp

PIE International Inc.
2-32-4 Minami-Otsuka, Toshima-ku,
Tokyo 170-0005 JAPAN
TEL +81-3-3944-3981
FAX +81-3-5395-4830
sales@pie.co.jp

印刷・製本　図書印刷株式会社


ISBN978-4-7562-4704-9　C0072
Printed in Japan